# Deja de estancarte y ¡crece!

books4pocket

Yechezkel y Ruth Madanes

# Deja de estancarte y ¡crece!

## Las técnicas del Eneagrama aplicadas al proceso de coaching

URANO
Argentina - Chile - Colombia - España
Estados Unidos - México - Perú - Uruguay - Venezuela

Título original: *From Stuckness to Growth. Enneagram Coaching*
Editor original: Madanes School of Enneagram Coaching
Traducción: Daniel Menezo García


Plaza de los Reyes Magos 8, piso 1º C y D – 28007 Madrid
www.mundourano.com
www.books4pocket.com

1ª edición en **books4pocket** enero 2018

Impreso por Novoprint, S.A. – Energía 53 – Sant Andreu de la Barca (Barcelona)

Fotocomposición: Ediciones Urano, S.A.U.

ISBN: 978-84-16622-21-4
E-ISBN: 978-84-9944-482-6
Depósito legal: B-25.723-2017

Código Bic: VSPM
Código Bisac: SEL027000



Impreso en España – *Printed in Spain*

# Índice

TERCERA PARTE

## La aproximación del coaching a los nueve tipos de personalidad

# Prefacio de Cloé Madanes

Toda mi vida me ha fascinado por qué las personas se comportan como lo hacen, así como el reto que supone ayudarlas a cambiar. Al principio de mi carrera rechacé el paradigma psicoanalítico y su teoría determinista que sostiene que la vida de una persona depende de las experiencias que haya tenido en su primera infancia, y que el cambio es un proceso largo y complejo. Yo creía en el paradigma humanista, que defiende que controlamos nuestro destino y que siempre podemos tomar decisiones. Me di cuenta de que nuestras relaciones presentes son más importantes que las del pasado por lo que respecta a la formación de nuestro carácter, y me concentré en los sistemas de pensamiento y en la teoría de la comunicación. Me entusiasmó Milton Erickson por su manera de comunicarse en un nivel distinto al que yo había conocido, y por su capacidad de introducir cambios rápidamente. Junto con Jay Haley creamos la escuela de Terapia Familiar Estratégica y formamos a miles de psicoterapeutas de todo el mundo. Nuestra misión consistía en ayudar a las familias a tener vidas armoniosas y felices.

A medida que yo iba formándome siempre en una dirección humanista, orientada a la familia, el campo de la psicología cada vez se atrincheraba más en un modelo médico determinista y opresivo. Entonces, en 2001, conocí a Anthony Robbins y, en algunas de sus reuniones, observé sus intervenciones con miembros del público. Había encontrado a alguien cuya actividad se entroncaba directamente con la obra de Milton Erickson y que, como este, tenía una capacidad asombrosa para comprender y comunicar en un nivel distinto. Pude ver que los cambios que producía eran rápidos y duraderos. Así que decidimos asociarnos y, junto con Mark Peysha, creamos el Robbins-Madanes Center for Strategic Intervention y, más recientemente, el programa *on-line* Robbins-Madanes Training, que integra nuestros puntos de vista.

Descubrí a Yechezkel Madanes cuando me escribió desde Israel para interesarse por mi trabajo. Fue maravilloso conocer a un pariente a quien nunca había visto, y que era un espíritu afín. Se había comprometido a erradicar las comunicaciones violentas en las escuelas de diversos países, había publicado un superventas sobre el tema y era un conferenciante de renombre. La prevención de la violencia formaba parte importante de mi misión, de modo que teníamos mucho en común. Nunca he conocido personalmente a Ruth, la esposa de Yechezkel, pero hemos mantenido correspondencia y sé que también es una persona muy parecida a mí. Yechezkel y Ruth se interesaron por nuestro trabajo, y hoy día representan el programa Robbins-Madanes Training en Israel.

Yechezkel estaba muy versado en el eneagrama y en la psicología jungiana, y había empleado estos métodos en su trabajo para la prevención de la comunicación violenta. Ahora, Yechezkel y Ruth han incorporado este enfoque a la metodología Robbins-Madanes de tal manera que tendrá un valor incalculable para los coaches y para todas las profesiones asistenciales. Estos modelos tan poderosos acelerarán el proceso de coaching al revelar los filtros de percepción/distorsión de las personas, sus motivaciones subyacentes, las necesidades humanas, los temores y los patrones habituales de pensamiento, sentimiento y conducta.

La identificación del estilo de personalidad de un cliente mediante el eneagrama ayudará a los coaches a comprender el modelo que aquel tiene del mundo, y el modo en que dicho modelo conforma todas sus decisiones. Este enfoque único mejorará enormemente el proceso de coaching. Cuando descubrimos nuestro tipo, podemos trascender los límites de la personalidad, liberando nuestros dones y nuestro potencial únicos. Esto nos permite ser conscientes de los recursos y puntos fuertes que tenemos por naturaleza, y también de los retos que son exclusivos para nosotros. Yechezkel y Ruth describen los ciclos negativos en los que se encuentra estancado inconscientemente cada tipo de personalidad, así como las maneras para superarlos y estar plenamente presentes en la vida.

Lo mejor de este libro es su énfasis práctico. *Deja de estancarte ¡y crece!* está repleto de estrategias que pueden aplicarse de inmediato a los clientes.

Todo coach, terapeuta o miembro de una profesión asistencial necesita leer este libro. No solo ayudará a sus clientes a salir del estancamiento y a seguir creciendo, sino que usted mismo experimentará estos beneficios.

*Ojalá todos contribuyamos a un mundo más armonioso.*

*Cloé Madanes*
*La Jolla, California*
*Noviembre de 2011*

# Agradecimientos

Tenemos una profunda deuda de gratitud con Anthony Robbins y Cloé Madanes. Tony y Cloé, vuestras enseñanzas nos acompañan todos los días de nuestras vidas personales y profesionales. Los campos del coaching y la psicoterapia tienen suerte de contar con vosotros como destacadas autoridades y modelos dignos de ser imitados. Habéis creado el mejor programa de coaching del mundo, y nos sentimos muy afortunados por gozar del privilegio de poder estudiar con vosotros y representaros en nuestro país. ¡Nos habéis dado fuerzas y habéis influido en nuestras vidas de tantas formas positivas!

A R. Daniel Oppenheimer, que ha constituido una fuente de inspiración para nosotros durante los últimos diez años, y por enseñarnos lo que conlleva «hacer lo que decimos».

A la familia Sutton, sobre todo a David y Berta, por sus sabios consejos y el respaldo que nos han dado con el paso de los años.

Al doctor Brian Gerrard, profesor asociado en el departamento de Asesoría Psicológica de la Universidad de San Francisco, por su amabilidad y por haber sido una influencia importante en nuestra decisión de usar el Myers-Briggs en nuestro trabajo.

También manifestamos nuestro aprecio sincero a las siguientes personas: Mark Peysha, director del Robbins-Madanes Coach Training Program; Claudio Iedwab Sensei, fundador de la Gorindo School of Martial Arts en Ottawa, y a nuestro amigo de toda la vida, Fernando Scopp.

A Lynn Cross; es difícil encontrar una editora de su calibre, y su obra ha sido valiosísima para nosotros.

A los maestros e investigadores del eneagrama, cuya obra nos ha inspirado a lo largo de nuestra carrera, y sobre todo a: Don Riso y Russ Hudson, Helen Palmer, David Daniels, Thomas Condon, Janet Levine, Gabriel Mayer y Osnat Yadgar, pionero del sistema eneagrámico en Israel.

A nuestros alumnos y clientes: os damos las gracias por inspirarnos constantemente con vuestro valor y sinceridad.

A nuestros padres e hijos: vuestro amor siempre ha sido una fuente de ánimo para nosotros dos. Gracias a cada uno de vosotros, por la paciencia, la tolerancia y la compasión que nos demostráis ¡cuando nos estancamos!

A Dios, por rodearnos de seres humanos increíbles y ayudarnos a hacer realidad nuestro sueño de trabajar en la profesión que amamos.

# Introducción

*Linda llegaba diez minutos tarde a nuestra primera cita de coaching. A juzgar por la nube de humo que la acompañó cuando entró en el cuarto, supuse que había estado fumando hasta el mismo segundo en que accionó la manija de la puerta. Cinco minutos más tarde, me dijo: «Hay algo importante que quiero compartir con usted: llevo tres años haciendo terapia, y mi terapeuta me dijo que yo padecía un "trastorno depresivo grave". Me recetó antidepresivos y los tomé durante un tiempo. Los resultados fueron espantosos: después de tomarlos me encontré mucho peor que antes. En lo más hondo de mi ser sabía que algo no andaba bien. Un amigo me prestó un libro sobre el eneagrama y el tema me cautivó; lo leí en un fin de semana. Descubrí que pertenezco al tipo Cuatro. Las descripciones eran tan precisas que sentí que el autor de ese libro, aun sin haberme visto en su vida, me comprendía mejor que mi terapeuta, con la que llevaba años viéndome. Experimenté un gran alivio al descubrir que mi tendencia a la melancolía y a los cambios de humor era un mecanismo normal y previsible de mi tipo de personalidad. No era nada "malo", ni nada que había que "curar" o "resolver"».*

Llevamos casi una década trabajando con el sistema eneagrámico y, como le pasó a Linda, nos fascina la precisión de las descripciones de nuestros propios tipos. No exageramos al decir que, sin este mapa increíble, nuestra vida personal y profesional sería hoy muy distinta. Si usted conoce el sistema, seguramente ya sabe de qué le hablamos. Nuestra fascinación por el poder que tiene este sistema fue tal que reconfiguramos toda nuestra vida y nuestra práctica de coaching para convertir el eneagrama en su fundamento. Hemos aplicado el eneagrama en nuestros programas con miles de alumnos, maestros y padres de alumnos de primaria y secundaria en diversos países. Con el paso de los años también hemos probado a combinar el eneagrama con otros sistemas importantes, y últimamente hemos enfocado en esa dirección la mayor parte de nuestra investigación. Este libro es el resultado de todos esos años de investigación.

En una era de cambios constantes y de tremendas presiones personales y profesionales, creemos que es esencial que los coaches tengan a su disposición los mejores instrumentos posibles para ayudar a sus clientes a alcanzar sus metas y sus sueños personales. En este libro expondremos nuestro modelo innovador basado en el sistema eneagrámico para ofrecer un coaching transformador. Nuestra selección del sistema eneagrámico como instrumento clave en nuestra práctica profesional hunde sus raíces en un conjunto evolutivo de dinámicas:

**Primero, existen los fenómenos que tienen lugar en los campos psiquiátrico/psicológico, que generan la necesidad de disponer de soluciones más eficaces para las presiones de la vida cotidiana.**

A partir de la década de 1950, el advenimiento de la psicología humanista introdujo la esperanza de que el campo de la salud mental, por primera vez en la historia, empezase a superar el modelo dominante en aquel entonces, centrado en la enfermedad. Los nuevos modelos terapéuticos desafiaron el concepto de diagnóstico y su problematización de los individuos. Estos enfoques revolucionarios nos advertían del riesgo que suponía ver a las personas como «etiquetas» en vez de como seres humanos. El movimiento humanista reconocía la elección humana y la posibilidad de autoactualizarse (Frankl,1992). Lamentablemente, a pesar de los grandes progresos conseguidos, en los últimos diez años se ha producido un enorme retroceso en este sentido, y somos testigos de un retorno al modelo médico, prefreudiano, según el cual todas las causas son exclusivamente biológicas (Sharfstein, 2005). Somos testigos de un aumento excesivo de la administración de fármacos psicoactivos, no solo a los adultos, sino que, en la actualidad y de forma masiva, también a los niños (Weiss, 2008). Cuando los padres y los maestros se enfrentan a niños que consideran imposibles de controlar, a veces sienten la tentación de administrarles medicinas como sustitutos de la dedicación y la paciencia, es decir, como sustitutos de una verdadera educación. Estas políticas, que han restado importancia a los efectos químicos potencialmente tóxicos de los fármacos psicoactivos, han conducido a la socialización de millones de personas en todo el mundo, induciéndolas a pensar que son posibles las soluciones rápidas y las «curas» milagrosas por medio de pastillas mágicas (Moynihan y Cassels, 2005).

**Segundo, existen los fenómenos que tienen lugar en el campo del coaching.** El impactante crecimiento de la industria del coaching ha insuflado esperanzas a millones de personas que buscan maneras de hacerse con el control de su vida y mejorarla. Durante las últimas décadas, el coaching se ha extendido tremendamente por todo el mundo, y se lo considera un instrumento eficaz para la consecución de metas personales.

Sin embargo, este rápido crecimiento ha tenido también ciertas consecuencias negativas, entre las que figura la proliferación de enfoques simplistas del coaching, paradigmas de «talla única». Muchas escuelas de coaching en todo el mundo repiten una y otra vez el mantra de los «resultados», que reducen el coaching a una especie de progreso eficaz hacia un objetivo, apartando los obstáculos que surjan por el camino. Normalmente, se exagera la importancia de ser prácticos y concretos. El problema de estos paradigmas de coaching es que, aunque proyectan una imagen pragmática, volcada en los resultados, irónicamente pasan por alto los aspectos internos de las personas y los mecanismos esenciales para producir resultados duraderos y adecuados.

¿Qué puede aportar el coaching eneagrámico a este contexto tan difícil? Basándonos en el primer punto que tocamos antes, es evidente la necesidad de que existan metodologías que no patologicen, sino que ayuden a las personas a afrontar las presiones normales de la vida moderna. En este sentido el coaching eneagrámico puede ayudarnos. Este sofisticado sistema de tipos de personalidad nos ofrece un mapa detallado que contribuye a identificar no solo los retos a los que se enfrenta cada cliente, sino también el potencial humano que en la mayoría de las personas está desaprovechado: sus puntos fuertes. Este es un magnífico instrumento para los coaches y personas dedicadas a las profesiones asistenciales, que puede ayudarlos a inspirar y a capacitar a los demás para rechazar el conformismo y, en cambio, crecer como personas. La identificación del potencial humano nos anima a utilizar toda nuestra energía y a hacer esfuerzos, induciéndonos a tomarnos el tiempo necesario para llegar a conocer a los seres humanos que están sentados delante de nosotros, con el objetivo de ayudarlos a liberar ese mismo potencial. Esto es exactamente lo contrario al etiquetado. Desde este punto de vista, el profesional escucha activamente para comprender las necesidades del cliente y ser capaz de ver el mundo desde la perspectiva que este o esta tenga. Por consiguiente, los coaches que cuentan con el eneagrama son más conscientes de que el uso de sustancias que adormecen la consciencia puede interferir con el proceso de transformación saludable.

Del segundo punto mencionado se desprende la necesidad de enfoques holísticos, integradores, espirituales y no críticos, que no se limiten a los cambios conductuales meramente superficiales. Aquí es donde una vez más el eneagrama demuestra su tremenda importancia. El sistema permite que los coaches y los terapeutas penetren en el ámbito de la diversidad y de la espiritualidad, pudiendo entender así la riqueza de los mundos de sus clientes. Asimismo les permite diseñar estrategias e intervenciones específicas que aborden la unicidad de cada cliente, las diferencias personales y las necesidades individuales. Esta actuación fomenta una curiosidad y una creatividad saludables. Por tanto, los profesionales que cuentan con esta herramienta tienden menos a usar enfoques simplistas que supongan un atajo, o soluciones rápidas, que no distinguen entre una y otra persona.

## ESTRUCTURA Y OBJETIVOS DE ESTE LIBRO

El objetivo de este libro es ofrecer a los coaches, consejeros, asesores y terapeutas un recurso completo que contenga los instrumentos necesarios para introducir con éxito en sus intervenciones el sistema eneagrámico de tipos de personalidad.

El libro se divide en tres partes:

La Primera parte ofrece los fundamentos del sistema eneagrámico y presenta al lector los otros sistemas que usamos en nuestro modelo de coaching junto con el eneagrama: las ocho preferencias jungianas y el modelo de la psicología de las necesidades humanas, de Anthony Robbins y Cloé Madanes. La síntesis del eneagrama con estas potentes metodologías nos ofrece una visión mucho más completa de las posibilidades que encierran nuestros clientes.

La Segunda parte ofrece un análisis exhaustivo de la estructura subyacente en nuestra terapia, y proporciona una explicación paso a paso del modelo de coaching que hemos desarrollado.

La Tercera parte expone los protocolos de coaching que le enseñan cómo aplicar el modelo de una forma práctica, y cómo trabajar con cada uno de los nueve tipos eneagrámicos. Cada tipo tiene su propio protocolo, repleto de estrategias que usted puede introducir de inmediato en su práctica.

Hemos procurado que este libro fuera lo más práctico y cómodo posible. Recomendamos que quienes desconozcan el mundo del eneagrama lean la Primera parte. Quienes ya estén familiarizados con el sistema pueden saltársela y consultar los capítulos que sean de su interés. Los protocolos de coaching para cada tipo se han escrito de forma que constituyan unidades separadas, de modo que el lector pueda consultar el protocolo de un tipo concreto para encontrar estrategias y pautas específicas para ese tipo. Nuestro propósito al escribir este libro ha sido crear una fuente de información exhaustiva que también llegue a ser una obra de referencia accesible, y que siga siéndole útil a lo largo de toda su vida personal y profesional.

Esperamos que esta obra le ayude a crecer y a respaldar una práctica terapéutica creativa. También esperamos que el coaching eneagrámico le resulte tan agradable y satisfactorio como a nosotros.

*Yechezkel y Ruth Madanes*

Primera Parte

# EL ENEAGRAMA, LAS PREFERENCIAS JUNGIANAS Y LA PSICOLOGÍA DE LAS NECESIDADES HUMANAS DE ROBBINS Y MADANES

## El eneagrama

El eneagrama es un sistema que estudia las diferencias entre las personas. Clasifica a los seres humanos en nueve tipos de personalidad. Estos nueve tipos se organizan en un diagrama de nueve puntos. Todos tenemos rasgos pertenecientes a los nueve tipos, pero en diversas proporciones, y, normalmente, domina un tipo sobre los demás. Este tipo dominante es nuestro estilo de personalidad eneagrámico.

Figura 1.1. El sistema eneagrámico de tipos de personalidad.

Los individuos de cada uno de los nueve tipos poseen un conjunto único de mecanismos y características psicológicos que influye *inconscientemente* en cómo ven el mundo, en su forma de pensar, de sentir y, en última instancia, en su conducta. La conducta competitiva de los Tres se deriva de un conjunto de creencias que impulsan a las personas de este tipo a alcanzar a toda costa el éxito y el reconocimiento ajeno. La conducta precavida de los Seis se desprende de un conjunto de creencias que conforma su pensamiento, sus sentimientos y su conducta en un mundo que consideran peligroso. Y así sucesivamente: como producto de los filtros de su tipo, la persona de cada tipo llega a una versión subjetiva y distinta de la realidad. (En la sección de los protocolos de la Tercera parte incluimos una descripción exhaustiva del material psicológico con el que cuenta cada tipo.) Por consiguiente, la identificación de estos mecanismos, ser conscientes de ellos, es fundamental si queremos introducir cambios. Uno de los objetivos básicos en todo proceso de coaching es ayudar al cliente a hacerse cargo proactivamente de su propia vida. Dado que cada uno de los nueve tipos posee un conjunto único de mecanismos que conforma sus elecciones, debemos ayudarlos a descubrirlos si quieren perseguir proactivamente sus sueños. En palabras de Daniel Goleman (1985):

> La gama de nuestros pensamientos y de nuestros actos está limitada por lo que no percibimos. Y como no nos damos cuenta de que no percibimos, poco hay que podamos hacer para cambiar hasta que nos apercibamos de cómo el hecho de no percibir conforma nuestros pensamientos y nuestras acciones.

Para empezar a realizar un cambio duradero en nuestras vidas, debemos distinguir qué moldea hoy día nuestros juicios y nuestras decisiones. Debemos revelar la dinámica de nuestro tipo.

## EL ENEAGRAMA Y EL COACHING

En contraste con muchos enfoques simplistas del coaching que vemos en nuestro mundo actual, el eneagrama nos ofrece un mapa detallado de nuestra personalidad: nuestros puntos fuertes y débiles, nuestras necesidades, temores y potencial. También nos dice mucho sobre cómo tendemos a reaccionar en distintas áreas de nuestras vidas, aspecto que ayuda a los coaches de diversas maneras. ¿Por qué es tan importante descubrir un tipo y su dinámica autoejecutable?

**Descubrir nuestro piloto automático es clave para vivir la vida desde la libertad genuina.** Estar atrapados en nuestros mecanismos compulsivos no nos permite elegir libremente nuestros actos y nuestro destino. Cuando no somos conscientes de los mecanismos de nuestro tipo, no podemos cambiarlos; ni los cuestionamos ni los abordamos. Simplemente seguimos pensando, sintiendo y actuando en función de esos patrones habituales. En cierto sentido, nos esclavizan: ellos «dictan» y nosotros actuamos automáticamente. Por este motivo, usamos el tipo como instrumento con nuestros clientes, no para imponerles una etiqueta limitadora, sino precisamente para ayudarlos a identificar sus propios mecanismos restrictivos y liberarse de ellos.

**Descubrir nuestro piloto automático es clave para revelar los verdaderos motivos subyacentes en la falta de satisfacción y**

**de realización que tiene un cliente.** Cuando trabajamos en los niveles superficiales, abordamos solamente los síntomas de los problemas que tiene nuestro cliente. El coaching eneagrámico es transformador, porque va mucho más allá de ofrecer técnicas de afrontamiento y aborda las creencias, motivaciones, necesidades y temores clave que impulsan las decisiones del cliente. Si no abordamos tales aspectos, seguirán apareciendo de forma automática y velada, y nos provocarán sufrimiento.

**Descubrir nuestro piloto automático es clave para conseguir un cambio perdurable. Este se deduce a partir de un punto previo.** Puesto que el coaching eneagrámico es transformador, da lugar a un cambio perdurable. Los clientes finalizan el proceso de coaching fortalecidos gracias a la autoobservación y la transformación, métodos que pueden usar el resto de su vida.

**Descubrir nuestro piloto automático es clave para crear expectativas realistas del mundo, de nosotros mismos y de las personas que hay en nuestras vidas.** Funcionar basándonos en la naturaleza automática de nuestros tipos nos induce a crear expectativas poco realistas, en ocasiones inhumanas, sobre nosotros mismos, sobre cómo deberían ser las cosas y sobre cómo deberían comportarse los demás.

**Descubrir nuestro piloto automático es esencial para definir los retos de formas resolubles.** Si no somos conscientes del tipo de personalidad del cliente, no podremos ajustar nuestras estrategias a sus necesidades. Incluso es posible que no sepamos enfocar los desafíos en términos resolubles. Las estrategias genéricas, de «talla única», pueden reforzar los mecanismos del tipo, y, por consiguiente, fortalecer los problemas que indujeron a la persona a recurrir al coaching.

**Descubrir nuestro piloto automático es clave para nuestro crecimiento tanto psicológico como espiritual.** El eneagrama nos ofrece una comprensión de las múltiples facetas de la naturaleza humana. Si no nos desidentificamos de nuestra personalidad, es difícil alcanzar el crecimiento espiritual.

**Descubrir nuestro piloto automático es básico para alcanzar nuestro potencial, liberar nuestros dones auténticos y hacer una contribución a este mundo.** El eneagrama nos muestra de una manera muy precisa muchas posibilidades de crecimiento que tenemos ante nosotros. Cuando superamos las tendencias de nuestro tipo, florecen nuestras mejores cualidades, y siempre se produce una contribución positiva al mundo en general, y a las personas que nos rodean, en particular.

## ALAS Y FLECHAS

En el diagrama eneagrámico, cada tipo está rodeado por otros dos tipos (alas), y también está vinculado con otros dos tipos por medio de líneas conectoras (flechas). Por ejemplo, el tipo Seis está flanqueado por el tipo Cinco y por el Siete. Es decir, que un Seis puede tener un ala Cinco o Siete, y en algunos casos, ambas. Además, los Seis están vinculados con los tipos Nueve y Tres.

Cuando en una sesión de coaching hacemos inventario de los puntos fuertes de nuestros clientes y de los retos potenciales a los que se enfrentan, las alas y las flechas son un instrumento estupendo, dado que cada ala y cada línea conectora revela puntos fuertes potenciales y accesibles, así como cualidades deseables que podrían convertirse en un excelente recurso para nosotros, más allá de los puntos fuertes y el potencial que tenga nuestro tipo concreto. En el coaching, nos interesa amalgamar todos esos recursos con miras a producir un cambio duradero. Siguiendo con el ejemplo anterior, un Seis catastrofista puede usar de la siguiente manera los recursos que le ofrecen las alas y las flechas: puede usar la espontaneidad y la frescura de los Siete para compensar sus filtros de magnificación; puede usar su ala Cinco para aportar objetividad; puede usar su flecha a Nueve para centrarse y calmarse; y puede usar su flecha a Tres para recuperar la confianza en sí mismo y no dejar que sus temores le paralicen.

## LAS TRÍADAS

Durante los últimos siglos, los intelectuales de distintas escuelas de pensamiento han debatido la supuesta primacía de una parte del ser humano sobre otras. En el siglo XVIII, los pensadores de la Ilustración, que medraron tras el auge del racionalismo, subrayaron la primacía de la razón. Fue un periodo de cambios científicos revolucionarios. A finales del siglo XVIII y a principios del XIX surgió el Romanticismo como reacción a la Ilustración. El Romanticismo enfatizaba la primacía de las emociones, los sentimientos y la imaginación. La batalla entre las distintas escuelas de pensamiento se libró en los campos del arte, la literatura, la ciencia y el intelecto.

Entonces, ¿qué parte del ser humano es la más importante? En las últimas décadas esta pregunta ha perdido importancia, y ha surgido un concepto nuevo: existen *múltiples* inteligencias, y todas ellas son válidas y valiosas. Estos nuevos paradigmas demostraron que no tiene sentido limitar nuestra percepción como consecuencia de ver el mundo a través del filtro de una inteligencia concreta. Desde la investigación que realizó en 1983 Howard Gardner, este tema se ha vuelto muy popular. El mundo ha empezado a aceptar la existencia de múltiples inteligencias y talentos en las personas. *Inteligencia emocional*, un superventas internacional de Daniel Goleman publicado en 1996, demostró al mundo que la IE (inteligencia emocional) es tan importante como el baremo tradicional del CI (coeficiente intelectual). Todo el mundo empezó a tener claro que el desarrollo y la integración de las distintas partes de nuestra persona nos pueden ayudar a desarrollarnos y a crecer como seres humanos, en vez de determinar que una parte es más importante que otra o de enfrentarlas entre sí. A finales del siglo XX hemos sido testigos del desarrollo del pensamiento holístico, que ha conducido al desarrollo de paradigmas más sistémicos. Según estos enfoques, somos algo más que un compendio de diversas partes. El sistema global es una entidad diferenciada que tiene dinámicas propias. El ente humano no se puede explicar simplemente a partir de una sola de sus partes.

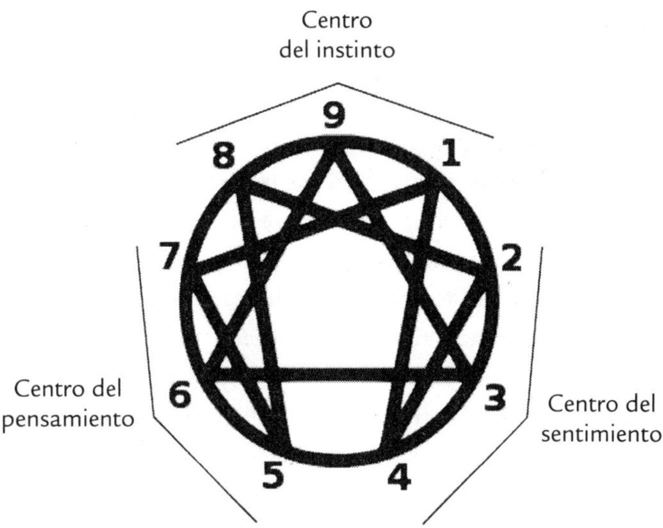


Figura 1.2. Los centros de la inteligencia.

El sistema eneagrámico aborda el tema de las inteligencias múltiples desde un ángulo muy interesante —holístico—, describiendo tres centros de inteligencia. Los nueve tipos eneagrámicos se pueden agrupar en tres grandes grupos o tríadas. Cada tríada está relacionada con una inteligencia concreta, y contiene tres eneatipos, de la siguiente manera:

La tríada del sentimiento está formada por los tipos 2, 3 y 4.

La tríada del pensamiento está compuesta por los tipos 5, 6 y 7.

La tríada del cuerpo o del instinto está formada por los tipos 8, 9 y 1.

## LA TRÍADA DEL SENTIMIENTO (2, 3, 4)

Las personas impulsadas por el corazón suelen tener asuntos pendientes y subyacentes relacionados con la emoción de la vergüenza. Dado que prestan mucha atención a las cuestiones relacionales, las personas de esta tríada son más conscientes de su imagen, de la apariencia que ofrecen ante los demás y del modo en que estos los perciben, que las personas de otras tríadas. Hablan el idioma del corazón: prestan atención a su vocabulario, y, en ellas, encontraremos referencias directas o indirectas a cuestiones de aceptación/rechazo. Sin embargo, dentro de esta tríada existen muchas diferencias, y cada uno de los tipos lleva el tema de la aceptación a un lugar distinto: a los Dos les preocupa que los otros los vean como buenas personas, los Tres quieren impresionar a los otros y que los consideren gente de éxito, y los Cuatro quieren que los vean como personas únicas y especiales. Lo que comparten estos tipos es la necesidad de la aprobación ajena para conservar su autoestima.

La máxima expresión y la más saludable de esta tríada genera empatía, compasión, intenta capacitar a los otros, darles esperanza, generar sensibilidad y una sensación de vínculo, así como una interdependencia saludable con otras personas. El uso excesivo de la energía del corazón conduce a unos desequilibrios habituales en estos tipos: desde tomarse las cosas de una forma demasiado personal, hasta el desarrollo de la hipersensibilidad frente a las críticas, el miedo al rechazo y los problemas de identidad.

## LA TRÍADA DEL PENSAMIENTO (5, 6, 7)

Las personas dirigidas por su intelecto tienden a tener problemas subyacentes con la emoción del miedo, que es principalmente una emoción que se origina en los presagios de una mente ocupada con sucesos que aún no han tenido lugar. Los tres tipos que componen la tríada del pensamiento comparten este problema, pero lo manifiestan de maneras distintas. Los Cinco tienden a reaccionar ante su miedo distanciándose de otras personas, desvinculándose y pasando a vivir en su propia mente. Los Seis alternan entre reacciones fóbicas y contrafóbicas a sus miedos. Los Siete procuran gestionar o huir directamente de sus temores tomando parte en gran cantidad de actividades y saltando de una distracción a otra. Es muy frecuente ver cómo un cliente, que tiene un centro del pensamiento dominante, se dedica a actividades analíticas muy amplias. Para estas personas, buena parte de la actividad tiene lugar en su mente, normalmente a gran velocidad y acompañada de una charla interna intensa; es una actividad que el observador externo no puede detectar en todos los casos.

La máxima expresión y la más saludable de esta tríada aporta objetividad, racionalidad en la toma de decisiones, capacidades de resolución de problemas, inventiva, generación de ideas y proliferación de ideas. El uso excesivo de la energía del pensamiento produce desequilibrios que son idiosincrásicos de estos tipos: el análisis excesivo, la desorientación debida a la abundancia de datos, complicaciones en la toma de decisiones, dificultades para actuar, y miedos dominantes a que los demás los consideren individuos fríos e impersonales.

## LA TRÍADA DEL INSTINTO (8, 9, 1)

Las personas motivadas por esta tríada tienden a tener problemas subyacentes con la emoción de la ira, que es en esencia una emoción que, metafórica o a veces literalmente, se manifiesta como una potente descarga originada en el vientre. También se dice que los instintos se centran en esa zona del cuerpo. Los tres tipos de la tríada del instinto comparten esta característica, pero la manifiestan de maneras distintas. Los Ocho tienden a expresar su ira «tal como es», espontánea y sin filtrar, de una forma directa. Los Nueve suelen ser inconscientes de su propia ira, de modo que, habitualmente, no saben muy bien cómo manifestarla. Los Uno intentan contenerla, y cuando la expresan se sienten mal por ello. Los individuos que pertenecen a esta tríada normalmente tienen en su cuerpo cierta cualidad de sensibilidad, reconocible mediante su lenguaje no verbal. (El cuerpo de los Ocho y el de los Uno enseguida muestra reacciones visibles a los estímulos que los rodean; los Nueve suelen estar en el polo opuesto.)

La máxima expresión y la más saludable de esta tríada aporta intuición, es decir, la capacidad de *conocer* y decidir el mejor curso de acción sin necesidad de reflexionar mucho sobre el tema. También aporta los beneficios de anclar la consciencia «aquí y ahora»: presencia, dedicación, conexión con la realidad, estabilidad, capacidad de estar centrado, ecuanimidad, honestidad, paciencia y «dejarse fluir». El uso excesivo de la energía del instinto genera los desequilibrios habituales en estos tipos de personas: tensión, ira (sobre todo en los Ocho y en los Uno), reactividad, incapacidad de reflexionar de antemano sus actos, lo cual suele estar relacionado con su incapacidad para conectar profundamente con sus centros del sentimiento y del pensamiento.

## LAS TRÍADAS COMO INSTRUMENTO DEL COACHING

Todos disponemos de inteligencia emocional, intelectual e instintiva, pero diferimos respecto al modo *dominante* en nuestra vida: cada uno percibe el mundo *principalmente* desde una inteligencia particular. Aunque todos contamos con los tres centros, existe un orden determinado en el que se activan.

Las tríadas son un magnífico instrumento de coaching que puede ayudarnos a abordar muchos desafíos. Los desequilibrios triádicos se reconocen con facilidad.

Un ejemplo: un cliente poco emotivo, de tipo Cinco, acude al coach porque tiene problemas de relación con los demás. Lo primero que puede hacer el coach es comprobar si existen desequilibrios en las tríadas. El paciente Cinco, ¿vive una «vida mental»? ¿Con qué frecuencia accede a su tríada del sentimiento? El coach puede comprobar, por ejemplo, la frecuencia con que, en su vida personal, el cliente demuestra su cariño mediante sus actos.

## EL PERMISO PARA CAER Y EL ARTE DE RESTAURAR EL EQUILIBRIO

En gran medida, el arte de vivir *no* consiste en la evitación absoluta de las caídas o de los errores, porque eso es imposible. Los seres humanos fracasan y caen. Pero no pueden funcionar constantemente basándose en su verdadera naturaleza, en su alma. Muchas veces durante el día actuamos mecánicamente, con el piloto automático, reaccionando ante la vida desde nuestro ego, desde nuestra personalidad.

Por tanto, el arte de vivir empieza con el arte de conocernos a nosotros mismos: ¿por qué hacemos lo que hacemos? ¿Cuáles son nuestras reacciones automáticas? Al conocer esas reacciones, al ser conscientes de ellas, podemos detenernos y elegir una respuesta mejor o más idónea a cada circunstancia (o al menos demorar o flexibilizar nuestras reacciones en caso de que aún no podamos sustituirlas por unas respuestas mejor elegidas).

Es decir, que si como humanos tendemos a reaccionar inevitable y automáticamente ante los sucesos que nos rodean, e incluso ante nosotros mismos, siguiendo unos patrones concretos, hemos de dominar **el arte de restaurar el equilibrio**. Stephen Covey (1999) enseña este principio recurriendo a la siguiente metáfora: los aviones siempre tienen una hoja de ruta, un trayecto que siguen para volar de la ciudad A a la B. Pero, a lo largo de ese vuelo, el avión se pasa un 99 % del tiempo *fuera* de ese plan. Entonces, ¿en qué consiste la misión del piloto? Pues en corregir constantemente las desviaciones pequeñas o grandes respecto a ese plan de vuelo; eso es lo que hacen los pilotos. Y también es lo que hacemos nosotros en nuestra vida, un día tras otro. Cada día nos enfrentamos a un número infinito de situaciones que nos exigen tomar una decisión. Podemos *reac-*

*cionar* desde nuestro propio ego, o *responder* desde nuestro yo auténtico y sano, usando nuestro libre albedrío en vez de actuar automáticamente. Pero es inevitable que nuestro ego participe en el proceso, y acabamos pagando las consecuencias. Esto es parte de lo que supone ser humanos. Sin embargo, al igual que los pilotos, podemos aprender a levantarnos, a ajustar, a sintonizar con precisión y a restaurar el equilibrio.

> «Maestro, ¡es increíble! Nunca pierdes tu equilibrio. ¿Cómo lo haces?»
> «Hijo, pierdo el equilibrio constantemente. Lo que he intentado aprender durante toda mi vida ha sido cómo dominar el arte de recuperarlo.» (Diálogo atribuido al creador del aikido, Morihei Ueshiba, hablando con un alumno.)

El eneagrama es un instrumento fabuloso que nos ayuda en este sentido. Nuestro tipo nos protege de muchas maneras: nos proporciona una identidad, pero también nos desafía; nos reta a crecer y mantiene una tensión constante con nuestro verdadero yo, de modo que podamos superar esa tensión y crecer.

## «QUIERO UN ATAJO»

R. Daniel Oppenheimer, en su libro sobre la paternidad, escribe: «El propósito de esta obra no es exponer una compilación de soluciones que, por el mero hecho de leerlas, resolverán todos los problemas. No es un libro de recetas (si son "recetas mágicas", mejor todavía) que algunos creen que podrían usar en momentos difíciles. Un libro así no existe». En el mundo actual vemos miles de propuestas que prometen este tipo de recetas mágicas. La aplicación de técnicas manipuladoras que abordan los problemas en su aspecto superficial solo puede generar resultados a corto plazo. No hay una pastilla mágica que enseñe a un Uno a pensar de un modo no dicotómico, ni a un Tres a quitarse la máscara y a conectar con su verdadero yo. Una pastillita no puede enseñar a los Ocho cómo escuchar de forma activa y empática, o lograr que los Dos sean conscientes de sus propias necesidades.

Por el contrario, el coaching eneagrámico se centra en el crecimiento. Es un proceso *transformador*. Y aquí es donde encontramos la paradoja: el coaching eneagrámico es más rápido que cualquier otra metodología, dado que permite la aceleración del proceso de coaching de muchas maneras: permite al coach establecer rápidamente una conexión con el cliente, así como capacitarlo y respaldarlo de la manera que este desea y necesita; también permite al coach ser consciente del tipo del cliente, y prestar atención a las ventajas y a los inconvenientes que dicho tipo tiene para la sesión de coaching. El terapeuta, equipado con un esquema detallado de los rasgos psicológicos del cliente, conoce los puntos fuertes, los talentos y el potencial de este, además de los retos a los que se enfrenta, sus necesidades, temores y puntos flacos. Si el cliente ha identificado correctamente su tipo, el coach eneagrámico dispone ya desde el principio de una tremenda cantidad de información sobre los patrones de percepción, pensamiento, sentimiento y acción del cliente.

## EL COACHING ENEAGRÁMICO NO ES TEÓRICO

Todos nosotros funcionamos a partir de «modelos mentales» (Kise, 2006), no solo nuestros clientes. Para ser eficaz en su coaching usando el eneagrama, usted debe realizar su propio viaje de autoconocimiento, descubriendo su propio tipo y revelando sus patrones habituales de pensar, sentir y actuar; y debe pasar por sus propios procesos de crecimiento personal. No podrá ayudar a crecer a los demás si usted no crece al mismo tiempo. No todo consiste en comprender, sino en actuar; debe pasar en persona por la consciencia, la interrupción de patrones y el proceso de reconexión; experimentar con los materiales, caer, recuperar el equilibrio, conseguir cosas, volver a caer. Al hacerlo, no solo se convertirá en un coach más eficaz, sino que también guiará a los otros y a sí mismo hacia una vida más plena.

## LAS PREFERENCIAS JUNGIANAS

Durante las primeras décadas del siglo XX, Carl Jung, el famoso psiquiatra suizo, empezó su investigación sobre los tipos psicológicos. Jung, considerado uno de los «padres de la psicología» junto con Sigmund Freud y Alfred Adler, dedicó su vida a descubrir qué subyace en la conducta humana, qué puede explicarla. Y descubrió que la conducta humana no es fruto del azar, y que, en gran medida, se puede explicar mediante ciertos pares opuestos de atributos psicológicos que están presentes en cada persona. Por ejemplo, cuando analizamos nuestra manera de gestionar nuestra vida social, todos tenemos la capacidad de usar la preferencia por la extroversión o la introversión. Sin embargo, en determinado momento de la vida, empezamos a usar inconscientemente uno de esos atributos más que el otro. Esto quiere decir que uno de ellos se convierte en nuestro modo preferido. Por ejemplo, podemos elegir la extroversión como nuestra estrategia preferida para gestionar nuestra vida social. Lo cual no quiere decir que no podamos ser introvertidos; significa que nuestro modo *dominante* es la extroversión.

Jung propugnó que para crecer de verdad, para salir de nuestros estancamientos, era importante la *individuación*: el proceso de analizar y reintegrar esas funciones psicológicas en nuestro instrumental humano. Según él, cuando usamos sobre todo uno de los dos atributos de cada par, estamos limitados en nuestra percepción de la realidad, y no podemos alcanzar nuestro potencial pleno como seres humanos. Esto se debe a que vemos el mundo a través de la lente de nuestras preferencias dominantes particulares y, por tanto, nos perdemos otras facetas importantes de la realidad.

Por consiguiente, nuestra autorrealización llegará cuando seamos capaces de analizarnos, de obtener un conocimiento de nuestras personas y de comprender cuáles de nuestras funciones dependen del piloto automático. Por el contrario, si permitimos que esas funciones sigan ocultas, se generarán muchos sufrimientos en nuestra vida. En términos jungianos, nos conducirá a la aparición de «síntomas neuróticos».

Los descubrimientos de Jung se publicaron por primera vez en su famoso libro *Tipos psicológicos*, en 1921. En esta obra describía las preferencias por los atributos extroversión/introversión, sensorial/iNtuitivo y pensamiento/sentimiento. En la década de 1940, dos mujeres norteamericanas, Isabel Myers y Katharine Briggs, crearon un modelo aplicando las funciones psicológicas de Jung. Su obra se ha convertido en el método de evaluación psicológica más usado en el mundo: el MBTI (Indicador de tipo de Myers-Briggs). A los tres pares de preferencias opuestas que describió Jung, ellas añadieron un cuarto: calificador/perceptivo.

extroversión (E) – introversión (I)
sensorial (S) – iNtuitivo (N)
pensamiento (T) – sentimiento (F)
calificador (J) – perceptivo (P)

Este test mide la dominancia de una función concreta en cada par, y da como resultado un código de cuatro letras. Por ejemplo, una persona que tiene preferencia por la introversión en el primer par obtiene la letra «I» en su código de cuatro letras. Si en la persona predomina el factor sensorial, la «S» será la segunda letra, y así sucesivamente para la tercera y la cuarta letras. Como resultado, según el baremo MBTI existen dieciséis tipos de personalidad. La figura 1.3 nos da un ejemplo de un cliente ENTJ.

Figura 1.3 Determinación de las funciones jungianas dominantes en un cliente. Un ejemplo de un tipo ENTJ.

En las siguientes secciones describiremos con mayor detalle las ocho preferencias.

### Primer ámbito: la preferencia social y energización

La primera dimensión de la personalidad identificada por Jung fue la extroversión/introversión. Lo que mide esta dimensión es nuestra preferencia relativa a la actividad social y al modo en que gestionamos y restauramos nuestros niveles energéticos.

### Extroversión («E»)

**En su expresión sana.** Las personas que sienten preferencia por la extroversión están orientadas hacia el exterior, son sociables, habladoras y recargan sus niveles energéticos por medio de actividades sociales y externas. Son personas entusiastas, activas, animadas, rápidas y enérgicas. Son interactivas y tienden a exteriorizar sus pensamientos para procesarlos. Cuando conversan, suelen usar muchas palabras y hablar en voz alta. Están más orientadas a la acción que las introvertidas, y tienden a actuar (y a hablar) de forma más espontánea. Interactúan bien en grupos y se les da bien generar ideas dentro de estos.

Cuando se comunique con este tipo de personas, respete su necesidad de expresarse espontáneamente. Prefieren encuentros cara a cara, o hablar por teléfono antes que recurrir a la comunicación escrita, como el correo electrónico. Es importante mantener el contacto visual con ellas. Si usted es introvertido, comprenda el modo en que exteriorizan sus pensamientos los extrovertidos (a veces sin haberlos meditado mucho), y tenga paciencia con ellos.

Palabras clave: *social, actividad, encuentro, reunión, grupo, entusiasmo, expresión, cara a cara, habladores, asertivos, rápidos, abiertos.*

**En el estancamiento.** Cuando se usa en exceso, la preferencia por la extroversión pasa factura. El enfoque «actuar primero, pensar después» puede inducir a esas personas a actuar con demasiada rapidez, y a veces tienen que lamentar las consecuencias. En la zona del estancamiento, también es posible que hablen demasiado. En consecuencia, son malos oyentes: interrumpen, siguen hablando sin darse cuenta de si la otra persona está interesada en lo que dicen o no. Quizá también sientan la necesidad compulsiva de llenar los silencios, sobre todo cuando interactúan con los introvertidos. A estos últimos también puede molestarles ver que al extrovertido le cuesta guardar los secretos y respetar la privacidad, lo que perjudica la confianza entre ambos.

### Introversión («I»)

**En su expresión sana.** Las personas que sienten preferencia por la introversión están orientadas hacia su interior, son reservadas y recargan sus niveles energéticos al pasar tiempo a solas. Son personas reflexivas y contemplativas. Tienen una forma de actuar calmada y controlada, y su ritmo es más lento que el de otras personas. Su forma de hablar se caracteriza por emplear pocas palabras, pausas y una voz más apacible. Les gusta disponer de espacio, tanto físico como en términos de tiempo, para disfrutar de sus actividades solitarias. Normalmente, solo tienen unos pocos amigos, que son íntimos. A muchas de estas personas les gusta leer.

Cuando se comunique con introvertidos, respete su necesidad de tomarse un tiempo para pensar y procesar lo que se dice en la conversación. Escúchelos activamente, y no los agobie hablando demasiado. Puede que se produzca poco contacto visual, o ninguno. Dado que tienden a pensar y a reflexionar antes de actuar, normalmente tardan un poco más en actuar; no les meta prisa. Funcionan bien al comunicarse por escrito, por ejemplo a través del correo electrónico, ya que, como es lógico, disponen de más tiempo para reflexionar bien sobre sus respuestas. En persona, prefieren las interacciones con un solo interlocutor antes que las grupales o sociales.

Palabras clave: *reflexión, percepción, introspección, uno a uno, previsión, consideración, interior, escuchar, solo, espacio, baja intensidad, íntimo, reservado, contemplativo, apacible, «difícil de conocer», lento.*

**En el estancamiento.** Cuando se usa en exceso, la preferencia por la introversión tiene desventajas. El patrón de «pensar-actuar-volver a pensar» puede inducir a los introvertidos a pensar demasiado antes de decidirse y actuar, incluso cuando la situación exija lo contrario. Esto les hace estar tensos y prepararse en exceso antes de una reunión.

Su preferencia por la privacidad puede llevar a los otros a pensar a veces que el introvertido es arrogante o arisco. Sometidos a presión, pueden volverse hipersensibles ante lo que entienden como una invasión de su espacio, y es fácil que los molesten rápidamente las personas y el ruido, cosas que los inducen a querer quedarse en un segundo plano, con más privacidad si cabe.

## Segundo ámbito: el procesamiento de la información

Los seres humanos estamos expuestos constantemente a una gran cantidad de información y de estímulos externos. Pero el modo en que se percibe y se procesa esa información no es el mismo para todos. Cada persona tiende a percibir automáticamente aspectos diferentes de la realidad. Jung distinguió entre dos formas distintas y principales en las que las personas suelen absorber y procesar la información externa. La primera se llama estilo sensitivo, y la segunda estilo intuitivo.

## Sensitivo («S»)

**En su expresión sana.** Las personas que muestran preferencia por el estilo sensitivo tienden a percibir la realidad de un modo *inmediato*. Se concentran en el presente. Casi siempre sus sentidos de la vista, el oído, el olfato, el gusto y el tacto están muy activos y actúan como receptores del mundo que los rodea. Sus sentidos son sus instrumentos *preferidos* para percibir la realidad de una forma fiable.

Los sensitivos necesitan mucho la claridad, y son realistas y pragmáticos. Se les da muy bien detectar los detalles de todas las cosas.

Cuando tienen que solucionar un problema, les interesa reunir datos no interpretados, directos. Quieren saber si las cosas funcionan, y se fían de soluciones demostradas que han funcionado en el pasado. También tienen la capacidad de convertir las ideas en aplicaciones prácticas.

Al comunicarse con ellos, es importante ser directo y claro. No los agobie con modelos y teorías complejos: expóngales los hechos, ponga ejemplos y sea concreto. En ningún momento deje de ser práctico. Cuando les describa algo, hágalo secuencialmente, y enséñeles las cosas paso a paso, de una forma clara.

Palabras clave: *sentido común, presente, real, concreto, aquí y ahora, hechos, funcional, específico, detalles, pautas, demostrado, experiencia, «probado y aprobado», claridad, rutina, procedimiento.*

**En el estancamiento.** Cuando se emplea demasiado, la función sensitiva obliga a pagar un precio. Si los sensitivos siguen tomándose todo literalmente, no desarrollan su imaginación. Es posible que no logren pensar «con originalidad» ni imaginar posibilidades futuras, captar tendencias o, simplemente, ver más allá de su *input* sensorial. Su tendencia a basarse demasiado en las ideas ya demostradas puede inhibir su creatividad. Además, prestar demasiada atención a los detalles puede inducirlos a perder de vista la imagen global.

### iNtuitivo («N»)

**En su expresión sana.** Las personas con la preferencia iNtuitiva tienden a percibir la realidad por *inferencia*. Su atención tiende a centrarse en el porqué de las cosas. Confían en sus corazonadas y en su imaginación, antes que en sus sentidos. Dado que se centran en la imagen general, miran la realidad como a vista de pájaro: de esta forma, perciben todos los elementos que la componen, los vínculos y las interrelaciones entre ellos. Se les da bien detectar conceptos, posibilidades, tendencias, patrones y consecuencias. Tienen la capacidad deductiva y connotativa: perciben cómo los sucesos presentes sugieren algo más de lo que es explícito o se expresa directamente.

Cuando tienen que resolver un problema, se les da bien aplicar la proliferación y la generación de ideas. Les gusta experimentar y, si es necesario, se apartarán de las soluciones adoptadas en el pasado y demostradas. Les interesan las posibilidades: por un lado, buscan otras maneras de abordar y resolver un problema; por otro lado, observan lo latente, lo potencial: aquello que podría ser pero que aún no es. También son competentes para redisponer las cosas con objeto de descubrir significados y relaciones entre ellas.

Cuando se comunique con personas así, es importante que sea global antes de centrarse en los detalles. No las agobie con detalles y cosas concretas: sea conceptual, exponga las ideas generales y muéstreles la imagen global, el modo en que se interrelacionan las cosas y cuáles son sus implicaciones. No se aleje del porqué de las cosas. Cuando les describa algo, emplee metáforas y asociaciones.

Palabras clave: *inspiración, perspicacia, futuro, creatividad, ideas, proliferación de ideas, nuevo, tendencias, patrones, posibilidades, imaginación, abstracto, holístico, corazonada, matiz, implícito, teoría, modelo, sutileza, connotación, implicación, redisposición, significado, integrador, novedoso.*

**En el estancamiento.** Cuando se abusa de ella, la función iNtuitiva crea ciertos problemas. Si los iNtuitivos no dejan de tomárselo todo figurativamente, no desarrollarán un sentido correcto del aquí y el ahora. Es posible que no logren tomar decisiones basándose en una información factual. Su tendencia a depender de la inspiración, de la creatividad y de las posibilidades puede inhibir el uso de un enfoque práctico cuando la situación lo requiera. Por otra parte, un uso excesivo de la técnica de «leer entre líneas» puede inducirlos a distraerse con especulaciones mientras pierden de vista lo más obvio.

## Tercer ámbito: la toma de decisiones

Como ya hemos visto en el par de referencias anteriores, los seres humanos están expuestos constantemente a una gran cantidad de información y estímulos externos, que deben procesar. En *Tipos psicológicos,* Jung explicó que, tras juzgar lo que significan para nosotros los sucesos externos, participamos en un proceso de toma de decisiones. Sin embargo, también aquí existen dos filtros distintos con los que podemos realizar este proceso: el pensamiento y el sentimiento.

Estas preferencias no son mutuamente excluyentes, y todos las tenemos y las usamos, pero cada uno manifiesta una preferencia hacia una o la otra.

## Pensamiento («T»)

**En su expresión sana.** Las personas que tienen preferencia por el pensamiento prefieren tomar decisiones de una forma lógica. Valoran la objetividad. Antes de decidir, sopesan los costes y los beneficios. También prestan atención a la causalidad: cómo influirá un hecho sobre otros, y cuál es la consecuencia que podemos esperar.

Al comunicarse con ellas es importante ser lógico y objetivo. No las agobie con sentimientos: manténgase tranquilo y objetivo en todo momento. Cuando les describa algo, sea claro y organizado, y sobre todo explíqueles la relación entre la causa y el efecto.

Palabras clave: *objetivo, análisis, distanciamiento, lógico, causa-efecto, coste-beneficio, criterios, evaluación, consecuencias, información, conocimiento, sopesar.*

**En el estancamiento.** Cuando se usa en demasía, la preferencia por el pensamiento acarrea ciertas desventajas. Las personas que optan por ella pueden aferrarse demasiado a la lógica, descartando cualquier otro criterio para tomar decisiones, hasta el punto de ignorar otros tipos de inteligencia, como la sentimental (emocional) o la instintiva. Pueden volverse demasiado impersonales. Los demás pueden percibir a estos individuos como seres fríos y despegados. Además, cuando piensan demasiado en una situación, su proceso de toma de decisiones puede verse afectado, y se quedan estancados en la «parálisis del análisis», posponiendo las decisiones y quedándose sin actuar.

### Sentimiento («F»)

**En su expresión sana.** Las personas que tienen preferencia por el sentimiento optan por tomar las decisiones de una forma más personal y subjetiva. Quieren tomarlas basándose en valores y en principios. Antes de decidir, sopesan el modo en que sus decisiones influirán sobre ellos y sobre otros seres humanos.

Cuando se comunique con estas personas, es importante que las escuche activamente. Hable desde el corazón y no las presione con la lógica: demuéstreles que le importan, y en todo momento sea personal y receptivo. Cuando les describa algo, muéstreles qué papel desempeñan los valores en el tema en cuestión, y cuál es (o será) el impacto que tendrán sobre los sentimientos y el bienestar de las personas.

Palabras clave: *sensibilidad, personal, interés, sentimientos, comunicación, humano, apreciación, emociones, empatía, relaciones, valores, principios, compasión, expresión, armonía, amistoso, nutrición, respaldo, interacciones.*

**En el estancamiento.** Cuando se usa en exceso, la preferencia por el sentimiento pasa factura. Las personas que se decantan por ella pueden aferrarse demasiado a los sentimientos, descartando cualquier otro criterio para tomar decisiones, hasta el punto de ignorar otros tipos de inteligencia, como el centro de la lógica (pensamiento) o el del instinto (el del cuerpo). Pueden volverse demasiado sensibles a las críticas, tomándoselo todo como algo personal. Los demás pueden considerarlas ilógicas. Además, cuando actúan impulsivamente, sin pensarlo bien, puede verse malparado su proceso de toma de decisiones, porque actúan «como les dicta el corazón».

## Cuarto ámbito: la estructuración de la vida

En los años 40 del siglo xx, Katharine Briggs e Isabel Briggs Myers empezaron a trabajar en la creación de un instrumento de evaluación de los tipos de personalidad basado en las teorías de Carl Jung. Además de los tres pares de preferencias propuestas por Jung (extroversión/introversión, sensitivo/iNtuitivo, pensamiento/sentimiento), propusieron un cuarto: calificador/perceptivo. Así, el instrumento MBTI fruto de su investigación pasó a incluir también esta dimensión. ¿Qué miden estas dos preferencias añadidas? Evalúan algunas preferencias generales relativas a la *estructura* y a la *conclusión*: ¿Preferimos un estilo de vida estructurado, organizado, planificado, u otro más espontáneo? ¿Nos gusta mantener abiertas nuestras opciones, o sentimos una preferencia por los asuntos cerrados y concluidos?

### Calificador («J»)

**En su expresión sana.** Las personas que tienen preferencia por juzgar o calificar viven su vida de una manera estructurada. Valoran el orden; mantienen organizadas sus agendas; se les da bien clarificar listas de tareas que deben hacer y les gusta finiquitarlas todas. Les gusta atar todos los «cabos sueltos» y se sienten incómodos cuando no logran rematar un asunto. Para ellas, es importante la puntualidad y la autodisciplina, y, normalmente, disponen de rutinas bien organizadas.

Cuando se comunique con las personas calificadoras, es importante ser decisivo. No las desborde con opciones: manténgase centrado y «con la vista en el blanco» en todo momento. Sea siempre puntual; cuando les describa algo, sea conciso y organizado, y enfatice cómo alcanzar la conclusión del asunto.

Palabras clave: *conclusión, organización, orden, fecha tope, estructura, decidido, asentado, conformidad, plan, control, tarea, programa, oportuno, puntualidad, disciplina, productividad, perseverancia, blanco, objetivos, eficiencia, preparado, dispuesto, meta, agenda, «atar cabos sueltos», concentración, compromiso.*

**En el estancamiento.** Cuando se emplea en exceso la preferencia por la calificación, surgen varios problemas. Los calificadores pueden aferrarse demasiado al orden y al control, descartando cualquier otro criterio para administrar su estilo de vida, llegando hasta el punto de querer planificar *todos* los aspectos de ella en todo momento. Pueden estresarse demasiado. Los demás pueden verlos como individuos críticos, inflexibles y rígidos.

### Perceptivo («P»)

**En su expresión sana.** Los individuos que optan por la percepción prefieren vivir la vida de una forma menos estructurada, de manera que fluya más. Valoran la espontaneidad; mantienen abiertas y flexibles sus agendas, y pueden adaptarse «sobre la marcha» a los acontecimientos. Se adaptan rápidamente a los cambios, y son capaces de variar el rumbo rápidamente si las circunstancias se lo exigen. Su curiosidad los capacita para explorar opciones y posibilidades.

Cuando uno se comunica con los perceptivos, es importante que sea abierto. No los agobie con fechas tope ni les meta prisa para que tomen decisiones. Respete su necesidad de disponer de algún tiempo para considerar sus opciones antes de actuar. Cuando el asunto que tienen entre manos es realmente importante y exige su actuación inmediata, dígaselo con firmeza, pero evite sermonearlos. Cuando les describa algo, céntrese en los *procesos* y describa los numerosos cursos de acción disponibles.

Palabras clave: *flexibilidad, espontaneidad, relax, curiosidad, posibilidades, amplitud, apertura, libertad, gama, opciones, elecciones, «planes con final abierto», adaptable, fluir, proceso, entusiasmo, evaluación, consideración (de opciones), espacio, amplitud, interés.*

**En el estancamiento.** Cuando se usa demasiado, la preferencia perceptivo acarrea determinados problemas. El hecho de pasar a otra cosa cuando aún no se ha concluido la que se tiene entre manos, barajar demasiadas opciones, cambiar de rumbo excesivas veces, y la falta de orden y de organización pueden dar pie a un mal rendimiento y a resultados mediocres. La falta de puntualidad de los perceptivos puede inducir a otros a considerarlos personas irrespetuosas o faltas de compromiso.

## LA PSICOLOGÍA DE LAS NECESIDADES HUMANAS

La psicología de las necesidades humanas es un campo nuevo que crearon Anthony Robbins y Cloé Madanes, y es el resultado de su investigación conjunta durante la última década. Este potente sistema funciona extremadamente bien para los coaches que usan el Eneagrama, porque ambos sistemas subrayan la importancia que tiene encontrar patrones autolimitadores que, en la mayoría de nosotros y en gran medida, son inconscientes. Robbins y Madanes enseñan que para contribuir a la introducción de cambios en nuestra conducta, debemos comprender y gestionar nuestras seis necesidades humanas, que son impulsoras potentes de la conducta humana. Explican a fondo este modelo en su obra, publicada en 2010, *Relationship*

*Breakthrough*, aunque aquí solo trataremos algunos aspectos que son relevantes para nuestro trabajo con el eneagrama. Las seis necesidades humanas son:

**La necesidad de seguridad/comodidad.** Todo ser humano siente la necesidad de seguridad y le preocupa su supervivencia física. Todos necesitamos seguridad y estabilidad psicológicas en nuestras vidas y también en las relaciones con los demás.

**La necesidad de incertidumbre/variedad.** Todo ser humano tiene necesidad de la variedad. El hecho de equilibrar los aspectos rutinarios de la vida, desafiar y estimular nuestros sentidos, nuestras mentes y nuestros cuerpos nos ayuda a sentirnos vivos.

**La necesidad de importancia.** Es la necesidad de sentirse importante. Es el deseo humano normal no solo de que los otros nos acepten, sino también de que nos valoren, de obtener reconocimiento, de sentirse especial y único y de ser respetado.

**La necesidad de amor y vinculación.** Esta es la necesidad de amar y ser amado, de que nos cuiden. Esta necesidad es esencial para crear una relación emocionalmente importante. Esta definición incluye también los sentimientos de *vinculación* con los otros.

**La necesidad de crecimiento.** Es la necesidad de poner en práctica nuestro potencial. Consiste en superar nuestros propios retos y crecer para sacar lo mejor que hay en nosotros. Todos queremos experimentar un progreso en las distintas áreas de nuestra vida. Esto nos impulsa a interesarnos por algo, a cultivarlo para satisfacer esta necesidad.

**La necesidad de contribución.** Es la necesidad de dar, de ayudar a los otros, de preocuparse por los intereses de los otros y/o de la sociedad; producir un efecto que transforme a una persona o a un grupo, dejar un legado, una huella en el mundo. La contribución es el antídoto del egoísmo.

## El trabajo con el Eneagrama y la PNH

Todos tenemos las seis necesidades humanas, sin que falte ninguna de ellas. Entre estas seis, dos de ellas suelen ser las *dominantes*. Estas necesidades actúan como impulsores potentes que conforman las elecciones que tomamos. Al trabajar con el Eneagrama, es importante identificar no solo el eneatipo del cliente, sino también sus necesidades dominantes. Si usted emplea el Eneagrama, no dé por hecho de inmediato, por ejemplo, que un tipo Seis tendrá la necesidad dominante de obtener la seguridad. Aunque la búsqueda de la seguridad es básica para los Seis, hay otros factores que pueden inducirlos a enfatizar una necesidad distinta.

Uno de esos factores lo constituyen los instintos eneagrámicos. (Quienes sientan interés por lo que son los instintos y cómo funcionan pueden consultar la bibliografía que sugerimos al final de este libro.) Siguiendo con el ejemplo, es posible que tengamos que afrontar un proceso de coaching con nuestro cliente Seis, donde abordemos un tema de amor/vinculación.

En segundo lugar, fíjese en los modos en que sus clientes procuran satisfacer sus seis necesidades humanas. Estas se pueden satisfacer de formas positivas o negativas. Cuando está estancado, cada tipo las satisface de un modo perjudicial. Por ejemplo, un tipo Cuatro puede alcanzar la importancia mediante la diferenciación compulsiva con respecto a otras personas, como forma de sentirse especial. Cuando se integra saludablemente alejándose del estancamiento, ese mismo Cuatro puede usar su capacidad de escucha empática, alcanzando la importancia positivamente al lograr entender no solo su vida interior, sus necesidades y sus sufrimientos, sino también los de los otros. Entonces puede ofrecerles consejos compasivos y sensibles.

Y en tercer lugar, recuerde que **la integración que aleja del estancamiento ayuda al cliente a satisfacer simultáneamente las necesidades de crecimiento y de contribución.** Estas dos necesidades son propias del espíritu humano. Por eso, cuando los miembros de cada tipo del eneagrama encuentran la vía saludable para salir del estancamiento, se sienten realizados y plenos, además de experimentar una profunda sensación espiritual de liberación. Cuando las personas de cada tipo pasan por su punto del valor, siempre que se liberen de los hábitos autolimitadores de su personalidad, crecen. Y cuando crecen, siempre contribuyen en algo para los demás. Por ejemplo, cuando los individuos del tipo Cinco se integran, pasan de ser reclusos intelectuales a poner por obra sus ideas. Al hacerlo no solo crecen, sino que comparten sus dones con el mundo; se vuelven contribuyentes. Se ponen manos a la obra, mostrando al mundo sus ideas y sus invenciones para beneficio de la sociedad. Cuando los del tipo Uno se integran, dejan de administrar moralina y se convierten en guías mediante el ejemplo, verdaderos líderes de otros individuos. Cuando las personas del tipo Tres se integran, dejan de competir con los otros y se convierten en sus motivadores. Y así sucesivamente; esto es lo que sucede con todos los tipos eneagrámicos.

Más adelante, al detallar el protocolo de coaching de cada tipo, le ofreceremos ejemplos de cómo usar concretamente la PNH con cada uno de ellos.

## Segunda Parte

# DEL ESTANCAMIENTO AL CRECIMIENTO: EL MODELO

En las siguientes páginas describimos los elementos presentes en el marco teórico que desarrollamos para ayudar a los clientes a pasar del estancamiento al crecimiento. Empezamos describiendo un factor esencial: distinguir la realidad de la interpretación que hacemos de ella.

## La distinción entre la realidad y nuestra interpretación de ella

Nuestra mente intenta constantemente encontrar sentido a la información externa que recibe del mundo que nos rodea. Como los ordenadores, disponemos de programas «preinstalados» que nos ayudan a realizar la tarea de procesamiento que contribuirá a que encontremos el sentido de las cosas, que nos ayudará a discernir, a sacar conclusiones y a tomar decisiones. Según el Eneagrama, los seres humanos tenemos acceso a nueve «paquetes» de programas de esta clase. Estos paquetes de programas residen en la mente, y ayudan a las personas a procesar la información a medida que les llega. Los programas atribuyen significado a los sucesos de nuestra vida, y les adjuntan un comentario mental, una interpretación. ¿Esta interpretación es fruto del azar? No; existe una coherencia. Cada paquete de programa contiene, integrado en su interior, un modelo concreto del mundo, un mapa de la realidad. Dicho modelo del mundo nos induce a centrarnos en aspectos específicos de este, ignorando otros. Solo llama nuestra atención sobre *algunos* aspectos del mundo. Cada uno de los nueve tipos de personalidad posee un tema central, un área de la realidad en la que tiende a concentrarse, y de la que surgen muchas de sus preocupaciones. Como resultado, la percepción de la realidad que tiene una persona se trunca, y, consiguientemente, sus interpretaciones no son imparciales. Como hubiera dicho Alford Korzybski, este mapa parcial y subjetivo «no es el territorio». Debido a su naturaleza subjetiva, el paquete programático genera una representación interna de la realidad que tiende a diferir de lo que sucedió de verdad. En otras palabras, podemos confundir nuestra interpretación de lo que sucede realmente a nuestro alrededor con la propia realidad. Como dijo el artista belga René Magritte: «La percepción siempre intercede entre la realidad y nosotros».

| Realidad = Nuestra interpretación de la realidad | Realidad ≠ Nuestra interpretación de la realidad |
|---|---|
| **CONSCIENCIA** | **PILOTO AUTOMÁTICO** |

Otra característica importante de estos programas es que son automáticos: llevan piloto automático. Pueden funcionar en segundo plano, lejos de nuestra vista, ocultos en el subconsciente, siempre dispuestos a hacerse con el control y a asignar rápidamente un significado, sobre todo (o especialmente), sin que nosotros se lo hayamos ordenado. Para complicar aún más las cosas, estos mecanismos psicológicos también tienen la capacidad de volverse «invisibles al radar», lo cual evita que incluso sus dueños logren detectar su actividad.

Como no somos conscientes de estas interesantes dinámicas, nos acostumbramos a vivir con el parloteo del programa en nuestra mente y no logramos detectarlo. Y como no lo percibimos, no podemos cuestionarlo. Confiamos en su lógica como si fuera verdad. En el ámbito neurológico, estas conductas se convierten en hábitos. Cuanto menos desafiamos estos mecanismos incesantes, más se integran en nuestro cerebro y más habituales se vuelven sus reacciones. En consecuencia, acabamos percibiendo, evaluando, pensando, sintiendo y actuando en función de esos patrones distorsionados. Empezamos a darnos cuenta de que algunas áreas de nuestra vida no funcionan. No nos sentimos realizados, nos falta algo, nos sentimos estancados.

## El estancamiento

El estancamiento tiene la forma de un ocho tumbado. Representa un circuito cerrado, constante, en el que podemos vernos atrapados. Hemos adaptado este concepto de una enseñanza de Anthony Robbins y Cloé Madanes. En su modelo, al que llaman «el ocho loco», cuando las personas intentan satisfacer sus necesidades humanas, alternan entre dos emociones (Figura 2.2).

Cuando nos vemos atrapados en este circuito cerrado, sufrimos, y ese sufrimiento induce a las personas a intentar escapar de la trampa en que han caído. Hay dos salidas disponibles, dos escapatorias, representadas por las dos flechas verticales. La flecha que apunta hacia arriba representa la manera positiva de huir del circuito cerrado; la flecha que apunta hacia abajo representa una forma escapista, habitualmente negativa, para escapar de él.

Figura 2.2. El modelo del «ocho loco» de Robbins-Madanes.
Un ejemplo con las emociones de la ira y la depresión.

Según nuestra adaptación del eneagrama (Figura 2.3), el circuito cerrado incluye todos los patrones automáticos del pensamiento, el sentimiento y la acción de cada tipo de personalidad, para representar la gama de dinámicas de pensamiento, emoción e instinto que puede experimentar cada tipo cuando se estanca. También incluye las actitudes características que son fruto de las creencias centrales de cada tipo.

Este modelo no quiere decir que cada tipo tenga *todos* los patrones que sucedan y formen un circuito cerrado al mismo tiempo. En realidad puede manifestar muchos patrones al mismo tiempo, o tan solo unos pocos. Lo que sí refleja el modelo es la mayoría de los patrones posibles en los que puede verse atrapado cada tipo, y entre los cuales es posible que alterne. Siguiendo con nuestro ejemplo anterior, un tipo Uno que se encuentre estancado puede alternar, por ejemplo, entre un impulso perfeccionista y que busca errores y la emoción de la ira. Otro tipo Uno puede verse atrapado entre el impulso moralizador, la crítica constante a los otros y los resentimientos potentes, y alternar entre tales impulsos. Otro individuo, en fin, puede alternar entre los estallidos repentinos de rabia y culpa, etc.

El estancamiento no tiene por qué ser igual para todo el mundo. Cada tipo tiene una manera particular, única, de quedarse atorado. Los protocolos de coaching en la Tercera parte explican detalladamente los estancamientos de cada tipo.

Figura 2.3. Tipo Uno: Zona de estancamiento y estrategia de salida.

## Las salidas del estancamiento

Una persona debe pagar un alto precio por quedarse atascada en su estancamiento. Cuando reaccionamos mediante el programa de piloto automático propio de nuestro tipo, dejamos tras nosotros un rastro en muchas áreas de nuestra vida personal y profesional; sufrimos y hacemos sufrir a los otros. Nos sentimos estancados e irrealizados, molestos con nosotros mismos y con nuestras relaciones. Al enfrentarnos a estas consecuencias negativas, empezamos a buscar maneras de escapar de este circuito cerrado. Podemos librarnos del círculo vicioso de una forma positiva o negativa.

## La interrupción negativa de los patrones

Al vernos atrapados en el estancamiento, podemos intentar escapar del circuito cerrado recurriendo a diversas conductas escapistas. Un ejemplo frecuente de esta actitud es el de las alteraciones fisiológicas, pues se recurre a la comida o a cualquier sustancia que prometa aliviar temporalmente los síntomas de nuestro sufrimiento. Pero dado que no tratamos las causas genuinas, los síntomas tienden a regresar. Este es el motivo de que ninguna sustancia ni medicación pueda reemplazar el dominio propio y el crecimiento. Consumir sustancias sin abordar los mecanismos de nuestro tipo viene a ser como desconectar la electricidad de toda la casa para arreglar un electrodoméstico que no funciona bien: los efectos secundarios y tóxicos de las sustancias pueden alcanzar muchos puntos de nuestra vida, incluso áreas que no están relacionadas con el problema originario. Pero quizás el peor efecto de esta conducta, su impacto más debilitador, es que nos induce a pensar que podemos alcanzar el bienestar sin esforzarnos, sin superar nuestros desafíos psicológicos y espirituales; que estamos indefensos y no podemos elegir.

## La interrupción positiva de los patrones

*Weiji*, que es la palabra en chino que significa «crisis», se compone de dos caracteres, uno que representa «peligro» y el otro que significa «oportunidad». Estar en crisis en el estancamiento no solo nos expone al peligro de hundirnos en un sufrimiento más profundo, mediante la salida que nos ofrece la interrupción negativa, sino que también nos da la oportunidad de encontrar una salida positiva. ¿Por qué existe una oportunidad? Porque nos enfrentamos a una decisión clave. Es un momento en que nos formulamos las siguientes preguntas: ¿Estamos dispuestos a alcanzar nuestro potencial máximo en esta vida? ¿Queremos seguir viviendo de esta manera? A la salida que se llega mediante la interrupción positiva la llamamos «el punto del valor». Para atravesar este punto **debemos acopiar las fuerzas de nuestra alma**. El proceso exige toda nuestra participación y determinación, nuestra resolución de hacernos cargo de nuestra propia vida y avanzar hacia la realización como personas.

危机

PELIGRO OPORTUNIDAD

Figura 2.4. El término chino equivalente a «crisis».

Cuando un cliente recurre al coaching, tiene una gran oportunidad. Las fuerzas contenidas en la persona nos gritan desde su interior. No quiere vivir la vida de esa manera. En lo más hondo de su ser sabe que debe existir otra forma de vivirla. **El papel del coach es el de aprovechar esa inercia, ayudar al cliente a visualizar su potencial y a aprovecharlo**; debe exponer al cliente cuál es el precio que paga y el impacto que tiene sobre su vida esa forma de vivirla, y debe fomentar la consciencia y animar al cliente a responsabilizarse de su vida y vivir proactivamente.

## *Neshima*: la respiración como un puente hasta nuestra alma

En los últimos años, dentro de la comunidad científica, sobre todo en el campo de la neurociencia, se ha investigado a fondo cuáles son los beneficios de la meditación, lo cual ha trascendido la asociación tradicional de este tema con la fe o las prácticas religiosas. La terapia de reducción de estrés basada en la conciencia es un ejemplo de esta tendencia.

Según muchas tradiciones antiguas, el acto de respirar se entiende como un puente entre nuestra personalidad y nuestra alma. Por ejemplo, el término hebreo para «alma», que es *neshama,* tiene el mismo número de letras que *neshima,* «respiración», lo cual sugiere que al respirar accedemos a la parte más trascendental de nuestro ser: nuestra alma. El Talmud explica que, dado que nuestra alma contiene una chispa de lo divino, cada vez que respiramos podemos experimentar nuestra conexión más profunda con Dios y con la vida. La idea clave que se subraya en casi todas las tradiciones espirituales es que somos más que nuestra personalidad. Dentro del campo de la psicología, Carl Jung fue el primero en reconocer que las fuerzas psicológicas positivas que podemos emplear para sanarnos a nosotros mismos se encuentran en nuestro interior, *junto a* nuestra estructura del ego, hombro con hombro. **Si nuestra personalidad actúa como un filtro distorsionador de la realidad, creando una representación errónea de la vida e incitándonos a vivir «en una película», podemos despegarnos temporalmente de nuestra personalidad, dejar de identificarnos con su contenido y cultivar nuestro ser por medio de la respiración y la conexión con nuestra alma.** Así, la respiración puede ayudarnos a anclar en el momento presente nuestra mente errabunda, estableciendo un estado de meditación y contemplación, que es óptimo para activar el espectador imparcial.

| נשמה | נשמה |
|---|---|
| RESPIRACIÓN | ALMA |

Figura 2.5. Los términos hebreos para «respiración» y «alma».

## El espectador imparcial

El camino correcto para salir de nuestro estancamiento debe empezar con el desarrollo de la consciencia. Volvamos a la cita de Daniel Goleman que introdujimos al principio de este libro:

> La gama de nuestros pensamientos y de nuestros actos está limitada por lo que no percibimos. Y como no nos damos cuenta de que no percibimos, poco podemos hacer para cambiar hasta que nos apercibamos de cómo el hecho de no percibir conforma nuestros pensamientos y nuestras acciones.

Para comenzar a introducir un cambio duradero en nuestras vidas, debemos identificar qué conforma actualmente nuestros juicios y nuestras decisiones. Debemos revelar la dinámica de nuestro tipo. Con este fin empezamos a desarrollar el espectador imparcial.

Nuestro tipo de personalidad es aquella parte de nosotros mismos que procesa la realidad subjetivamente. Para compensar las distorsiones y los sufrimientos que este hecho causa, necesitamos ayudar a nuestros clientes a desarrollar la capacidad de observarse a sí mismos despegadamente. A este «circunstante» lo llamamos el espectador imparcial. Su función es aportar objetividad de un modo neutro, imparcial. Según Nava Ashraf, profesora de Harvard, la expresión «espectador imparcial» la acuñó el filósofo escocés Adam Smith en el siglo XVIII. Smith sostenía que la conducta impulsiva y automática de una persona está moderada por una voz interior neutra que puede alejarse de la circunstancia y observarla desde la perspectiva de un testigo externo (Cullen, 2006). En el coaching eneagrámico, esa voz interior nos permite contemplar la actividad de nuestros centros del pensamiento, de la emoción y del instinto sin adjudicarles un comentario mental. De esta manera podemos revelar nuestro tipo cada vez que se activa automáticamente, lo cual nos permite decidir si actuar o no basándonos en sus premisas, en lugar de actuar automáticamente sin ni siquiera ser conscientes de ello. En términos de la bibliografía sobre el eneagrama, a este testigo externo se le llama el «observador interior», y se encuentra en las obras pioneras de Don Riso y Russ Hudson, así como en las de Helen Palmer (Riso y Hudson, 1999; Palmer, 2009), que fueron los primeros en combinar el eneagrama con la contemplación y las prácticas de meditación. Gracias al estudio de los puntos de contacto entre las psicologías oriental y occidental, que se ha llevado a cabo durante las dos últimas décadas, hoy día también contamos con una amplia gama de enfoques terapéuticos que son coherentes con las prácticas de conciencia plena, y que se fundamentan en el desarrollo de un testigo imparcial (Didonna, 2010).

Según Lutzl y otros (2008), existen dos estilos de meditación: la atención centrada (AC) y la monitorización abierta (MA). El primer estilo conlleva «la concentración voluntaria de la atención en un tema elegido», mientras que el segundo consiste en «la monitorización no reactiva del contenido de la experiencia, de un momento a otro». Cuando formamos al espectador imparcial, principalmente usamos el segundo estilo de meditación, que es también el enfoque que adoptan muchos maestros del Eneagrama (Riso y Hudson, 1999; Helen Palmer, 2009). Como sucede en la meditación de la conciencia plena, para formar al espectador imparcial ejercemos la capacidad de reconocer y ser conscientes del contenido de la experiencia interna —todas sus divisiones y constituyentes—, lo que Palmer (2009) llama «categorías»: nuestros pensamientos, emociones, sensaciones y nuestro pasado y futuro por medio del recuerdo y de la imaginación. Para conseguirlo, debemos pedir al cliente que vaya desplazando su atención de una categoría a otra (Palmer, 2009; Forsyth, 2008; Robbins y Madanes, 2004). Este es el enfoque que seguiremos para formar al espectador imparcial en los protocolos de coaching de la Tercera parte.

Al formar a nuestro espectador imparcial, formamos nuestra capacidad de prestar atención. Una vez que aprendemos a identificar nuestros patrones distorsionados de pensamiento, podemos impedir que sigan cegándonos. Cuando reconocemos los filtros que antes operaban totalmente fuera de nuestra consciencia, podemos, por primera vez en nuestra vida, relajar las defensas de nuestro tipo y dejar de filtrar *automáticamente* nuestra experiencia por medio de su lente limitadora.

## La interrupción de los patrones

Cuando nuestro tipo se activa automáticamente y genera una interpretación problemática de una situación, tendemos a experimentar emociones negativas. Los filtros distorsionadores de nuestro tipo nos llevan a tener expectativas irreales de nosotros mismos, de los demás y del mundo. Por ejemplo, los Uno en el estancamiento escuchan un parloteo incesante en su mente que los compara sin cesar, tanto a ellos como a los otros, con ideales inaccesibles, irreales, casi inhumanos. Pueden sentir tanto ira como culpa. El piloto automático de los Uno se ha hecho cargo de la interpretación de la realidad, y ha producido unas consecuencias negativas.

Para interrumpir estos patrones cada vez que usted detecta que su tipo se ha activado automáticamente, puede seguir la siguiente secuencia:

**Primero**, empiece inspirando y espirando conscientemente. Siga el recorrido del aire que entra y sale de su cuerpo. Esto le ayuda a generar una atmósfera meditativa conducente a la contemplación.

**Segundo**, invoque la presencia de su espectador imparcial. Siga respirando poco a poco y, suavemente, despéguese de su personalidad para poder ver la situación desde el punto de vista de un observador externo.

**Tercero**, el espectador imparcial empieza a reconocer cómo actúa su tipo en cada tríada. En primer lugar, la del pensamiento: admita sus pensamientos. Pregúntese: ¿Qué estoy pensando en este momento? Admita los comentarios mentales que tengan lugar en ese instante. En este caso, la clave es no emitir juicios de valor. Si su mente tiende a emitirlos, permita que el espectador imparcial capte esta nueva capa de pensamientos y, conscientemente, observe cómo se deposita sobre los anteriores. Puede hacer esto sin forzarse, cada vez que su mente empiece a extraviarse. Recuerde que no tiene que *hacer* nada, solo permitir que el espectador imparcial lo contemple todo como un transeúnte. En segundo lugar, puede desplazar la atención a sus emociones. Admita la actividad emocional que tiene lugar ahora. Pregúntese: ¿Qué siento? Sea consciente de las emociones que le embargan. Permanezca unos instantes con sus emociones, y, en tercer lugar, centre su atención en las sensaciones corporales. Pregúntese: ¿Qué sensaciones físicas experimento en este momento? ¿Dónde se centran exactamente?

No deje ni un instante de respirar lenta y conscientemente. Siga el recorrido del aire que entra y sale de su cuerpo. Al respirar y conectar con nuestras almas, podemos *descentrarnos*: soy más que mis sentimientos, mis pensamientos y mis sensaciones. No soy mis sentimientos, mis pensamientos y mis sensaciones. Sí, tienen lugar de verdad, pero no son *yo* (Goldin, 2008).

**Cuarto**, comience suavemente a *reorientar* su atención, alejándola de las interpretaciones sesgadas de su tipo y acercándola a su verdadero potencial. Mantenga una actitud libre de críticas, e **insufle compasión y gratitud a este momento importante**. Tal como explica el neurocientífico Philippe Goldin (2008), de la Universidad de Stanford: «Cuando la mente se distrae, y uno es consciente de ello y vuelve a concentrarla, es un momento clave. Es entonces cuando en realidad aprendemos muchas cosas».

## Los cuatro dones humanos

En su *bestseller*, publicado en 1989, *Los siete hábitos de la gente altamente efectiva*, Stephen R. Covey menciona los cuatro dones que son únicos de los seres humanos. Estos dones juegan un papel crucial en el coaching con eneagrama, dado que son elementos cruciales que afectan a nuestra capacidad de tomar decisiones. Esos dones son:

- **La consciencia de uno mismo:** nuestra capacidad de vernos desde el punto de vista de un espectador externo, neutral. Esto es lo que hemos venido desarrollando por medio de la formación de nuestro espectador imparcial. El desarrollo de la capacidad de observarnos imparcialmente es esencial para ser conscientes de cómo la lente propia de nuestro tipo desempeña un papel en nuestra percepción y en el proceso de toma de decisiones. Nos ayuda a comprender que en realidad no estamos predeterminados por nuestro tipo, y que tenemos la posibilidad de elegir.
- **La consciencia:** nuestra capacidad de distinguir entre lo positivo y lo negativo, lo que es constructivo para nosotros y para los demás y lo que no lo es. Cada tipo posee valores elevados y rasgos de forma latente con los que pueden hacer una contribución al mundo. La consciencia es un don clave que ayuda a cada tipo a discernir entre lo constructivo y lo destructivo. Por tanto, es otro elemento clave tras la elección.
- **La voluntad independiente:** es la capacidad humana de pensar libremente y no aceptar *automáticamente* las ideas de los otros como fundamento de nuestros actos. Es

la capacidad de discernir por nosotros mismos, libres de influencias externas. Nos permite hacer lo que creemos que es correcto, desafiando la tendencia mayoritaria u oponiéndonos a ella cuando sea necesario.

- **La imaginación creativa:** es la capacidad de imaginarnos a nosotros mismos fuera de nuestros problemas actuales. Es un don clave para el coaching eneagrámico, porque nos permite concebirnos e imaginarnos en las numerosas posibilidades de crecimiento que tenemos a nuestro alcance. Este aspecto quedará claro en la sección siguiente cuando empecemos a hablar del tema de la reconexión.

Para entender por qué estos cuatro dones son relevantes para el coaching eneagrámico, tomemos como ejemplo un cliente del tipo Seis. ¿Por qué es importante la consciencia de sí mismo? Si el cliente no es muy consciente de su personalidad, estará sumido en la reactividad la mayor parte del tiempo, dado que ni siquiera será consciente de la actividad de su tipo. Sin desarrollar esta capacidad es imposible superar los mecanismos del tipo, y el o la cliente no podrá cambiar su propia vida, lo cual es un reto no solo para los Seis, sino para todos los tipos. ¿Qué pasa si nuestro cliente Seis tiene una consciencia baja? Pues que no será capaz de actuar activamente basándose en principios positivos. ¿Y qué sucede si nuestro cliente Seis carece de la condición de la voluntad independiente? Esta carestía bloquea nuestra capacidad de decidir lo que es mejor para nosotros, y nos impulsa automáticamente a adoptar el punto de vista de otras personas, un grupo o la sociedad. Este es un factor clave para los Seis, que tienden a incapacitarse a sí mismos y a poner los pensamientos de los otros por encima de los propios. Este hecho también puede suponer un desafío para los clientes de cualquier eneatipo que tienen un instinto social dominante. Por último, la falta de imaginación creativa reforzará la orientación «no puedo» de los Seis, que tienden a sentirse estancados y no ven solución para sus problemas.

## La reconexión después de la interrupción de los patrones

Hasta ahora nuestro proceso ha abordado el problema de «no darnos cuenta de que no nos damos cuenta». Tras haber resuelto este problema por medio de la consciencia que genera el espectador imparcial, pasamos a ayudar al cliente a centrarse en alcanzar los objetivos por los que ha recurrido al coaching. Para ello, le ayudamos a expandir su marco de referencia. A menudo, esta expansión se compara con la capacidad de escribir con ambas manos. Aunque todos podemos escribir, potencialmente, con ambas manos, una de ellas es la dominante. Sin embargo, con la práctica es posible escribir con ambas. Lo mismo sucede con nuestro tipo de personalidad. Como explica Jung en *Tipos psicológicos,* cada persona dispone de todos los rasgos psicológicos de todos los tipos, pero algunos de ellos tienden a dominar y determinan nuestro tipo básico. La buena noticia es que podemos aprender a utilizar nuestras capacidades no practicadas. Tenemos disponibles estos recursos en todo momento, y podemos acceder a ellos si adoptamos el punto de vista de otro tipo. Los recursos a los que tenemos más fácil acceso para nuestro tipo particular suelen ser aquellos propios de las alas y las flechas que encontramos en el símbolo del eneagrama.

Para reestructurar, es decir, para sustituir los patrones automáticos por otros nuevos y más saludables, siga la siguiente secuencia:

Primero, cambie las expectativas irreales y las ilusiones de su tipo. Esto no significa otra cosa que ser consciente de que usted es un ser humano. Cada tipo, cuando se ve atascado en el estancamiento, tiene expectativas inhumanas para su vida. Por ejemplo, los Seis viven sometidos al espejismo de que es posible prepararse para todos los problemas de esta vida, y esperan ser capaces de alcanzar un estado de seguridad absoluta. Los Uno viven como si lo que los otros esperasen de ellos fuera una conducta sobrehumana, totalmente exenta de errores. Estas expectativas inhumanas que tienen de sí mismos son la raíz de la mayoría de sus problemas. La figura 2.6 nos presenta las expectativas habituales que tiene cada tipo cuando se ve atrapado en el estancamiento:

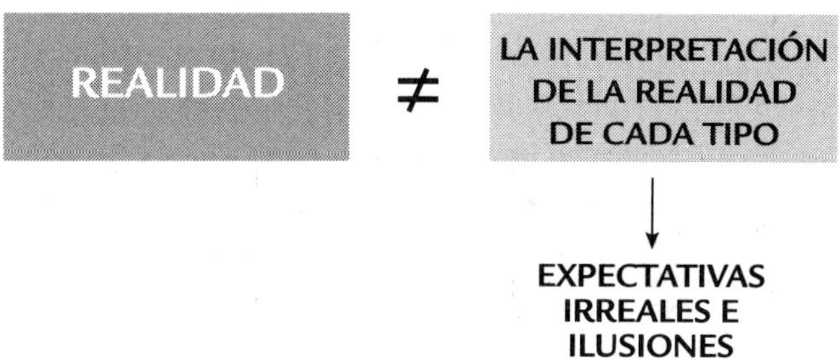


Uno: es posible alcanzar la perfección absoluta.
Dos: es posible que todo el mundo nos quiera.
Tres: es posible tener éxito en todo.
Cuatro: es posible ser siempre únicos y profundos.
Cinco: es posible alcanzar el conocimiento absoluto.
Seis: es posible alcanzar la seguridad completa.
Siete: es posible alcanzar la felicidad absoluta.
Ocho: es posible ser siempre fuerte y no perder el control.
Nueve: es posible hallar la paz y la tranquilidad absolutas.

Figura 2.6.

Segundo, sea consciente de sus recursos y de toda la gama de opciones que tiene en realidad. **Contrariamente a las ilusiones y malas interpretaciones de la realidad que genera nuestro tipo, disponemos de muchas opciones accesibles.** El proceso aquí descrito nos ofrece la capacidad de interrumpir las reacciones automáticas de nuestro tipo y ejercer nuestro libre albedrío. Uno de los postulados esenciales del coaching eneagrámico es que las personas pueden recurrir a su libre albedrío en todo momento. En lugar de *reaccionar* ante los sucesos de nuestra vida, podemos interrumpir momentáneamente nuestro patrón automático y *elegir* sabiamente. Podemos elegir en función de lo que es realmente mejor para nosotros. El ejercicio de esta elección puede ayudarnos a alcanzar las metas de nuestra vida, y es la clave para nuestro crecimiento psicológico y espiritual.

El enfoque con que cuenta nuestro tipo en el estancamiento es muy limitador, y se dedica a utilizar en exceso ciertas estrategias como si no hubiera otras opciones disponibles. En realidad, cada tipo cuenta con una amplísima gama de recursos y de opciones en su propio arsenal: las alas y sus flechas. Por ejemplo, un tipo Cinco tiene disponible una amplia gama de recursos: la vinculación con el corazón del ala Cuatro, la sinergia de las habilidades analíticas del ala Seis, la asertividad y pragmatismo de la flecha a Ocho, y la ligereza y la cualidad positiva de su flecha a Siete. En la Tercera parte le indicaremos cómo puede aprovechar cada tipo los numerosos recursos que tiene a su disposición.

Tercero, sea consciente de sus objetivos para el coaching. Ahora que es consciente de sus instrumentos y de su potencial, ¿cómo piensa usarlos? ¿Adónde quiere ir con ellos? ¿Qué retos pretende solucionar? ¿Qué sueños quiere alcanzar? Un paso vital antes de emprender el camino es clarificar su visión y sus objetivos.

En cuarto y último lugar, dirija su atención a adoptar un enfoque necesario y a ponerse en marcha. Una vez que sea consciente de su tipo, de sus mecanismos y de los desafíos que le plantea, haya reconocido su instrumental psicológico y su potencial, y, además, tenga claros los objetivos que quiere alcanzar, ¡es hora de actuar! Las autoejecuciones repetitivas y subliminales de su tipo le han condicionado para que reaccione a las circunstancias de determinadas maneras negativas. Su cerebro ha sido «predestinado» para producir esas reacciones automáticas cada vez que se enfrente a unos sucesos activadores concretos. Para alcanzar las metas de su vida, tiene que reconectar esos hábitos al ofrecer nuevos patrones alternativos con los que sustituir los antiguos. Actuar coherentemente, basándose en esos patrones nuevos, ayuda a integrarlos y a que se desvanezcan los anteriores. Los protocolos de coaching en la Tercera parte le ofrecerán una gama de instrumentos que puede usar cada tipo en el proceso aquí descrito.

**La secuencia de interrupción de patrones: un ejemplo.** Este aspecto forma parte del proceso de coaching que realizamos con Clara, una de nuestras clientas, del tipo Dos. En una sesión, ella nos habló de su relación con su sobrino Enrique. Este había venido desde su ciudad natal y se había instalado en un piso a unas pocas calles de donde vivía ella. La empresa de Enrique lo había recolocado, y Clara los ayudó a él y a su esposa a encontrar un apartamento. Al hacerlo, Clara sobrepasó sus propios recursos tanto físicos como económicos, encargándose de todos los trámites antes de la llegada de la pareja. Aquel afán desmedido hizo que no cumpliera con una fecha tope importante de su trabajo. Después de un viaje prolongado, durante el cual la pareja perdió su equipaje, llegaron agotados y se metieron de sopetón en la propia agenda laboral apretadísima de Clara. Aunque se esforzaron por mostrarle su gratitud, ella malinterpretó la actividad frenética de su sobrino y de su esposa (que durante los caóticos primeros días corrieron de un lugar para otro) como rechazo. Sintió que había hecho mucho por ellos, y que la pareja no había apreciado correctamente sus esfuerzos.

Paso a paso, la guiamos por la secuencia de interrupción de patrones.

**La realidad frente a la interpretación de la realidad.** El hecho evidente era que la pareja estaba agotada debido a los retos físicos y mentales que les supuso la mudanza. Por el contrario, la interpretación de Clara de la realidad por medio de la reacción automática de su tipo fue que el matrimonio no apreciaba sus desvelos.

**Expectativas e ilusiones irreales.** Las reacciones automáticas de su tipo habían condicionado a Clara para que tuviese expectativas irreales. Esperaba que la fatigada pareja se mostrase muy agradecida en un momento que era muy estresante para ellos.

**La respiración y la interrupción de la secuencia.** Para inducir a un estado meditativo, hicimos un ejercicio de respiración que marcó el tono para empezar el trabajo con el espectador imparcial.

**Admitir los tres centros de inteligencia y su actividad con el espectador imparcial.**

> **Las cavilaciones repetitivas:** «Me he pasado dos semanas trabajando como una esclava antes de que llegaran ellos dos. He tenido en cuenta muchos detalles del piso, y ni siquiera se han dado cuenta. ¿Por qué no pueden manifestar *más* agradecimiento por mis esfuerzos? ¡Lo dejé *todo* para preocuparme por ellos!»
> **Sentimientos:** «Me siento herida, resentida, desilusionada, usada, rechazada».

**Sensaciones físicas:** «Estoy agotada. Siento dolor en el pecho y en las piernas».

**La reorientación de la atención hacia la realidad.** Hemos realizado estos ejercicios regularmente, y, a medida que ha transcurrido el tiempo, Clara ha conseguido ser mucho más consciente de su tipo. Aunque ya era más capaz de ser testigo de su tipo como algo autoactivado, en esa sesión en concreto seguimos haciendo ejercicios respiratorios y, simplemente, le pedimos que limitase el espectador imparcial para que fuera consciente de las reacciones propias de su tipo.

En las siguientes sesiones pasamos gradualmente a la fase de integración, sin dejar de practicar la introspección por medio de la respiración meditativa.

**Expectativas e ilusiones realistas.** Clara entendió que su patrón «dar para recibir» la incitaba a olvidar sus propias necesidades. Comprendió que necesitaba imponerse unas expectativas más humanas. Era inhumano forzarse hasta donde lo hacía ella mientras pasaba por alto sus propias necesidades. También entendió que era normal que la pareja estuviera agotada los primeros días, y que era inhumano esperar de ellos que le manifestaran un agradecimiento efusivo en unos momentos tan estresantes.

**La admisión de toda la gama de opciones disponibles.** Cuando funcionaba con el piloto automático, a Clara le parecía que actuar de ese modo, es decir, haciéndose cargo de todo y esforzándose sin límites, era la única opción disponible. Ayudándola a reflexionar, llegamos a establecer una amplia variedad de opciones válidas. Adquirió consciencia de las alas y las flechas de su tipo. Usando su flecha a Cuatro, podría haber compensado su enfoque hacia el exterior, mirando hacia su interior para ver, antes que nada, cuáles eran sus propias necesidades. Usando su flecha a Ocho, podría haberse reafirmado y haber pedido ayuda a sus hijas. Usando su ala Tres, podría haber tenido un concepto más realista y eficaz de sus recursos físicos, emocionales y económicos. Usando su ala Uno podría haber ayudado a Enrique sin olvidar las obligaciones y los compromisos de su propio trabajo.

**Objetivos y visión.** Recordamos a Clara cuáles eran los objetivos de nuestro coaching, determinados en las primeras sesiones, y la ayudamos a conectarse de nuevo con ellos. Eran estos: 1. Aumentar su autoestima y el valor de su persona independientemente de lo que hiciera para ayudar a los otros, así como de la aprobación y la validación externas. 2. Reconocer sus propias necesidades y satisfacerlas de una manera ordenada.

**Admitir los puntos fuertes y el potencial.** Basándonos en el pasado de Clara, recreamos momentos en los que logró permitir que su naturaleza altruista y empática se convirtiera en un regalo para los otros, manteniendo al mismo tiempo unos límites saludables y afirmando sus propias necesidades. Eran recuerdos de mucho tiempo atrás, de la época en la que aún vivía en Uruguay. Este ejercicio constituyó un recordatorio capacitador tanto de su fortaleza como de su potencial.

**Adoptar el enfoque integrador y actuar.** Para practicar su flecha a Cuatro, invitamos a Clara a que encontrase una actividad placentera que hiciera sola y exclusivamente para ella. Su desconexión con la energía del tipo Cuatro era tal que la primera semana, cuando volvió a la sesión de coaching, no tenía ni idea de por dónde empezar para hacer ese ejercicio. En la siguiente sesión, la animamos a hablar sobre las actividades que le habían gustado en otro tiempo. Una de ellas era comprar novelas de segunda mano en una librería muy de moda

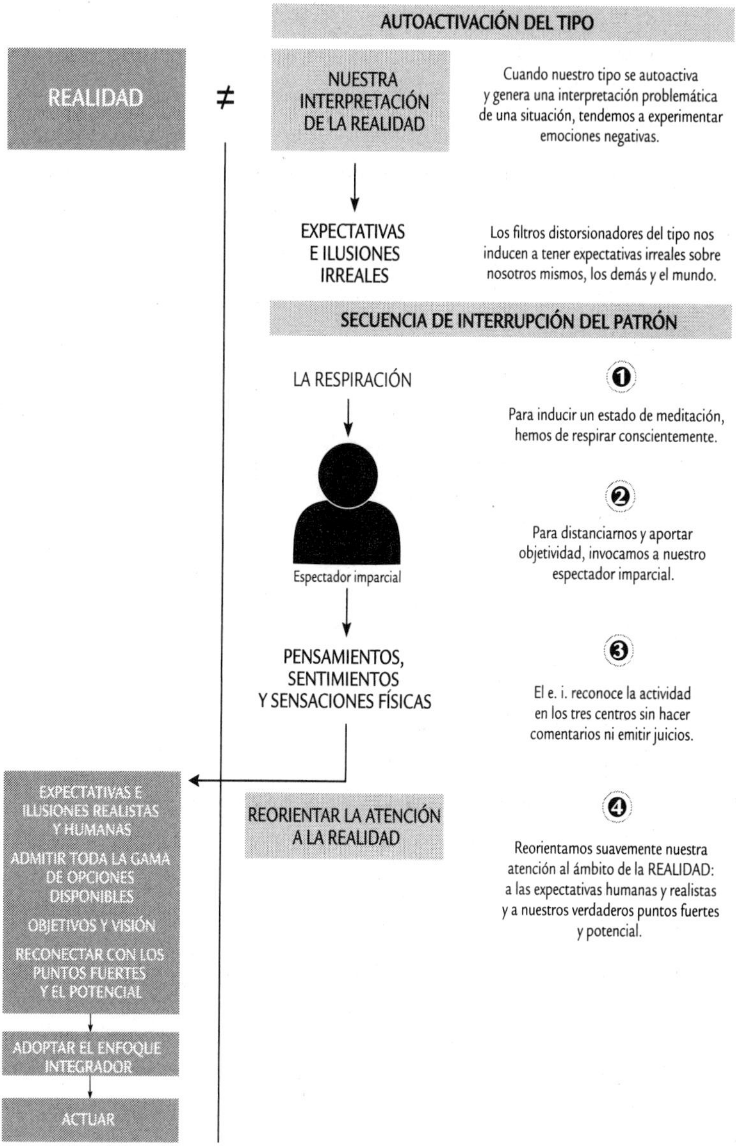


Figura 2.7. Los procesos de interrupción de patrones y de la integración.

de la ciudad, y, luego, irse a una cafetería tranquila a leer. Con el paso de los años, la estructura del tipo Dos fue fortaleciéndose y la indujo a no realizar ese tipo de actividad «egoísta». Le pedimos que empezara yendo una vez a la semana a una cafetería que le gustara a leer una novela. Más adelante, para abarcar más aspectos de los retos que le planteaba su tipo, desarrollamos una estrategia más compleja: le pedimos que en sus reuniones familiares (la familia se reunía todos los sábados desde la mudanza de Enrique), cada vez que sintiera el impulso de hacer algo por los otros, incluyendo darles consejos que no le habían pedido, tuviera a mano su novela y buscara un espacio donde irse a leer a solas. Clara cumplió este ritual como una forma de reacondicionarse para pensar en sus propias necesidades.

## El descubrimiento de nuestro potencial

Como contraste a los modelos centrados en los síntomas, que presentan un enfoque «de distanciamiento», el coaching con eneagrama tiene un enfoque motivador «de aproximación».

Cuando relajamos las defensas propias de nuestro tipo, nuestros dones pueden salir a la superficie. Por ejemplo, cuando los Uno relajan su hábito de criticar, propio de su zona de estancamiento, descubren su capacidad de liderazgo oculta (hasta entonces). Son visionarios tolerantes que guían a los otros mediante su ejemplo. Todos los Uno tienen este potencial. Es esencial que los coaches tengan en mente en todo momento que el cliente se mueve por un flujo continuo que incluye este potencial. Sigamos con el mismo ejemplo: si un cliente Uno tiene el hábito muy integrado de encontrarle pegas a todo, no debemos permitir que esto nos distraiga, y tener en cuenta lo que *puede* alcanzar ese individuo. Debemos entender su potencial como parte integral de su identidad personal.

**El eneagrama nos muestra qué está más allá del punto del valor, esperando para surgir a la superficie. Describe nuestros puntos fuertes y nuestros talentos latentes. Nos muestra nuestro camino intransferible hacia el crecimiento. Nos muestra los tesoros únicos que tenemos disponibles, y cómo podemos contribuir con esos dones al mundo.**

## La integración: el crecimiento y la contribución

A medida que avanzamos hacia niveles de consciencia más elevados, podemos conocernos mejor. Cuando iniciamos el viaje que nos lleva a superar el punto del valor, reconocemos *todos* los aspectos de nosotros mismos, incluyendo los menos positivos. Este reconocimiento exige honestidad y fortaleza. En ocasiones, sobre todo cuando estamos sometidos a mucha presión, nuestro tipo vuelve a tomar las riendas y nos expone a las consecuencias de las malas decisiones. En este viaje de crecimiento, a veces incluso tenemos que descender para poder ascender más adelante. Este proceso constituye una parte inevitable del crecimiento, pero, en última instancia, es ese crecimiento el que nos llevará hasta nuestra realización y plenitud personales. Cuando integramos nuestra personalidad, cuando crecemos, siempre existe una contribución a los demás. Cuando las personas salen de la zona del estancamiento recurriendo a la vía negativa, padecen y hacen sufrir a los otros. Simétricamente, cuando las personas superan el punto del valor siguiendo la vía positiva para salir del estancamiento, crecen y hacen una contribución a los demás. (Explicamos este proceso con más detalle en la Primera parte, y lo ilustramos con el protocolo para cada tipo en la Tercera.)

En la Primera parte hemos hablado sobre un principio importante: el arte de vivir *no* consiste, en gran medida, en evitar las caídas o los errores, porque es imposible. Los seres humanos se equivocan y tropiezan. No podemos actuar el ciento por ciento del tiempo basándonos en nuestra verdadera naturaleza, en nuestra alma. En muchos momentos del día actuamos de forma mecánica, con el piloto automático puesto, reaccionando ante la vida desde nuestro ego, nuestra personalidad. Por tanto, incluso cuando ya somos expertos con el eneagrama, descubrimos nuestra naturaleza y logramos interrumpir los patrones, teniendo en cuenta que, como somos humanos, es probable que durante el resto de nuestra vida nuestro tipo concreto siga activándose solo.

Por supuesto, con el paso del tiempo somos más y más conscientes, y podemos revelar, cuestionar, postergar, modelar, interrumpir e incluso sustituir mejor nuestros patrones. Recuerde la cita que le ofrecimos en la Primera parte:

> —Maestro, ¡es increíble! Nunca pierdes tu equilibrio. ¿Cómo lo haces?
> —Hijo, pierdo el equilibrio constantemente. Lo que he intentado aprender durante toda mi vida ha sido cómo dominar el arte de recuperarlo. (Diálogo atribuido al creador del aikido, Morihei Ueshiba, hablando con un alumno.)

Podemos dominar el arte de recuperar nuestro equilibrio. Dado que no existen atajos para el desarrollo humano, esto requiere tiempo. El descubrimiento de uno mismo puede ser el viaje más largo, pero más agradable, de nuestra vida.

Cuando usted acepta su humanidad, se concede permiso para caer y dejar de vivir según expectativas que no son realistas. Esta actitud le abre el corazón, y permite que de él fluyan la compasión, la aceptación y la gratitud hacia usted y hacia otras personas. **Cada vez que cariñosa y reflexivamente, sin emitir juicios, redirige su atención, apartándola de su piloto automático y centrándola en su verdadera naturaleza, se vuelve más maduro y más sabio. Por eso este proceso es la clave para su crecimiento tanto psicológico como espiritual, y también para la realización perdurable**.

TERCERA PARTE

# LA APROXIMACIÓN DEL COACHING A LOS NUEVE TIPOS DE PERSONALIDAD

En esta sección le presentamos los protocolos de coaching para cada uno de los nueve tipos de personalidad. Los protocolos fueron diseñados para poner en sus manos una gran cantidad de instrumentos que pueda utilizar cuando aconseje a personas de cada tipo. Con estos instrumentos puede introducir de inmediato en su práctica cada uno de los protocolos. Recuerde siempre que el coaching es un arte: aunque los protocolos están estructurados de determinada manera, mantenga la mente abierta, sea creativo y use las estrategias y las herramientas que sean más adecuadas para su cliente en cada momento.

## Tipo Uno

Los demás me consideran una persona muy **responsable**, a veces un poco perfeccionista. Creo que el trabajo se hace **bien** o **mal**. O trabajamos como **debemos** hacerlo o haremos un mal trabajo; no hay término medio. A veces rehago mi trabajo para que sea **perfecto**. Odio los **errores**, los míos y los de los otros, y por eso intento ser organizado y metódico. Normalmente, me cuesta pedir ayuda a los demás, delegar tareas, porque nadie puede hacer el trabajo tan bien como yo. Tengo una especie de juez interior que me ayuda a detectar lo que se está haciendo mal, de modo que pueda **corregirlo**. Siempre hay una forma de hacer las cosas que es la «**correcta**». Es frustrante que haya tantas personas, tanto en mi vida profesional como en la personal, que no entiendan esto. Creen que pienso en términos de «blanco o negro», que soy demasiado crítico y que me enfado demasiadas veces (Michael, tipo Uno).

## DESCRIPCIÓN DEL TIPO UNO

Los Uno son personas responsables, muy trabajadoras y que constantemente intentan mejorarse a sí mismas y al mundo que las rodea.

**En su expresión sana**, sienten la necesidad constante de mejorar, y exhortan a los otros para que crezcan, pero lo hacen con tolerancia y compasión. Dado que se aceptan a sí mismos como seres humanos completos, incluyendo sus aspectos menos positivos, saben aceptar a los demás. Son visionarios que tienen un intenso sentido del propósito, y que luchan por alcanzar lo ideal, aunque también saben lo que es humanamente posible, de modo que son realistas. Son sabios, juiciosos, justos, objetivos, honrados y tienen una mente abierta, lista para analizar aun sus propios estándares. Son personas íntegras y tienen estándares éticos y morales elevados, pero no sermonean a los demás: enseñan mediante el ejemplo. Son personas organizadas, metódicas, productivas, comprometidas y entregadas, que aplicarán su máximo esfuerzo a la tarea que tengan entre manos. Aunque se esmeran mucho en los detalles y son tremendamente exhaustivos en todo lo que hacen, logran no perder de vista la imagen global y toman sabiamente las decisiones correctas.

**En el estancamiento**, se les activa una voz acusadora en la mente, y se vuelven críticos de sí mismos y de quienes los rodean. Se vuelven perfeccionistas e intolerantes de los errores, esforzándose demasiado para hacerlo todo de la manera «correcta», y pretenden tener razón siempre. Comparan la realidad con lo que «debería» o «debe» ser, y van a la caza de lo que no encaja en ese paradigma. Su atención suele centrarse automáticamente en los errores y en los fallos, o en lo que ellos mismos u otros han hecho mal, y que, por consiguiente, hay que corregir. A veces la imperfección más leve puede arruinarles el proyecto entero, y se vuelven «tiquismiquis». Se comportan como si supieran cuál es el modo correcto de hacerlo todo. Su forma de pensar está dominada por el blanco o el negro: las cosas son buenas o malas, y no hay matices de gris. Esto los vuelve rígidos e inflexibles. No pueden delegar, dado que nadie sabe hacer el trabajo con la misma perfección que ellos. Experimentan tensiones cuando se sienten sobrecargados por un exceso de responsabilidades, que creen que deben aceptar debido a la despreocupación de los otros. Los asalta la ira porque hay demasiadas cosas que corregir, y demasiadas personas que no siguen las normas y hacen las cosas al revés. Sin embargo, esa ira no siempre se expresa directamente, puesto que los Uno esperan tener el control de sí mismos en todo momento. Por tanto, se vuelven personas resentidas y amargadas, que guardan rencor durante largos periodos y tienen dificultades para perdonar y olvidar. Aunque la mayor parte del tiempo intentan dominarse y no manifestar su rabia, esta se puede detectar en su lenguaje gestual, muy tenso, y en sus expresiones faciales. Su impulso perfeccionista y crítico también los empuja a trabajar demasiado, a no tener la capacidad de relajarse, disfrutar o divertirse en la vida, haciendo de ellos personas demasiado serias. También los induce a dar por hecho que tanto ellos como los demás han de esforzarse y trabajar a tope, y los incita a sermonear y a dar varapalos en lugar de enseñar con el ejemplo.

## PROTOCOLO DE COACHING PARA EL TIPO UNO

### 1. DEFINA EL CLIMA DE LA SESIÓN

Antes de iniciar su sesión de coaching con el cliente, examínese:

**Aporte aceptación a la sesión**

Pregúntese:

- ¿Estoy en un estado en que no juzgo a nadie?
- ¿Mi tipo concreto de personalidad siente resistencia hacia el tipo Uno?

**«Active» su capacidad de escuchar multimodal**

Es tremendamente importante que emplee todos los centros de la inteligencia (pensamiento, emoción, instinto) durante cada sesión de coaching. Concéntrese en «escuchar» activamente con los tres centros.

***Escuche con su centro del pensamiento***

- Preste atención a la forma de hablar y al uso del lenguaje.
- Analice el lenguaje corporal y la postura.
- Analice los patrones y las posibilidades de interrumpirlos.

***Escuche con su centro de la emoción***

- Muestre empatía.
- Vea al cliente como un ser humano, no como un «tipo».
- Mire más allá de las apariencias.
- Conecte a pesar de la resistencia que pueda encontrar. Está aquí para ayudar al cliente a crecer.

***Escuche con su centro del instinto***

- ¿Qué tipo de energía aporta el cliente a la sesión?

- ¿Existe coherencia entre lo que dice el cliente y la energía con que lo dice?
- ¿Qué le dice su intuición sobre los últimos sucesos en el proceso de coaching?
- «Escuche lo que dice la gente, pero preste atención a lo que *hace*.» (Madanes, 1995)

## 2. DEFINA EL RETO

Determine sobre qué quiere trabajar el cliente y cuál es el propósito por el que ha recurrido al coaching.

Los desafíos típicos de los Uno son, entre otros:

- Ser menos críticos consigo mismos y con los otros, ser pacientes y reducir el sufrimiento que se provocan a sí mismos y a sus relaciones al centrarse implacablemente en lo que debe corregirse.
- Ser más tolerantes, aceptando y perdonando a los otros.
- Reducir el estrés, la ira, el resentimiento y la tensión. Aprender a relajarse.

## 3. ENTIENDA EL MODELO DEL MUNDO QUE TIENE EL CLIENTE Y SU ZONA DE ESTANCAMIENTO

Formúlese las preguntas siguientes: ¿Por qué actúa el cliente como lo hace? ¿Qué conforma su conducta? ¿Cuál es su historia interior? ¿Cuáles son los filtros por medio de los cuales mira y percibe el mundo? ¿Hasta qué punto están activas y operativas en este cliente las fijaciones propias de su tipo?

Cuando son menos conscientes o están sometidos a presión, la atención de los tipo Uno se ve dominada/descarrilada por la búsqueda de la perfección. En este estado, suelen comparar la realidad con un ideal que quizá tengan en mente, y de ahí el uso extendido de palabras como «debería» y «debo», acompañadas de un lenguaje corporal normalmente rígido.

## 4. CONCIENCIE SOBRE LAS SEIS NECESIDADES HUMANAS

Según la psicología de las necesidades humanas, todos tenemos seis necesidades básicas (Madanes, 2009): certidum-

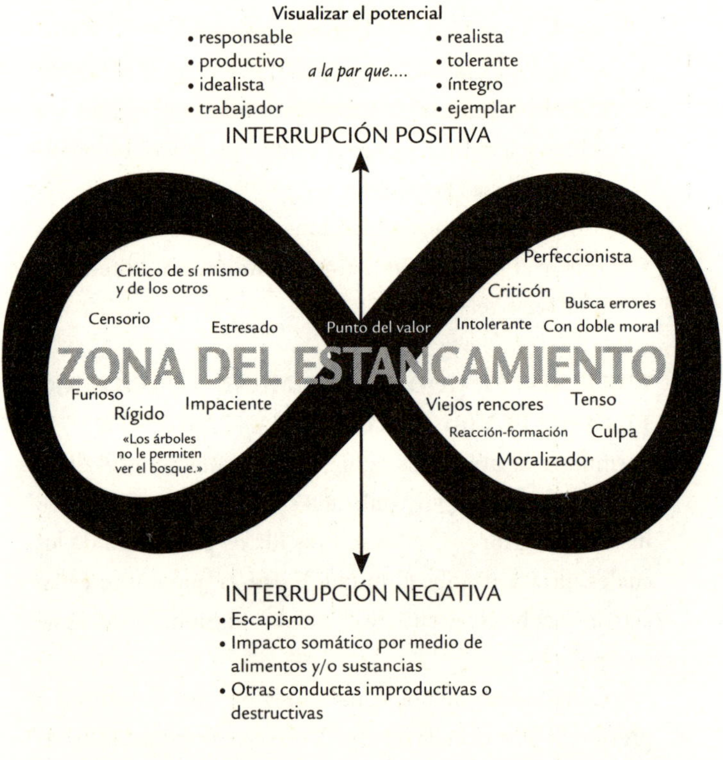


Figura 3.1. Tipo Uno: Zona de estancamiento y estrategia de salida.

bre, variedad, amor/vinculación, importancia, crecimiento y contribución. Estas necesidades no son meros deseos, sino verdaderos impulsores de nuestra conducta.

**Ejercicio para el tipo Uno: las seis necesidades humanas.** Analice la zona del estancamiento y, de entre la gama de conductas descritas en ella, quédese con las más frecuentes: «¿Qué necesidades humanas intenta satisfacer al participar en esas conductas?»

Por favor, puntúe del 0 al 10 cada necesidad.

**Certidumbre.** Si participa en esta conducta, ¿se siente centrado? ¿Le ofrece una sensación de seguridad? Aparte de esta conducta, ¿sabe también cómo obtener certidumbre de una forma más positiva?

**Variedad.** ¿La participación en esta conducta le aporta una sensación de variedad? Aparte de esta conducta, ¿conoce alguna manera más positiva de obtener variedad?

**Amor/vinculación.** Si participa en esta conducta, ¿se siente vinculado a los otros? ¿Le permite experimentar amor? Aparte de esta conducta, ¿sabe cómo obtener amor/vinculación de una forma más positiva?

**Importancia.** Si participa en esta conducta, ¿se siente importante o especial? Aparte de recurrir a esta conducta, ¿sabe también cómo sentirse importante de un modo más positivo?

**Crecimiento.** ¿Participar en esta conducta le otorga sensación de desarrollo, le permite sentir que crece? Aparte de esta conducta, ¿sabe también cómo crecer siguiendo una vía más positiva?

**Contribución.** ¿Recurrir a esta conducta le proporciona la sensación de que trasciende a sus propias necesidades, de que aporta algo a los otros? Aparte de esta conducta, ¿sabe también cómo alcanzar la contribución de una forma más positiva?

**Coaching al estudio de un caso.** Tomemos como ejemplo a Danielle, una de nuestras clientes del tipo Uno. Según ella, la costumbre de criticar a su esposo satisface tres de sus necesidades humanas: amor/vinculación (esa es su forma de demostrarle amor a su marido), crecimiento y contribución (ella «hace de él» una persona mejor, y el hecho de corregirlo le produce la sensación de crecer). Cuando están atrapados en el estancamiento, los Uno tienden a reformar a los otros, de modo que se conviertan en quienes los Uno piensan que *deberían* ser. Suelen hacerlo recurriendo a correcciones y a críticas. En esta conducta subyace el intento de satisfacer necesidades humanas básicas. Pero, naturalmente, el modo que tiene Danielle de satisfacerlas causa un impacto negativo sobre su relación, y la pareja estuvo al borde del divorcio. El momento crucial llegó cuando ella se dio cuenta de la necesidad de satisfacer sus necesidades humanas de formas más positivas y constructivas. En lugar de intentar cambiar a sus seres queridos, empezó a darles ejemplo, respaldando su progreso y teniendo paciencia con su ritmo, además de respetar las preferencias naturales de sus tipos de personalidad, sin juzgarlos.

Hay una cosa importante que se debe tener en cuenta: preste una atención especial a las necesidades de crecimiento y contribución. **¿El cliente satisface de formas saludables o destructivas estas necesidades?**

A medida que vamos integrando nuestra personalidad, las necesidades de crecimiento y contribución comienzan a recibir puntuaciones altas mientras se satisfacen positiva y saludablemente. El motivo es que, cuando salimos de nuestro estancamiento, actuamos partiendo de respuestas nuevas, conscientes y elegidas, lo que nos permite superar nuestros antiguos hábitos y crecer. Esta integración, a su vez, aportará más contribuciones a los demás. Por el contrario, si seguimos actuando sin ser conscientes, basándonos en nuestros antiguos patrones de respuesta, nos incapacitamos y permitimos que nuestro ego controle nuestra vida. Esto siempre nos provoca sufrimiento a nosotros y a los demás.

## 5. APROVECHE LA COYUNTURA

El siguiente paso es aprovechar los costes y el sufrimiento que los patrones inútiles propios del tipo de personalidad le acarrean al cliente para concienciarle de ello.

### Ejercicio para el tipo Uno: concienciarse del coste de los patrones

- ¿Cuánto le cuesta, por lo que respecta a sus relaciones, ser rígido, crítico y acusador?
- ¿Cuánto le cuesta, por lo que respecta a su salud, estar tenso y rabioso la mayor parte del tiempo?
- ¿Cuánto le cuesta, por lo que respecta a su carrera profesional y a la moral de su personal, exigir la perfección, gestionar a los otros hasta en los detalles más ínfimos y prestarles demasiada atención?
- ¿Cuánto le cuesta, por lo que respecta a su realización personal y a su felicidad, criticarse implacablemente?

## 6. LA INTERRUPCIÓN DE LOS PATRONES: FORTALECER NUESTROS MÚSCULOS DE LA ATENCIÓN

### Visualización para el tipo Uno

Las visualizaciones son un instrumento estupendo para el coaching en general y para el coaching centrado en los tipos de personalidad en particular. A continuación verá un guion completo de visualización/meditación para el tipo Uno. Abarca el trabajo con los puntos fuertes y débiles del tipo, formando la capacidad de atención por medio del espectador imparcial, y enseñando la respiración consciente, la aceptación y la relajación. No tiene por qué usar todas estas técnicas en una sola sesión de coaching. Utilice estas visualizaciones como módulos, eligiendo una o más de las secciones siguientes:

***Guion para el tipo Uno: visualización/meditación***

*Relajación*

Empiece sentándose cómodamente. La columna vertebral debe estar recta de forma natural. Relaje los brazos. Suavemente, con las palmas de las manos hacia arriba o hacia abajo, descanse las manos en el regazo. Respire hondo para empezar a relajar todo su cuerpo. Inspire... Espire... Puede cerrar los ojos y respirar hondo de nuevo para centrarse. Inspire... Espire...

*La formación del espectador imparcial*

Empecemos aportando consciencia al espectador imparcial. Piense en él como en un amigo que contempla objetivamente su conducta desde fuera. Le ayuda a tomar buenas decisiones y le permite regular su piloto automático.

El espectador imparcial lo logrará al formarle la mente para que sea sensible a la actividad de sus tres centros de inteligencia: el cuerpo (nuestras sensaciones físicas), la mente (pensamientos, planes, futuro, pasado, imágenes, ideas, imaginación), y el corazón (sentimientos). Nuestra respiración, que representa nuestro vínculo con el alma, nos permitirá estar concentrados y desplazar la atención de un centro al siguiente. También nos ayudará a permanecer acríticos y aportar a este ejercicio las cualidades de la gratitud, la compasión y la aceptación. Cada vez que su mente se desconcentre, puede destinar ese momento para ejercer dichas cualidades de gratitud, compasión y aceptación, pues cada uno de esos instantes ofrece la oportunidad de aprender a reorientar nuestra atención.

Empiece fijando poco a poco su atención en el centro de inteligencia de su **cuerpo**. Respire hondo y siga el recorrido del aire al entrar y salir del cuerpo. Hágalo lentamente. Vuelva a inspirar..., y esta vez consiga que la espiración sea un poco más larga. Centre toda su atención en el recorrido que hace el aire al entrar y salir de su cuerpo, de principio a fin. Comience a percibir las sensaciones físicas. Sienta los puntos de contacto entre sus pies y el suelo. ¿Qué sensaciones corporales experimenta ahora? Concentre su atención en su espalda y sienta el apoyo que le presta la silla. Conserve unos instantes esa sensación. Desplace la atención a sus manos; céntrese en el punto de contacto entre las manos y su regazo.

Ponga las manos sobre el pecho, una encima de la otra, y dirija su atención al centro de inteligencia de su **corazón**. ¿Qué sentimientos tiene en este instante?

Ahora traslade su atención al centro de inteligencia de la **cabeza**. ¿Emite algún comentario sobre sus sentimientos? ¿Los juzga o los acepta? ¿Qué le dice su mente sobre sus sentimientos? ¿Qué dice sobre todo el ejercicio? Observe con serenidad su discurso mental a medida que vaya surgiendo. Inspire... Espire... Quédese en el centro de la cabeza, y ahora fije su atención en sus recuerdos. Imagine que está viendo un antiguo televisor en blanco y negro que emite su historia pasada. Se ve a sí mismo en la televisión; es la película de su vida. Cada escena de su vida, en la pantalla, a cámara lenta. Asienta cuando la vea. Inspire... Espire... Sin moverse de ese centro, ahora fije la atención en el futuro. Reflexione con serenidad sobre cada una de las siguientes preguntas, tomándose unos instantes de pausa entre una y otra: ¿Cómo quiere que sea su futuro? ¿Cómo se ve en el futuro? ¿Qué planes tiene?

*La visualización*

Permanezca en el centro de la cabeza, y ahora fije su atención en su imaginación. Imagínese en la playa, en la orilla del mar, sobre una arena ligeramente húmeda. Respire el aire de la playa. Inspire... Espire... Sienta el viento. Escuche las olas del mar. Sienta la arena bajo los pies. Imagínese trazando un número ocho horizontal, como el símbolo del infinito, en la arena de la orilla. Dibújelo lentamente. Sienta el contacto entre las puntas de sus dedos y la arena.

*La visualización del estancamiento y su precio*

Ahora imagine que mete todos sus problemas y sus retos *dentro* de ese ocho en la arena. Uno a uno:

**Mi atención constante a los detalles y el miedo a cometer un error; mi perfeccionismo y mi comparación constante de las cosas y de las personas (incluyéndome a mí) con**

**un ideal; todos mis «debería» y mis «debo»; mi actitud de dureza y de crítica hacia mi persona y hacia los demás; toda la tensión, la ira y el sufrimiento.**

Sienta la tensión y la ira. Siéntalas en su vientre mientras contempla todas esas cosas dentro del ocho en la arena. Sienta la tensión en todo su cuerpo y permanezca unos instantes ahí.

Ese ocho en la arena representa nuestro estancamiento. Es el lugar en que nos encallamos con una atención negativa y unos sentimientos que también lo son.

*La sección «es humano»*

Todo ser humano tiene facetas que hacen de él o de ella precisamente eso, un ser humano. Es un conjunto de retos personales y hechos a medida en esta vida. Observe sus retos personales sin emitir juicios. Si su mente hace un comentario, no pasa nada. No se preocupe por intentar hacer «bien» este ejercicio. Si emite un juicio, limítese a observarlo. Escuche su guion. Obsérvelo mientras tiene lugar fuera de usted.

Emitir juicios sobre nuestra experiencia es humano. No pasa nada. Centre su atención en el corazón. Ahora, tome los juicios que acaba de escuchar en su cabeza, ese monólogo mental, y métalos en su corazón. Use la energía de su corazón para suavizarlos, y sienta cómo todo su cuerpo se llena de compasión. Respire hondo y sienta la energía de su corazón recorriendo todo su cuerpo. Sienta la aceptación.

¿Por qué la vida le plantea retos? Lo hace para que pueda superarlos, permitiendo así que tenga acceso al siguiente nivel de plenitud y vitalidad. Son oportunidades preciosas para crecer, momentos estupendos para descubrir los puntos fuertes *que ya tiene*, y que solo debe reactivar. Son esas fortalezas que le ayudarán a superar sus retos, que le ayudarán a pasar del estancamiento al crecimiento.

Dentro de usted hay una parte que no quiere tirar la toalla, que quiere vivir la vida plenamente. Es la voz de su alma. Es esa voz que desea enfrentarse a las voces del ego y de la personalidad, y convertirse en el mejor usted posible. Usted ya ha pasado por eso, que le ha conducido hasta este momento, en que lucha por convertirse en la mejor persona que pueda ser, plantándose y sin ceder ante su personalidad, ante sus pensamientos automáticos. Es su esencia verdadera, la fortaleza de su alma.

Es posible que, en este punto, su atención pase automáticamente a generar pensamientos sobre sus pensamientos. No pasa nada. Continúe respirando conscientemente, siguiendo la ruta del aire que entra y sale de su cuerpo, y deje que su espectador imparcial sea testigo de la actividad de su mente, sin emitir juicio alguno.

### *La visualización de los puntos fuertes, el potencial y el poder personal*

Ahora le rogamos que centre su atención en esa parte de su persona que no quiere rendirse. Contemple el dibujo en la arena: exactamente en el centro hay un punto, que es la intersección entre el lado izquierdo y el derecho del ocho. Llamémoslo el *punto del valor*. Imagine que traza una flecha que parta de ese punto y vaya hacia arriba; es una salida del ocho, una salida del estancamiento.

Esta flecha apunta a lo que tiene disponible fuera del ocho. Señala hacia sus puntos fuertes y su potencial, y hacia el futuro que tiene a su alcance en todo momento.

Veamos qué hay fuera del ocho.

Quiero que piense en cualquier momento del pasado en que realmente se sintió relajado, en que se aceptó a sí mismo y a los demás. Puede ser cualquier momento en que se sintió despreocupado y con ganas de jugar. Extráigalo de cualquier faceta de su vida: cuando estuvo a solas, con algún amigo, con un grupo de amigos o con su familia; de su vida personal o profesional. Regrese al pasado y capte ese momento, que pudo ser especial o sencillo. Siéntalo. Sienta la relajación que aporta ese instante a todo su cuerpo, sobre todo al cuello y a los hombros. Siéntalo también en su zona abdominal.

Busque entre sus recuerdos un momento en que fuera sabio, tolerante, aceptador. Sienta la relajación de aquel momento en que dejó de corregirse a sí mismo y a los otros. Todo fluyó armoniosamente y, de hecho, acabó saliendo bien sin que usted tuviera que corregirlo ni supervisarlo. Respire hondo y sienta ese momento.

Veamos qué más hay fuera del ocho.

Ahora quiero que se imagine dentro de un futuro nuevo, un futuro en el que usted será productivo pero sereno, un futuro en el que nunca dejará de crecer y de inducir a los otros a hacer lo mismo, pero lo hará con tolerancia y compasión; en el que se aceptará como ser humano, incluyendo algunos aspectos menos positivos. Está orgulloso de ser realista y de tener fundamento, y eso se debe a que puede verse como un individuo completo, en términos de lo *real* y no solo de lo *ideal*. Es un futuro en el que usted está en contacto con su corazón, donde puede perdonarse a sí mismo y a los otros por los errores que los seres humanos cometen de forma natural. Por favor, ponga las manos encima del corazón, una sobre la otra. Sienta su latido, su humanidad. Dado que es humano, tiene derecho a descansar y a disfrutar de vez en cuando. Esto le permite recargar sus baterías y ser más productivo que cuando se fuerza hasta llegar al agotamiento. Su realismo le hace más sabio, y su corazón disuelve la ira, de modo que se libera gran cantidad de energía productiva. Siéntala. Sienta cómo la sabiduría le permite discernir en vez de juzgar. La sabiduría también le permite enseñar con el ejemplo, y todo el mundo puede aprender de su integridad y de su responsabilidad. Sienta cuánta energía se desprende de esa actitud, cuánta tensión e ira se desvanecen. Dado que no tiene miedo a cometer errores, puede admitirlos y aprender de ellos. Esto le ayuda a cumplir uno de sus sueños verdaderos: el de crecer como persona.

Traiga ese momento al futuro y siéntalo en su cuerpo, en el momento presente. Siéntalo en su corazón y en su mente. Sienta el poder de su mente, su corazón y su cuerpo, que trabajan juntos, y fíjese en lo que puede conseguir; y, lo que es más importante, cómo todo eso está ya presente en su interior, y cómo *ya* es la buena persona que siempre quiso ser.

Concluyamos poco a poco la meditación, retrocediendo lentamente y contemplando el dibujo en la arena.

Observe el ocho y el punto del valor, junto con todo el potencial que tiene usted disponible *en su interior*.

*El final de la visualización*

Le felicito por su coraje, por estar ahí e intentar crecer como persona, por intentar superarse, por los esfuerzos que hace, por no rendirse. El mero hecho de que haga este ejercicio es un testimonio de su fuerza interior, de su negativa a tirar la toalla. También quiero que *usted mismo* se felicite por su coraje, por no renunciar. Quiero que le dé gracias a la vida por los retos que le plantea, por las muchas oportunidades que le da cada día, de modo que a través de ellas pueda entrar en contacto con sus puntos fuertes, pueda crecer y contribuir así al mundo, dar al mundo que le rodea los dones de su verdadero yo.

## 7. LA REESTRUCTURACIÓN: EJERCICIOS PARA FLEXIBILIZAR LOS FILTROS Y PARA LA INTEGRACIÓN

### *El pensamiento «blanco o negro»*

El pensamiento «blanco o negro» es un filtro distorsionador que típicamente puede dominar a los tipo Uno atrapados en el estancamiento. Este filtro induce a los Uno a pensar en términos dicotómicos: las cosas son buenas o malas, correctas o incorrectas. Buena parte de la rigidez y del sufrimiento del tipo Uno se debe a este mecanismo. Para superar esta tendencia automática, los Uno pueden incorporar las cualidades de los Siete plenamente funcionales: la capacidad de pensar en colores, en matices de gris; la capacidad de pensar en porcentajes, o en «grados de», más que en absolutos.

### Ejercicio para el tipo Uno: flexionando el filtro de blanco o negro

- ¿Qué otras posibilidades ve, aparte de las dos que ha mencionado?
- ¿Existe alguna opción intermedia?

- Ha dicho que su jefe es mala persona. ¿Hay algo bueno que pueda encontrar en él? Todo ser humano comete errores, de modo que nadie puede ser *totalmente* perfecto. Habiendo dicho esto, entre el 0 y el 100 %, ¿en qué porcentaje diría que es «mala» esa persona?

***Encuentre lo bueno***

Detectar el bien que hay en las personas o las cosas y alabarlo suele ser un músculo subdesarrollado en los Uno sumidos en el estancamiento.

**Ejercicio para el tipo Uno: encuentre lo bueno.** Dedique una semana a buscar lo bueno que hay a su alrededor. Puede anotarlo en una tabla con dos columnas: en la columna A escriba todo aquello que entra en su radar y que usted considera que necesita corregirse, y que está a punto de criticar. En la columna B incluirá todo lo que han hecho bien esta semana las personas que forman parte de su vida personal y profesional. Para ir un paso más allá, es posible añadir una tercera columna: ¿Cómo puedo felicitar y decir algo agradable a una persona por lo que ha hecho bien y he anotado en la columna B?

***Aprenda a relajarse***

Los Uno que funcionan con el piloto automático se sobrecargan de responsabilidades. Pueden sentirse culpables si se permiten ser improductivos aunque sea por poco tiempo. Es bastante habitual que los Uno recurran al coaching quemados, porque durante años se han exigido demasiado. Otro músculo subdesarrollado es la incapacidad de liberar tensiones, relajarse y tomarse las cosas con calma. Una vez más, esto se puede superar mediante la integración con el tipo Siete.

**Ejercicio para el tipo Uno: aprenda a relajarse.** Pregúntese: ¿Cómo puedo detenerme esta semana para «oler las rosas»? Use el talento organizativo del tipo Uno para fijar rápidamente una cita consigo mismo, sencillamente para relajarse y estar en su compañía. Si no lo hace, le costará mucho poner en práctica este ejercicio, y no pasará de ser pura teoría.

***Desarrolle su sentido del humor***

Cuando están estancados, los Uno se vuelven demasiado serios, amargados y fácilmente irritables. El coach puede ayudar al cliente Uno a relajar esta tendencia mediante el humor. Se han investigado a fondo los beneficios del humor, y su uso está aceptado y se fomenta en diversas modalidades terapéuticas. El humor introduce un elemento de desafío a las rígidas normas internas del cliente (Madanes, 1984 y 2006). En lugar de abordar las tendencias del Uno desde el paradigma de la enfermedad, y de etiquetar las rígidas normas internas como obsesiones y compulsiones, puede cambiar el tema del coaching y adoptar una perspectiva humorística. Los Uno pueden acceder a este recurso usando su vinculación con el tipo Siete, que ya llevan incorporada.

Veamos algunas directrices que puede usar el coach con los Uno, que subrayan un elemento de incongruencia para contrarrestar la naturaleza excesivamente seria de tales personas, con el objetivo de darles libertad para hallar nuevas maneras de relacionarse con la vida y con las personas (Madanes, 2010, comunicación personal):

**Ejercicio para el tipo Uno: usar la incongruencia y el humor**

- Sorprenda a su pareja disfrazándose de payaso.
- Cuando se vista para ir a trabajar, combine mal los colores, o póngase algo que no haya planchado y le dé un aspecto gracioso.
- En su próxima reunión en la oficina, dé adrede una respuesta equivocada a algún comentario, y cuente un chiste a los asistentes.

***Desarrolle sus músculos creativos***

Si pasan demasiado tiempo en el estancamiento, donde domina el tipo de pensamiento «blanco o negro», la creatividad de los Uno se puede resentir.

**Ejercicio para el tipo Uno: la creatividad**

Durante sus interacciones y actividades esta semana:

- Pregunte a un Cuatro (para profundizar el punto de vista): ¿Qué profundidad tiene esto? ¿Cuál es su verdadero significado? ¿Qué hay más allá de lo evidente? ¿Qué hay más allá de lo que puedo detectar con mis sentidos?
- Pregunte a un Siete (para ampliar el punto de vista): ¿Qué oportunidades me ofrece esto? ¿Cómo se relaciona con lo que ya sé sobre el tema? ¿Cuál es la imagen global? ¿Qué aspecto tendría esto si lo viera desde trescientos metros de altura? ¿Y si fueran tres mil?

***Prestar atención a la forma de expresarse oralmente***

El lenguaje es poderoso: es el vehículo que transporta el significado. Cuando interpretamos la realidad por medio de nuestros filtros, le añadimos palabras. Por consiguiente, si somos capaces de alterar las palabras que fijamos a nuestras experiencias, podremos influir indirectamente en nuestros estados emocionales, dado que un porcentaje elevado de nuestras emociones procede de nuestro lenguaje. A las personas las hipnotizan sus propios patrones de comunicación oral, lo cual genera estancamientos que no les permiten ver correctamente la realidad (Robbins y Madanes, 2005). Al usar siempre las mismas expresiones y palabras para describir sus experiencias, cada tipo de personalidad acaba siendo incapaz de ver lo que tiene delante. Literalmente, la descripción de la realidad se convierte en la *auténtica* realidad. Esas expresiones y palabras no son más que una manifestación de las creencias limitadoras subyacentes que padece cada tipo. Por tanto, un cambio en el estilo de expresarse puede ayudarnos a ampliar nuestros marcos de referencia, permitiéndonos ver las circunstancias de nuestra vida cotidiana desde muchas más perspectivas.

Es importante que los clientes desarrollen la capacidad de ser conscientes de esos momentos en que los mecanismos de su personalidad toman el control de su lenguaje, y justo cuando suceda. Para los tipo Uno atrapados en el estancamiento, dicho control se manifiesta mediante la exigencia y un estilo discursivo censorio. Aparte, en su forma de expresión dogmática, suelen aparecer conversaciones sobre la responsabilidad y sobre «quién tiene razón».

**Ejercicio para el tipo Uno: flexibilizar el estilo discursivo.** Preste atención al uso de palabras como *debería, debo, correcto/incorrecto, responsable/irresponsable, bueno/malo, verdadero/falso*. En lugar de eso, emplee expresiones más flexibles.

***Trabaje con las preferencias jungianas: la integración de nuestras cualidades menos dominantes***

Cuando se aplica el coaching a un tipo Uno, es muy importante prestar atención a sus preferencias jungianas. Si un cliente ha realizado un perfil MBTI (del test Myers-Briggs), pregúntele cuál es su tipo de cuatro letras, y analice cómo pueden interactuar las preferencias jungianas con su eneatipo. Además, cuando los clientes se estancan en la zona inferior de su preferencia jungiana, podemos usar las mismas técnicas de interrupción de patrones descritas en este libro, para ayudarlos a transformarse y a crecer. Para leer una descripción de las preferencias jungianas, le invitamos a consultar la Primera parte de este libro.

Algunos ejemplos del uso de las preferencias jungianas en una sesión de coaching con un tipo Uno:

- Los Uno introvertidos, que normalmente tienen un ala Nueve, son más silenciosos y reservados. Son más íntimos y reflexivos, necesitan más espacio y tiempo para pensar en lo que se habla durante las sesiones. Con ellos, usted mantiene menos contacto visual, y las sesiones avanzarán lentamente, de modo que no los agobie con demasiadas palabras, puntos de vista o tareas para hacer en casa (sobre todo si usted siente preferencia por la extroversión).
- La dimensión iNtuitiva del MBTI ilustra muy bien las metas de desarrollo para los Uno. Hable de ella en sus sesiones. Mencione la importancia que tiene observar y percibir el mundo desde esta perspectiva: aprender a contemplar la imagen global, y sentir menos necesidad de transmitir los datos con todo deta-

lle; desarrollar una manera más figurativa de observar las situaciones; interesarse por lo que es posible en vez de ocuparse demasiado de lo inmediato y de lo urgente; sentirse más cómodo con el cambio.

- Otra dimensión muy ilustrativa de las metas de desarrollo que tienen los Uno es la dimensión perceptiva. También en esta faceta debe mencionar la importancia que tiene aprender a contemplar el mundo desde este ángulo y desarrollar perspectivas nuevas: encontrar placer en el proceso, no solo en los resultados finales; ser espontáneo; ser flexible cuando la situación lo requiera; adaptarse a los cambios; ver la necesidad, en ocasiones, de reunir más información antes de tomar decisiones importantes; relajarse y sentirse cómodo en ciertas áreas de la vida, y dejar un par de cosas abiertas y sin planificar.

***Ejercicio entre sesiones para el tipo Uno: la observación de uno mismo***

Durante la semana, participe activamente en observar un patrón especialmente inútil de su tipo. Cuando sea consciente de sus patrones en tiempo real, inicie una meditación espontánea, basada en la respiración de un ciclo. Siga la secuencia descrita en la Segunda parte para observar el patrón e ir decelerándolo. Comparta sus conclusiones con su coach en la siguiente sesión.

# Tipo Dos

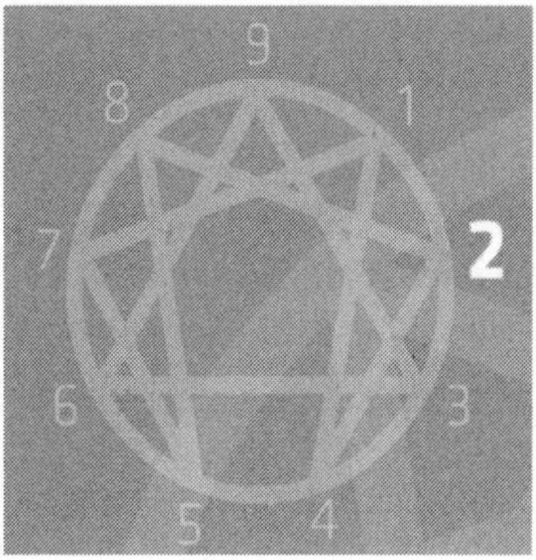


Disfruto de verdad cuando estoy con otras **personas**. Tengo una intuición especial para detectar las **necesidades** de los demás. Si percibo que mi jefe o mis compañeros necesitan algo, no puedo evitar intervenir. A veces siento que **dedico** más tiempo a los otros que a mí misma, de modo que, a pesar de que nunca en la vida me lo oirá decir en público, en lo más hondo me duele cuando los demás no se muestran **agradecidos** conmigo[...] La gente dice que soy muy amable y que tengo un **corazón** de oro. Cuando los otros me dicen que soy **buena persona,** me **siento** bien. Por otro lado, he oído cómo algunos me han dicho que **participo** demasiado, y que a veces resulto invasiva. ¿Invasiva? Lo que pasa la mayoría de las veces es que sé mejor que el otro lo que realmente necesita, y lo **ayudo** porque lo **aprecio**. Pero cuando tengo que pedir ayuda... Bueno, eso sí que me cuesta... (Susan, tipo Dos)

## DESCRIPCIÓN DEL TIPO DOS

Los individuos del tipo Dos están orientados a las personas, son cálidos y perciben mucho las necesidades, los deseos y los sentimientos de los demás.

**En su expresión sana**, son personas altruistas capaces de empatizar con las necesidades ajenas. Son muy gregarias, y saben cómo establecer una conexión inmediata con los demás. Son personas generosas, que ayudan a otras voluntariamente como un acto altruista de respaldo y amor, y no para obtener nada a cambio.

Aunque siempre están dispuestas a ayudar, respetan sus propias necesidades y sintonizan consigo mismas, saben cómo decir que no y cómo marcar límites. No dan a costa de sus propias necesidades. Les encanta trabajar con los otros; tienen mucha energía y son muy expresivas a la par que amables, compasivas y sensibles.

Saben escuchar de verdad con empatía a otra persona, y ayudarla en los términos que esta señale: pueden ofrecer su ayuda de la manera en que otra gente necesita recibirla.

**En el estancamiento,** a los Dos los corroe por dentro el deseo intenso de ser necesarios e indispensables para los otros. Su pensamiento está dominado por la idea: «Para que me quieran, tengo que dar». Su atención tiende a centrarse automáticamente en detectar y anticipar las necesidades de los otros. Pueden convertirse en ayudantes, rescatadores y complacientes, intentando sentirse indispensables para demasiadas personas y proyectos, u obtener con demasiado afán la aprobación, la aceptación y la apreciación de sus actos generosos. (Aunque siempre existe un grado mínimo de selectividad a la hora de elegir a quién ayudar.) Esta actitud los convierte en aduladores, y los induce a actuar receptivamente interesándose por los otros casi siempre.

En ocasiones pueden resultar intrusivos, como si impusieran su ayuda y su consejo a los demás, y ofrecen sus puntos de vista cuando nadie se los ha pedido. Es posible que actúen como si supieran qué necesita el otro mejor que él mismo. Pueden ser controladores, posesivos, manipuladores, condescendientes y agresivos, tratando a la gente desde sus alturas olímpicas, y con la actitud de «si no llega a ser por mi ayuda, nunca lo habrías hecho».

Se atrapan a sí mismos de tres maneras: **primero**, les cuesta pedir y recibir lo que se les da; **segundo**, se sienten culpables por ser egoístas cuando prestan atención a sus propias necesidades; **tercero**, esperan que los demás hagan por ellos lo mismo que ellos han hecho (que adivinen sus necesidades, de modo que no tengan que pedir nada).

Como resultado, cada vez reprimen más sus necesidades personales y no las satisfacen.

Los Dos acumulan la ira en su interior, porque sienten que han dedicado mucho a los demás a costa de reprimir sus propias necesidades, y se sienten utilizados, controlados y no valorados. Los estallidos emocionales repentinos, la agitación y las acusaciones pueden ser episodios frecuentes. Es posible que estén confusos respecto a sus propias necesidades. Se les acumula el estrés y padecen agotamiento mental, físico, emocional y económico, dado que a menudo dedican todos sus recursos disponibles a la búsqueda de la aprobación, la aceptación y el amor de los demás.

## PROTOCOLO DE COACHING PARA EL TIPO DOS

### 1. DEFINA EL CLIMA DE LA SESIÓN

Antes de iniciar su sesión de coaching con el cliente, examínese:

**Aporte aceptación a la sesión**

Pregúntese:

- ¿Estoy en un estado en que no juzgo a nadie?
- ¿Mi tipo concreto de personalidad siente resistencia hacia el tipo Dos?

**«Active» su capacidad de escuchar multimodal**

Es tremendamente importante que emplee todos los centros de la inteligencia (pensamiento, emoción, instinto) durante cada sesión de coaching. Concéntrese en «escuchar» activamente con los tres centros.

*Escuche con su centro del pensamiento*

- Preste atención a la forma de hablar y al uso del lenguaje.
- Analice el lenguaje corporal y la postura.
- Analice los patrones y las posibilidades de interrumpirlos.

*Escuche con su centro de la emoción*

- Muestre empatía.
- Vea al cliente como un ser humano, no como un «tipo».
- Mire más allá de las apariencias.
- Conecte a pesar de la resistencia que pueda encontrar. Está aquí para ayudar al cliente a crecer.

*Escuche con su centro del instinto*

- ¿Qué tipo de energía aporta el cliente a la sesión?
- ¿Existe coherencia entre lo que dice el cliente y la energía con que lo dice?
- ¿Qué le dice su intuición sobre los últimos sucesos en el proceso de coaching?
- «Escuche lo que dice la gente, pero preste atención a lo que *hace*.» (Madanes, 1995)

### 2. DEFINA EL RETO

Determine sobre qué quiere trabajar el cliente y cuál es el propósito por el que ha recurrido al coaching.

Los desafíos típicos de los Dos son, entre otros:

- Reducir el estrés y el sufrimiento que se provocan a sí mismos debido al patrón que siguen.
- Construir su autoestima y su valor propios independientemente de lo que hagan por los demás, y de la aprobación y la validación externas.
- Admitir sus propias necesidades y satisfacerlas de forma organizada.
- Aprender el valor de la introversión y del desarrollo de una vida interior rica junto a su vida social, que suele ser la dominante.
- Aprender a afirmar su voluntad sin culpa, estableciendo fronteras y límites.

### 3. ENTIENDA EL MODELO DEL MUNDO QUE TIENE EL CLIENTE Y SU ZONA DE ESTANCAMIENTO

Formúlese las preguntas siguientes: ¿Por qué actúa el cliente como lo hace? ¿Qué conforma su conducta? ¿Cuál es su historia interior? ¿Cuáles son los filtros por medio de los cuales mira y percibe el mundo? ¿Hasta qué punto están activas y operativas en este cliente las fijaciones propias de su tipo?

Cuando son menos conscientes o están sometidos a estrés, la atención de las personas del tipo Dos se ve dominada/descarrilada por el deseo intenso de ser necesarios y volverse indispensables para los otros. En este estado, lo normal es que empiecen a dar compulsivamente a los otros, pero es un intento de obtener algo a cambio (que podría ser su amor, amistad, etc.).

## 4. CONCIENCIE SOBRE LAS SEIS NECESIDADES HUMANAS

Según la psicología de las necesidades humanas, todos tenemos seis necesidades básicas (Madanes, 2009): certidumbre, variedad, amor/vinculación, importancia, crecimiento y contribución. Estas necesidades no son meros deseos, sino verdaderos impulsores de nuestra conducta.

**Ejercicio para el tipo Dos: las seis necesidades humanas.** Analice la zona del estancamiento y, de entre la gama de conductas descritas en ella, quédese con las más frecuentes: «¿Qué necesidades humanas intenta satisfacer al participar en esas conductas?»

Por favor, puntúe del 0 al 10 cada necesidad.

**Certidumbre.** Si participa en esta conducta, ¿se siente afirmado? ¿Le ofrece una sensación de seguridad? Aparte de esta conducta, ¿sabe también cómo obtener certidumbre de una forma más positiva?

**Variedad.** ¿La participación en esta conducta le aporta una sensación de variedad? Aparte de esta conducta, ¿conoce alguna manera más positiva de obtener variedad?

**Amor/vinculación.** Si participa en esta conducta, ¿se siente vinculado a los otros? ¿Le permite experimentar amor? Aparte de esta conducta, ¿sabe cómo obtener amor/vinculación de una forma más positiva?

**Importancia.** Si participa en esta conducta, ¿se siente importante o especial? Aparte de recurrir a esta conducta, ¿sabe también cómo sentirse importante de un modo más positivo?

**Crecimiento.** ¿Participar en esta conducta le otorga sensación de desarrollo, le permite sentir que crece? Aparte de esta conducta, ¿sabe también cómo crecer siguiendo una vía más positiva?

**Contribución.** ¿Recurrir a esta conducta le proporciona la sensación de que trasciende a sus propias necesidades, de que aporta algo a los otros? Aparte de esta conducta, ¿sabe también cómo alcanzar la contribución de una forma más positiva?

**Coaching al estudio de un caso.** Tomemos por ejemplo a una de nuestras clientas, Sonia, del tipo Dos. Según ella, ayudar a los otros, incluso cuando no se lo piden, le permite satisfacer tres de las seis necesidades humanas. La más importante es la de amor/vinculación: si ayuda a los demás, satisface su necesidad de amar y ser apreciada. La segunda necesidad por orden jerárquico es la importancia: si ayuda a los demás, se siente especial, dado que cree que siempre «sabe» lo que es mejor para la otra persona, y seguramente esta no tendría éxito si ella no la ayudase. Al ayudar a los demás, también satisface su necesidad de variedad: le parece que hacer un favor a los otros es un vehículo para entrometerse en sus vidas siempre que quiera. Dado que satisface esas necesidades humanas por la vía negativa, no obtiene el reconocimiento y el aprecio de las personas, algo que busca con tanto anhelo. De hecho, la gente se siente un poco resentida debido a su entrometimiento constante y a su ayuda, que nadie le ha pedido, lo cual perjudica su relación con ellos. El punto de inflexión llegó cuando Sonia se dio cuenta de que podía satisfacer todas sus necesidades de forma positiva. **Esto solo es posible fuera de la zona del estancamiento: al abandonar el hábito de dar para recibir, y pasar a dar a los otros lo que realmente necesitan, hasta el punto en que lo necesiten, cuando les haga falta y respetando su**

**voluntad y las preferencias naturales de su tipo de personalidad.**

Un factor importante que hay que tener en cuenta: preste una atención especial a las necesidades de crecimiento y de contribución. **¿El cliente satisface de formas saludables o destructivas estas necesidades?**

A medida que vamos integrando nuestra personalidad, las necesidades de crecimiento y contribución comienzan a recibir puntuaciones altas mientras se satisfacen positiva y saludablemente. El motivo es que, cuando salimos de nuestro estancamiento, actuamos partiendo de respuestas nuevas, conscientes y elegidas, lo cual nos permite superar nuestros antiguos hábitos y crecer. Esta integración, a su vez, aportará más contribuciones a los demás. Por el contrario, si seguimos actuando sin ser conscientes, basándonos en nuestros antiguos patrones de respuesta, nos incapacitamos y permitimos que nuestro ego controle nuestra vida. Esto siempre nos provoca sufrimiento a nosotros y a los demás.

## 5. APROVECHE LA COYUNTURA

El siguiente paso es aprovechar los costes y el sufrimiento que los patrones inútiles propios del tipo de personalidad le acarrean al cliente para concienciarle de ello.

### Ejercicio para el tipo Dos: concienciarse del coste de los patrones

- ¿Cuánto le cuesta, por lo que respecta a sus relaciones, tener el hábito de dar para recibir?
- ¿Cuánto le cuesta, por lo que respecta a su salud, agotarse física y mentalmente por extralimitarse en la ayuda que presta a los demás?

- ¿Cuánto le cuesta, por lo que respecta a su carrera profesional, centrarse tan exclusivamente en las relaciones interpersonales y en los sentimientos de las personas, olvidando en ocasiones otros aspectos importantes del trabajo?
- ¿Cuánto le cuesta, por lo que respecta a su realización personal y a su felicidad, intentar en todo momento obtener la aprobación de otras personas?

## 6. LA INTERRUPCIÓN DE LOS PATRONES: FORTALECER NUESTROS MÚSCULOS DE LA ATENCIÓN

### Visualización para el tipo dos

Las visualizaciones son un instrumento estupendo para el coaching en general y para el coaching centrado en los tipos de personalidad en particular. A continuación verá un guion completo de visualización/meditación para el tipo Dos. Abarca el trabajo con los puntos fuertes y débiles del tipo, formando la capacidad de atención por medio del espectador imparcial, y enseñando la respiración consciente, la aceptación y la relajación. No tiene por qué usar todas estas técnicas en una sola sesión de coaching. Utilice estas visualizaciones como módulos, eligiendo una o más de las secciones siguientes:

#### *Guion para el tipo Dos: visualización/meditación*

*Relajación*

Empiece sentándose cómodamente. La columna vertebral debe estar recta de forma natural. Relaje los brazos. Suavemente, con las palmas de las manos hacia arriba o hacia abajo, descanse las manos en el regazo. Respire hondo para empezar a relajar todo su cuerpo. Inspire... Espire... Puede cerrar los ojos y respirar hondo de nuevo para centrarse. Inspire... Espire...

*La formación del espectador imparcial*

Empecemos aportando consciencia al espectador imparcial. Piense en él como en un amigo, que contempla objetivamente su conducta desde fuera. Le ayuda a tomar buenas decisiones y le permite regular su piloto automático.

El espectador imparcial lo logrará al formarle la mente para que sea sensible a la actividad de sus tres centros de inteligencia: el cuerpo (nuestras sensaciones físicas), la mente (pensamientos, planes, futuro, pasado, imágenes, ideas, imaginación), y el corazón (sentimientos). Nuestra respiración, que representa nuestro vínculo con el alma, nos permitirá estar concentrados y desplazar la atención de un centro al siguiente. También nos ayudará a permanecer acríticos y aportar a este ejercicio las cualidades de la gratitud, la compasión y la aceptación. Cada vez que su mente se desconcentre, puede destinar ese momento para ejercer dichas cualidades de gratitud, compasión y aceptación, pues cada uno de esos instantes ofrece la oportunidad de aprender a reorientar nuestra atención.

Empiece fijando poco a poco su atención en el centro de inteligencia de su **cuerpo**. Respire hondo y siga el recorrido del aire al entrar y salir del cuerpo. Hágalo lentamente. Vuelva a inspirar..., y esta vez consiga que la espiración sea un poco más larga. Centre toda su atención en el recorrido que hace el aire al entrar y salir de su cuerpo, de principio a fin. Comience a percibir las sensaciones físicas. Sienta los puntos de contacto entre sus pies y el suelo. ¿Qué sensaciones corporales experimenta ahora? Concentre su atención en su espalda y sienta el apoyo que le presta la silla. Conserve unos instantes esa sensación. Desplace la atención a sus manos; céntrese en el punto de contacto entre las manos y su regazo.

Ponga las manos sobre el pecho, una encima de la otra, y dirija su atención al centro de inteligencia de su **corazón**. ¿Qué sentimientos tiene en este instante?

Ahora traslade su atención al centro de inteligencia de la **cabeza**. ¿Emite algún comentario sobre sus sentimientos? ¿Los juzga o los acepta? ¿Qué le dice su mente sobre sus sentimientos? ¿Qué dice sobre todo el ejercicio? Observe con serenidad su discurso mental a medida que vaya surgiendo. Inspire... Espire... Quédese en el centro de la cabeza, y ahora fije su atención en sus recuerdos. Imagine que está viendo un antiguo televisor en blanco y negro que emite su historia pasada. Se ve a sí mismo en la televisión; es la película de su vida. Cada escena de su vida, en la pantalla, a cámara lenta. Asienta cuando la vea. Inspire... Espire... Sin moverse de ese centro, ahora fije la atención en el futuro. Reflexione con serenidad sobre cada una de las siguientes preguntas, tomándose unos instantes de pausa entre una y otra: ¿Cómo quiere que sea su futuro? ¿Cómo se ve en el futuro? ¿Qué planes tiene?

*La visualización*

Permanezca en el centro de la cabeza, y ahora fije su atención en su imaginación. Imagínese en la playa, en la orilla del mar, sobre una arena ligeramente húmeda. Respire el aire de la playa. Inspire... Espire... Sienta el viento. Escuche las olas del mar. Sienta la arena bajo los pies. Imagínese trazando un número ocho horizontal, como el símbolo del infinito, en la arena húmeda de la orilla. Dibújelo lentamente. Sienta el contacto entre las puntas de sus dedos y la arena.

*La visualización del estancamiento y su precio*

Ahora imagine que mete todos sus problemas y sus retos *dentro* de ese ocho en la arena. Uno a uno:

**Mi atención constante a las necesidades de los demás mientras ignoro las mías propias; mi agotamiento físico por esforzarme en exceso para intentar ayudar a los otros aun cuando no me lo piden; mis intentos desesperados por obtener la aprobación y el amor de los demás; mi resentimiento al ver que los otros no aprecian todo el bien que he hecho por ellos; toda la ira y el sufrimiento.**

Sienta la tensión y la ira. Siéntalas en su vientre mientras contempla todas esas cosas dentro del ocho en la arena. Sienta la tensión en todo su cuerpo y permanezca unos instantes ahí.

Ese ocho en la arena representa nuestro estancamiento. Es el lugar en que nos encallamos con una atención negativa y unos sentimientos que también lo son.

*La sección «es humano»*

Todo ser humano tiene facetas que hacen de él o de ella precisamente eso, un ser humano. Es un conjunto de retos personales y hechos a medida en esta vida. Observe sus retos personales sin emitir juicios. Si su mente hace un comentario, no pasa nada. No se preocupe por intentar hacer «bien» este ejercicio. Si emite un juicio, limítese a observarlo. Escuche su guion. Obsérvelo mientras tiene lugar fuera de usted.

Emitir juicios sobre nuestra experiencia es humano. No pasa nada. Centre su atención en el corazón. Ahora, tome los juicios que acaba de escuchar en su cabeza, ese monólogo mental, y métalos en su corazón. Use la energía de su corazón para suavizarlos, y sienta cómo todo su cuerpo se llena de compasión. Respire hondo y sienta la energía de su corazón recorriendo todo su cuerpo. Sienta la aceptación.

¿Por qué la vida le plantea retos? Lo hace para que pueda superarlos, permitiendo así que tenga acceso al siguiente nivel de plenitud y vitalidad. Son oportunidades preciosas para crecer, momentos estupendos para descubrir los puntos fuertes *que ya tiene* y que solo debe reactivar. Son esas fortalezas que le ayudarán a superar sus retos, que le ayudarán a pasar del estancamiento al crecimiento.

Dentro de usted hay una parte que no quiere tirar la toalla, que quiere vivir la vida plenamente. Es la voz de su alma. Es esa voz que desea enfrentarse a las voces del ego y de la personalidad, y convertirse en el mejor usted posible. Usted ya ha pasado por eso, que le ha conducido hasta este momento, en que lucha por convertirse en la mejor persona que pueda ser, plantándose y sin ceder ante su personalidad, ante sus pensamientos automáticos. Es su esencia verdadera, la fortaleza de su alma.

Es posible que, en este punto, su atención pase automáticamente a generar pensamientos sobre sus pensamientos. No pasa nada. Continúe respirando conscientemente, siguiendo la ruta del aire que entra y sale de su cuerpo, y deje que su espectador imparcial sea testigo de la actividad de su mente, sin emitir juicio alguno.

*La visualización de los puntos fuertes, el potencial y el poder personal*

Ahora le rogamos que centre su atención en esa parte de su persona que no quiere rendirse. Contemple el dibujo en la arena: exactamente en el centro hay un punto, que es la intersección entre el lado izquierdo y el derecho del ocho. Llamémoslo el *punto del valor*. Imagine que traza una flecha que parta de ese punto y vaya hacia arriba; es una salida del ocho, una salida del estancamiento.

Esta flecha apunta a lo que tiene disponible fuera del ocho. Señala hacia sus puntos fuertes y su potencial, y hacia el futuro que tiene a su alcance en todo momento.

Veamos qué hay fuera del ocho.

Quiero que piense en cualquier momento del pasado en que se sintió amado incondicionalmente, sin tener en cuenta lo que hubiera hecho por los otros. Extráigalo de cualquier faceta de su vida: cuando estuvo a solas, con algún amigo, con un grupo de amigos o con su familia; de su vida personal o profesional. Regrese al pasado y capte ese momento, que pudo ser especial o sencillo. Siéntalo. Sienta la relajación que aporta ese instante a todo su cuerpo.

Busque entre sus recuerdos un momento en que su valor como persona no dependiera de gustar a los otros. Sienta la relajación de aquel momento en que dejó de necesitar la aprobación de los demás para sentirse bien consigo mismo y con su vida. Todo fluyó armoniosamente y, de hecho, acabó saliendo bien sin que usted tuviera que hacer nada al respecto. Respire hondo y sienta ese momento.

Veamos qué más hay fuera del ocho.

Ahora quiero que se imagine dentro de un futuro nuevo, un futuro en el que respaldará a los otros, los amará y manifestará empatía, pero sin perder la serenidad. Un futuro en el que será alguien útil y amable, pero lleno de entusiasmo y vitalidad. Un futuro en el que se aceptará como ser humano, incluyendo sus limitaciones naturales. Por favor, ponga las manos encima del corazón, una sobre la otra. Sienta su latido, su humanidad. Dado que es humano, tiene derecho a descansar y a no sentirse obligado constantemente a solventar los problemas de todo el mundo. Esto le permite recargar sus baterías y ser más productivo que cuando se fuerza hasta caer en el agotamiento. Sienta qué cantidad de energía se libera, cuántos resentimientos e ira se desvanecen. Dado que atiende a sus propias necesidades, no da a los demás esperando que ellos le devuelvan algo. Esto le ayuda a cumplir uno de los sueños de su vida: el de ser una buena persona, altruista y generosa.

Traiga ese momento al futuro y siéntalo en su cuerpo, en el momento presente. Siéntalo en su corazón y en su mente. Sienta el poder de su mente, su corazón y su cuerpo, que trabajan juntos, y fíjese en lo que puede conseguir; y, lo que es más importante, cómo todo eso está ya presente en su interior, y cómo *ya* es la buena persona que siempre quiso ser.

Concluyamos poco a poco la meditación, retrocediendo lentamente y contemplando el dibujo en la arena.

Observe el ocho y el punto del valor junto con todo el potencial que tiene usted disponible *en su interior*.

### *El final de la visualización*

Le felicito por su coraje, por estar ahí e intentar crecer como persona, por intentar superarse, por los esfuerzos que hace, por no rendirse. El mero hecho de que haga este ejercicio es un testimonio de su fuerza interior, de su negativa a tirar la toalla. También quiero que *usted mismo* se felicite por su coraje, por no renunciar. Quiero que le dé gracias a la vida por los retos que le plantea, por las muchas oportunidades que le da cada día, de modo que a través de ellas pueda entrar en contacto con sus puntos fuertes, pueda crecer y contribuir así al mundo, dar al mundo que le rodea los dones de su verdadero yo.

## 7. LA REESTRUCTURACIÓN: EJERCICIOS PARA FLEXIBILIZAR LOS FILTROS Y PARA LA INTEGRACIÓN

***Aprenda a relajarse***

Las personas del tipo Dos que actúan con el piloto automático tienden a sobrecargarse al querer ayudar a todo el mundo, mientras ignoran sus propias necesidades. Si se permiten no ayudar a nadie durante un periodo, por breve que sea, pueden sentirse culpables. No es extraño, pues, ver a los Dos que acuden a una sesión de coaching «quemados» después de años de esforzarse demasiado. Para superar esta tendencia, los Dos pueden usar el marco de referencia del tipo Cuatro.

**Ejercicio para el tipo Dos: aprender a relajarse**

En lugar de intentar detectar qué necesitan los otros, use su flecha a Cuatro para preguntarse: ¿Cómo *me* siento ahora? ¿Qué sucede en mi interior? ¿Qué *necesito*?

***Desarrolle los músculos de la asertividad***

Si pasan demasiado tiempo en el estancamiento, donde predomina el pensamiento «dar para recibir», los Dos pueden volverse complacientes y sentirse mal cuando dicen que no. La asertividad de los Dos puede salir malparada, y quizá no logren mantener unos límites sanos en sus relaciones personales.

**Ejercicio para el tipo Dos: los límites sanos.** Durante sus actividades e interacciones esta semana:

- Usando su flecha a Ocho, pregúntese: ¿Qué quiero *yo* ahora? Conéctese con la inteligencia asentada, sólida e intuitiva de los Ocho sanos. Aporte a sus interacciones esa energía de determinación.
- Usando su ala Tres, pregúntese: ¿Cuáles son mis objetivos? Use la mirada práctica de los Tres sanos cuando, a pesar de lo cansado que esté, sienta la tentación de volver a extralimitarse y llegar al punto de que sea necesario por los demás, sin atender a sus propias necesidades y haciendo descarrilar sus propios planes. Adopte una postura realista y un poco más eficaz ante sus recursos físicos, emocionales y económicos.
- Usando su ala Uno, pregúntese: ¿Cómo puedo ayudar a las personas y, al mismo tiempo, atender a todas mis obligaciones? Compruebe esto: ¿Estoy desatendiendo algunas de mis obligaciones familiares o laborales para ayudar a un tercero? ¿Cumplo mi palabra?

***Prestar atención a la forma de expresarse oralmente***

El lenguaje es poderoso: es el vehículo que transporta el significado. Cuando interpretamos la realidad por medio de nuestros filtros, le añadimos palabras. Por consiguiente, si somos capaces de alterar las palabras que fijamos a nuestras experiencias, podremos influir indirectamente en nuestros estados emocionales, dado que un porcentaje elevado de nuestras emociones procede de nuestro lenguaje. A las personas las hipnotizan sus propios patrones de comunicación oral, lo cual genera estancamientos que no les permiten ver correctamente la realidad (Robbins y Madanes, 2005). Al usar siempre las mismas expresiones y palabras para describir sus experiencias, cada tipo de personalidad acaba siendo incapaz de ver lo que tiene delante. Literalmente, la descripción de la realidad se convierte en la *auténtica* realidad. Esas expresiones y palabras no son más que una manifestación de las creencias limitadoras subyacentes que padece cada tipo. Por tanto, un cambio en el estilo de expresarse puede ayudarnos a ampliar nuestros marcos de referencia, permitiéndonos ver las circunstancias de nuestra vida cotidiana desde muchas más perspectivas.

Es importante que los clientes desarrollen la capacidad de ser conscientes de esos momentos en que los mecanismos de su personalidad toman el control de su lenguaje, y justo cuando suceda. En el caso de los Dos sumidos en el estancamiento, dicho control se manifiesta en un estilo discursivo que suele centrarse más en la otra persona: aunque participa en la conversación, un tipo Dos compartirá menos acerca de sus sentimientos, y la conversación gravitará lógicamente hacia lo que el otro necesita, piensa o siente.

**Ejercicio para el tipo Dos: flexibilizar el estilo discursivo.** Preste atención a los temas y al formato de la conversación. ¿Cuánto tiempo llevamos hablando de usted? ¿Y de mis sentimientos y pensamientos? ¿Evito hablar de mis necesidades personales? ¿De verdad escucho lo que realmente necesita la otra persona, o ya lo he decidido por mi cuenta mientras me habla?

***Trabaje con las preferencias jungianas: la integración de nuestras cualidades menos dominantes***

Cuando se aplica el coaching a un tipo Dos, es muy importante prestar atención a sus preferencias jungianas. Si un cliente ha realizado un perfil MBTI, pregúntele cuál es su tipo de cuatro letras, y analice cómo pueden interactuar las preferencias jungianas con su eneatipo. Además, cuando los clientes se estancan en la zona inferior de su preferencia jungiana, podemos usar las mismas técnicas de interrupción de patrones descritas en este libro, para ayudarlos a transformarse y a crecer. Para leer una descripción de las preferencias jungianas, le invitamos a consultar la Primera parte de este libro.

Algunos ejemplos del uso de las preferencias jungianas en una sesión de coaching con un tipo Dos:

- La dimensión de la introversión en el test Myers-Briggs es muy ilustrativa de algunos objetivos de desarrollo para los Dos. Hable de ella en sus sesiones de coaching. Mencione la importancia que tiene aprender a observar y a percibir el mundo desde esta perspectiva: aprender a ser más reflexivo y orientado al interior; desarrollar la capacidad de asumir los pensamientos internos y procesarlos, en vez de tener pensamientos extrovertidos de inmediato; crear espacio y límites con las personas; desarrollar un modo contemplativo de observar las situaciones, y tomarse tiempo para pensar las cosas a fondo.

- Otra dimensión que es muy útil para algunas metas de desarrollo de los Dos es la del pensamiento. También en este caso mencione la importancia de aprender a mirar el mundo desde este punto de vista: desarrollar la capacidad de analizar las situaciones de forma impersonal; tomar decisiones lógicamente; sopesar los costes y los beneficios esperados a la hora de actuar; formular preguntas lógicas y permanecer centrado en la tarea, y analizar causa y efecto. Todos estos aspectos son cruciales para el desarrollo de los Dos, dado que sienten una preferencia jungiana clara por el sentimiento.

***Ejercicio entre sesiones para el tipo Dos: la observación de uno mismo***

Durante la semana, participe activamente en observar un patrón especialmente inútil de su tipo. Cuando sea consciente de sus patrones en tiempo real, inicie una meditación espontánea, basada en la respiración de un ciclo. Siga la secuencia descrita en la Segunda parte para observar el patrón e ir decelerándolo. Comparta sus conclusiones con su coach en la siguiente sesión.

# Tipo Tres

Cuando veo a otras personas que se contentan con un segundo plano, no logro entenderlo. Desde que tengo memoria he querido ser siempre el **número uno**. El **mejor**. Y **me esfuerzo** mucho para **conseguirlo**. Intento ser el mejor en todas las facetas de mi vida: cuando juego a baloncesto con mis amigos, para obtener la **máxima** nota en la universidad..., lo que sea. Trabajo y trabajo sin cesar, si hace falta saltándome horas de sueño. Quiero ser **alguien** en este mundo. Además, sé que si simplemente lo deseo, podré conseguirlo. Creo que la **imagen** es importante. Si uno quiere ser alguien, no puede tener pinta de **fracasado**. Tiene que saber cómo **proyectar** la imagen correcta, la que le permita **ascender** en su carrera. Uno tiene que ser un auténtico **profesional**. En casa me dicen que no tengo sentimientos. Eso es porque no entienden que, cuando estoy **ocupado** y **centrado** en mi próximo **objetivo**, los sentimientos pueden ser un obstáculo que no me dejan actuar. Cuando uno tiene mi grado de **actividad**, a veces resulta difícil expresar los sentimientos. (Steven, tipo Tres.)

## DESCRIPCIÓN DEL TIPO TRES

Las personas del tipo Tres son conscientes de su imagen, dinámicas, se motivan a sí mismas y quieren destacar y ser lo mejor que puedan ser.

**En su expresión sana,** los Tres se sienten motivados para alcanzar la excelencia, y pueden ser ejemplares y modélicos en las áreas que dominan. Están muy centrados, y saben cómo fijar eficazmente sus metas y luego alcanzarlas. Quieren sacar lo mejor que hay en sí mismos, y están dispuestos a sacrificarse mucho para alcanzar la excelencia, pero al mismo tiempo se aceptan como son. La aceptación de como son y la confianza que tienen en su persona vienen de dentro, no de la necesidad de impresionar a otros y obtener una validación externa. Son personas sinceras y realistas consigo mismas, y es posible apreciar cómo su corazón acompaña a su actitud, normalmente energética. Saben cómo inspirar y motivar a los otros para que alcancen sus propios objetivos, insuflándoles la esperanza de que son capaces de manifestar todo su potencial. Aunque son ambiciosas y capaces de subordinar las necesidades presentes para alcanzar la cota máxima en todo lo que hacen, saben cómo trabajar en equipo, respaldando a los otros, e inspirar con respeto a los demás miembros del grupo, animando a quienes se sienten rezagados. Trabajan duro, pero el trabajo no lo es todo para ellas; también están dedicadas a su familia y a sus amigos. Los Tres son grandes comunicadores, receptivos a las personas, amigables y sociables, se mueven con celeridad y aprenden rápido, son animosos y entusiastas, repletos de una energía que los impulsa; tienen iniciativa, son eficientes, prácticos, independientes, ambiciosos, enérgicos, competentes, persistentes y diligentes.

**En el estancamiento,** se va desarrollando en su interior el deseo intenso de impresionar a los otros. Su pensamiento está dominado por el lema «debo tener éxito y que lo parezca». Por consiguiente, su atención se centra automáticamente en estas dos direcciones: por un lado, cómo tener éxito; por el otro, cómo reflejarlo.

Para **tener** éxito, creen que deben trabajar intensamente para hacer las cosas rápida y eficazmente. Su atención se centra de forma automática en tareas y objetivos, lo cual por sí mismo quizá sea positivo, aunque pueden convertirse en adictos hiperactivos al trabajo, que no descansan nunca ni son capaces de reducir su ritmo. El trabajo se convierte en su único objetivo. Les parece que sus sentimientos (y los de las otras personas) son obstáculos molestos para el rendimiento que desean tener, eficaz y mecánico. También es posible que consideren a esas otras personas barreras que les impiden avanzar hacia sus metas, y entonces los Tres empiezan a actuar más para sí mismos y dejan de trabajar en equipo. Se muestran secos e impacientes con las personas, sobre todo si las consideran ineficientes, incompetentes o vacilantes. Surge en ellos un poderoso impulso competitivo, acompañado del deseo de estar siempre por encima de los demás en todas las facetas de la vida que sea posible, como si la vida fuera un juego que hay que ganar. Para ellos, el fracaso no es una opción. Si pretenden alcanzar el éxito «cuanto más rápido, mejor», pueden adoptar un marco mental basado en «el fin justifica los medios», y volverse manipuladores, carentes de principios y de escrúpulos.

Para **reflejar** su éxito, creen que deben cultivar cuidadosamente una imagen que los proyecte y que les haga quedar bien. Su atención tiende a enfocarse automáticamente en la imagen que ofrecen y en el modo en que los ven los demás. Pueden acabar siendo personas centradas en su imagen, que intenten con demasiado esfuerzo ocultar su verdadero yo para que los otros las vean como personas de éxito, y para obtener la aprobación, la aceptación y la apreciación externas por sus éxitos. Adoptan el lenguaje de las ventas y la autopromoción. Esto las convierte en personas camaleónicas, induciéndolas a adaptarse a todo aquello que, según les parece, provoque la admiración de los demás en toda circunstancia y contexto. Intentarán proyectar prestigio, estatus, profesionalidad, belleza o cualquier cosa que su entorno social valore como ideal. Usando un enfoque paralelo a sus «imperfecciones» humanas, evitan hablar de sí mismos, e intentan proyectar una imagen de funcionamiento impecable en tantas áreas de su vida como les sea posible.

Padecen estrés y agotamiento emocional, dado que es muy difícil mantener una imagen de perfección, «de éxito», durante periodos tan largos como lo hacen ellos. El agotamiento físico es producto de su estilo de vida ajetreado, adicto al trabajo.

## PROTOCOLO DE COACHING PARA EL TIPO TRES

### 1. DEFINA EL CLIMA DE LA SESIÓN

Antes de iniciar su sesión de coaching con el cliente, examínese:

**Aporte aceptación a la sesión**

Pregúntese:

- ¿Estoy en un estado en que no juzgo a nadie?
- ¿Mi tipo concreto de personalidad siente resistencia hacia el tipo Tres?

**«Active» su capacidad de escuchar multimodal**

Es tremendamente importante que emplee todos los centros de la inteligencia (pensamiento, emoción, instinto) durante cada sesión de coaching. Concéntrese en «escuchar» activamente con los tres centros.

***Escuche con su centro del pensamiento***

- Preste atención a la forma de hablar y al uso del lenguaje.
- Analice el lenguaje corporal y la postura.
- Analice los patrones y las posibilidades de interrumpirlos.

***Escuche con su centro de la emoción***

- Muestre empatía.
- Vea al cliente como un ser humano, no como un «tipo».
- Mire más allá de las apariencias.
- Conecte a pesar de la resistencia que pueda encontrar. Está aquí para ayudar al cliente a crecer.

***Escuche con su centro del instinto***

- ¿Qué tipo de energía aporta el cliente a la sesión?

- ¿Existe coherencia entre lo que dice el cliente y la energía con que lo dice?
- ¿Qué le dice su intuición sobre los últimos sucesos en el proceso de coaching?
- «Escuche lo que dice la gente, pero preste atención a lo que *hace*.» (Madanes, 1995)

## 2. DEFINA EL RETO

Determine sobre qué quiere trabajar el cliente y cuál es el propósito por el que ha recurrido al coaching.

Los desafíos típicos de los Tres son, entre otros:

- Reducir el estrés y la tensión que nacen de su motivación para competir y de su necesidad constante de demostrar que valen y de impresionar a los otros, tanto en su vida personal como en la profesional.
- Aprender a desarrollar estrategias para alcanzar sus metas sin quemarse ni arruinar sus relaciones.
- Edificar la autoestima independientemente de sus éxitos y de la aprobación externa.

## 3. ENTIENDA EL MODELO DEL MUNDO QUE TIENE EL CLIENTE Y SU ZONA DE ESTANCAMIENTO

Formúlese las preguntas siguientes: ¿Por qué actúa el cliente como lo hace? ¿Qué conforma su conducta? ¿Cuál es su historia interior? ¿Cuáles son los filtros por medio de los cuales mira y percibe el mundo? ¿Hasta qué punto están activas y operativas en este cliente las fijaciones propias de su tipo?

Cuando son menos conscientes o están sometidos a presión, la atención de los Tres se ve dominada/descarrilada por el deseo intenso de impresionar a los otros, que se activa en su interior. Su pensamiento está dominado por el lema «debo tener éxito y que lo parezca». Por consiguiente, su atención se centra automáticamente en estas dos direcciones: por un lado, cómo *tener* éxito; por el otro, cómo *evidenciar* que lo tienen.

## 4. CONCIENCIE SOBRE LAS SEIS NECESIDADES HUMANAS

Según la psicología de las necesidades humanas, todos tenemos seis necesidades básicas (Madanes, 2009): certidumbre, variedad, amor/vinculación, importancia, crecimiento

y contribución. Estas necesidades no son meros deseos, sino verdaderos impulsores de nuestra conducta.

**Ejercicio para el tipo Tres: las seis necesidades humanas.** Analice la zona del estancamiento y, de entre la gama de conductas descritas en ella, quédese con las más frecuentes: «¿Qué necesidades humanas intenta satisfacer al participar en esas conductas?»
Por favor, puntúe del 0 al 10 cada necesidad.

**Certidumbre.** Si participa en esta conducta, ¿se siente afirmado? ¿Le ofrece una sensación de seguridad? Aparte de esta conducta, ¿sabe también cómo obtener certidumbre de una forma más positiva?

**Variedad.** ¿La participación en esta conducta le aporta una sensación de variedad? Aparte de esta conducta, ¿conoce alguna manera más positiva de obtener variedad?

**Amor/vinculación.** Si participa en esta conducta, ¿se siente vinculado a los otros? ¿Le permite experimentar amor? Aparte de esta conducta, ¿sabe cómo obtener amor/vinculación de una forma más positiva?

**Importancia.** Si participa en esta conducta, ¿se siente importante o especial? Aparte de recurrir a esta conducta, ¿sabe también cómo sentirse importante de un modo más positivo?

**Crecimiento.** ¿Participar en esta conducta le otorga sensación de desarrollo, le permite sentir que crece? Aparte de esta conducta, ¿sabe también cómo crecer siguiendo una vía más positiva?

**Contribución.** ¿Recurrir a esta conducta le proporciona la sensación de que trasciende a sus propias necesidades, de que aporta algo a los otros? Aparte de esta conducta, ¿sabe también cómo alcanzar la contribución de una forma más positiva?

**Coaching al estudio de un caso.** Tomemos como ejemplo a Peter, uno de nuestros clientes del tipo Tres. Es director de producción en una empresa de fabricación, y quiere ser el mejor en lo que haga, «cueste lo que cueste». Como su trabajo está por encima de todo, perjudica sus relaciones con su esposa y con sus colegas de la empresa. Su conducta centrada en el trabajo satisface tres de sus necesidades humanas: el crecimiento, la importancia y la certidumbre. El *crecimiento*, porque intentar destacar en lo que hace lo impulsa constantemente a superarse a sí mismo para alcanzar nuevas cotas de rendimiento. La *importancia*, porque se siente superior a los demás al intentar ser el mejor. La *certidumbre*, porque está convencido de alcanzar todo cuanto se fije como meta, y da igual los obstáculos que se interpongan en su camino. (Dice: «*Sé* que puedo hacerlo».) Llegó a la sesión de coaching lastrado por el agotamiento físico, y con la sensación de estar vacío y de que la vida no tenía sentido. Ahora entiende que satisfacer sus necesidades humanas por la vía negativa conlleva un precio muy alto y tiene un impacto negativo sobre su vida. El punto de inflexión se produjo cuando encontró el equilibrio entre ser excelente en su actividad y cuidar de su salud y de sus relaciones personales. En la sesión usamos la misma disciplina que él emplea en su trabajo para desarrollar sus músculos emocionales y relacionales, que estaban anémicos. Peter se dio cuenta de que las cosas que conseguía «cueste lo que cueste» no le ofrecían necesariamente un «éxito» genuino. Cuando empezó a incluir en su agenda de fines de semana nuevas actividades y a pasar momentos a solas con su familia, descubrió que podría crecer en otras facetas de su vida, no solo en su trabajo, satisfaciendo la necesidad de crecimiento de una forma positiva. Respecto a su equipo, en lugar de proseguir con su enfoque competitivo, comenzó a formar personalmente a dos de sus empleados, capacitándolos para dar lo mejor de sí mismos. Los resultados al final del primer mes fueron increíbles: la productividad de su departamento aumentó en un 25 %, y la moral del equipo cambió tremendamente. Eso constituyó una gran fuente de importancia para él. Tras introducir todos estos cambios, ahora goza de una sensación de certidumbre mayor que nunca, precisamente cuando *no* está dispuesto a pagar cualquier precio para obtener el éxito que tanto desea. De esta manera, consiguió satisfacer todas sus necesidades humanas dominantes de una forma positiva y constructiva.

Hay una cosa importante que se debe tener en cuenta: preste una atención especial a las necesidades de crecimiento y contribución. **¿El cliente satisface de formas saludables o destructivas estas necesidades?**

A medida que vamos integrando nuestra personalidad, las necesidades de crecimiento y contribución comienzan a recibir puntuaciones altas mientras se satisfacen positiva y saludablemente. El motivo es que, cuando salimos de nuestro estancamiento, actuamos partiendo de respuestas nuevas, conscientes y elegidas, lo cual nos permite superar nuestros antiguos hábitos y crecer. Esta integración, a su vez, aportará más contribuciones a los demás. Por el contrario, si seguimos actuando sin ser conscientes, basándonos en nuestros antiguos patrones de respuesta, nos incapacitamos y permitimos que nuestro ego controle nuestra vida. Esto siempre nos provoca sufrimiento a nosotros y a los demás.

## 5. APROVECHE LA COYUNTURA

El siguiente paso es aprovechar los costes y el sufrimiento que los patrones inútiles propios del tipo de personalidad le suponen al cliente para concienciarle de ello.

### Ejercicio para el tipo Tres: concienciarse del coste de los patrones

- ¿Cuánto le cuesta, por lo que respecta a sus relaciones, reprimir sus emociones y no dedicar tiempo suficiente a la familia y a los amigos?
- ¿Cuánto le cuesta, por lo que respecta a su salud, ser adicto al trabajo e incapaz de reducir su ritmo?
- ¿Cuánto le cuesta, por lo que respecta a su carrera profesional, ser competitivo y hostil, y que le requiera tanto esfuerzo comprometerse con el bienestar del equipo?
- ¿Cuánto le cuesta, por lo que respecta a su realización personal y a su felicidad, enmascarar continuamente su verdadero yo y proyectar imágenes camaleónicas?

## 6. LA INTERRUPCIÓN DE LOS PATRONES: FORTALECER NUESTROS MÚSCULOS DE LA ATENCIÓN

### Visualización para el tipo Tres

Las visualizaciones son un instrumento estupendo para el coaching en general y para el coaching centrado en los tipos de personalidad en particular. A continuación verá un guion completo de visualización/meditación para el tipo Tres. Abarca el trabajo con los puntos fuertes y débiles del tipo, formando la capacidad de atención por medio del espectador imparcial, y enseñando la respiración consciente, la aceptación y la relajación. No tiene por qué usar todas estas técnicas en una misma sesión de coaching. Utilice estas visualizaciones como módulos, eligiendo una o más de las secciones siguientes:

***Guion para el tipo Tres: visualización/meditación***

*Relajación*

Empiece sentándose cómodamente. La columna vertebral debe estar recta de forma natural. Relaje los brazos. Suavemente, con las palmas de las manos hacia arriba o hacia abajo, descanse las manos en el regazo. Respire hondo para empezar a relajar todo su cuerpo. Inspire... Espire... Puede cerrar los ojos y respirar hondo de nuevo para centrarse. Inspire... Espire...

*La formación del espectador imparcial*

Empecemos aportando consciencia al espectador imparcial. Piense en él como en un amigo que contempla objetivamente su conducta desde fuera. Le ayuda a tomar buenas decisiones y le permite regular su piloto automático.

El espectador imparcial lo logrará al formarle la mente para que sea sensible a la actividad de sus tres centros de inteligencia: el cuerpo (nuestras sensaciones físicas), la mente (pensamientos, planes, futuro, pasado, imágenes, ideas, imaginación), y el corazón (sentimientos). Nuestra respiración, que representa nuestro vínculo con el alma, nos permitirá estar concentrados y desplazar la atención de un centro al siguiente. También nos ayudará a permanecer acríticos y aportar a este ejercicio las cualidades de la gratitud, la compasión y la aceptación. Cada vez que su mente se desconcentre, puede destinar ese momento para ejercer dichas cualidades de gratitud, compasión y aceptación, pues cada uno de esos instantes ofrece la oportunidad de aprender a reorientar nuestra atención.

Empiece fijando poco a poco su atención en el centro de inteligencia de su **cuerpo**. Respire hondo y siga el recorrido del aire al entrar y salir del cuerpo. Hágalo lentamente. Vuelva a inspirar..., y esta vez consiga que la espiración sea un poco más larga. Centre toda su atención en el recorrido que hace el aire al entrar y salir de su cuerpo, de principio a fin. Comience a percibir las sensaciones físicas. Sienta los puntos de contacto entre sus pies y el suelo. ¿Qué sensaciones corporales experimenta ahora? Concentre su atención en su espalda y sienta el apoyo que le presta la silla. Conserve unos instantes esa sensación. Desplace la atención a sus manos; céntrese en el punto de contacto entre las manos y su regazo.

Ponga las manos sobre el pecho, una encima de la otra, y dirija su atención al centro de inteligencia de su **corazón**. ¿Qué sentimientos tiene en este instante?

Ahora traslade su atención al centro de inteligencia de la **cabeza**. ¿Emite algún comentario sobre sus sentimientos? ¿Los juzga o los acepta? ¿Qué le dice su mente sobre sus sentimientos? ¿Qué dice sobre todo el ejercicio? Observe con serenidad su discurso mental a medida que vaya surgiendo. Inspire... Espire... Quédese en el centro de la cabeza, y ahora fije su atención en sus recuerdos. Imagine que está viendo un antiguo televisor en blanco y negro que emite su historia pasada. Se ve a sí mismo en la televisión; es la película de su vida. Cada escena de su vida, en la pantalla, a cámara lenta. Asienta cuando la vea. Inspire... Espire... Sin moverse de ese centro, ahora fije la atención en el futuro.

Reflexione con serenidad sobre cada una de las siguientes preguntas, tomándose unos instantes de pausa entre una y otra: ¿Cómo quiere que sea su futuro? ¿Cómo se ve en el futuro? ¿Qué planes tiene?

*La visualización*

Permanezca en el centro de la cabeza, y ahora fije su atención en su imaginación. Imagínese en la playa, en la orilla del mar, sobre una arena ligeramente húmeda. Respire el aire de la playa. Inspire... Espire... Sienta el viento. Escuche las olas del mar. Sienta la arena bajo los pies. Imagínese trazando un número ocho horizontal, como el símbolo del infinito, en la arena húmeda de la orilla. Dibújelo lentamente. Sienta el contacto entre las puntas de sus dedos y la arena.

*La visualización del estancamiento y su precio*

Ahora imagine que mete todos sus problemas y sus retos *dentro* de ese ocho en la arena. Uno a uno:

**Mi atención constante a la imagen y mi intento por ocultar mi verdadero yo; mi conducta obsesiva de proyectar la imagen correcta para impresionar a los otros; mi conducta competitiva y mi comparación constante de las cosas y las personas (incluido yo) frente a ideales externos de «éxito»; mi hostilidad, mi impaciencia y mi falta de sensibilidad hacia los otros; mi agotamiento físico y mental por intentar ser el mejor, y todo ese sufrimiento.**

Sienta la tensión y la ira. Siéntalas en su vientre mientras contempla todas esas cosas dentro del ocho en la arena. Sienta la tensión en todo su cuerpo y permanezca unos instantes ahí.

Este ocho en la arena representa nuestro estancamiento. Es el lugar en que nos encallamos con una atención negativa y unos sentimientos que también lo son.

*La sección «es humano»*

Todo ser humano tiene facetas que hacen de él o de ella precisamente eso, un ser humano. Es un conjunto de retos personales y hechos a medida en esta vida. Observe sus retos personales sin emitir juicios. Si su mente hace un comentario, no pasa nada. No se preocupe por intentar hacer «bien» este ejercicio. Si emite un juicio, limítese a observarlo. Escuche su guion. Obsérvelo mientras tiene lugar fuera de usted.

Emitir juicios sobre nuestra experiencia es humano. No pasa nada. Centre su atención en el corazón. Ahora, tome los juicios que acaba de escuchar en su cabeza, ese monólogo mental, y métalos en su corazón. Use la energía de su corazón para suavizarlos, y sienta cómo todo su cuerpo se llena de compasión. Respire hondo y sienta la energía de su corazón recorriendo todo su cuerpo. Sienta la aceptación.

¿Por qué la vida le plantea retos? Lo hace para que pueda superarlos, permitiendo así que tenga acceso al siguiente nivel de plenitud y vitalidad. Son oportunidades preciosas para crecer, momentos estupendos para descubrir los puntos fuertes *que ya tiene* y que solo debe reactivar. Son esas fortalezas que le ayudarán a superar sus retos, que le ayudarán a pasar del estancamiento al crecimiento.

Dentro de usted hay una parte que no quiere tirar la toalla, que quiere vivir la vida plenamente. Es la voz de su alma. Es esa voz que desea enfrentarse a las voces del ego y de la personalidad, y convertirse en el mejor usted posible. Usted ya ha pasado por eso, que le ha conducido hasta este momento, en que lucha por convertirse en la mejor persona que pueda ser, plantándose y sin ceder ante su personalidad, ante sus pensamientos automáticos. Es su esencia verdadera, la fortaleza de su alma.

Es posible que, en este punto, su atención pase automáticamente a generar pensamientos sobre sus pensamientos. No pasa nada. Continúe respirando conscientemente, siguiendo la ruta del aire que entra y sale de su cuerpo, y deje que su espectador imparcial sea testigo de la actividad de su mente, sin emitir juicio alguno.

*La visualización de los puntos fuertes, el potencial y el poder personal*

Ahora le rogamos que centre su atención en esa parte de su persona que no quiere rendirse. Contemple el dibujo en la arena: exactamente en el centro hay un punto, que es la intersección entre el lado izquierdo y el derecho del ocho. Llamémoslo el *punto del valor*. Imagine que traza una flecha que parta de ese punto y vaya hacia arriba; es una salida del ocho, una salida del estancamiento.

Esta flecha apunta a lo que tiene disponible fuera del ocho. Señala hacia sus puntos fuertes y su potencial, hacia el futuro que tiene a su alcance en todo momento.

Veamos qué hay fuera del ocho.

Quiero que piense en cualquier momento del pasado en que realmente se aceptó a sí mismo, sin la necesidad de impresionar a nadie. Puede ser cualquier momento en que se sintió cómodo quitándose la máscara. Extráigalo de cualquier faceta de su vida: cuando estuvo a solas, con algún amigo, con un grupo de amigos o con su familia; de su vida personal o profesional. Regrese al pasado y capte ese momento, que pudo ser especial o sencillo. Siéntalo. Sienta la relajación que aporta ese instante a todo su cuerpo.

Busque entre sus recuerdos un momento en el que *realmente* tuviera éxito, cuando fue sincero, receptivo, motivador. Cuando fue *usted mismo*. Sienta la relajación de aquel momento en que dejó de querer impresionar a los demás para sentirse valioso. Todo fluyó armoniosamente y, de hecho, acabó saliendo bien sin que usted tuviera que corregirlo ni supervisarlo, sin depender de que fuera laborioso o alcanzara algún objetivo. Respire hondo y sienta ese momento.

Veamos qué más hay fuera del ocho.

Ahora quiero que se imagine dentro de un futuro nuevo, un futuro en el que dará ejemplo y será mentor de los otros. Un futuro en el que nunca dejará de crecer y de inducir a los otros a hacer lo mismo, pero lo hará con tolerancia y compasión; en el que se aceptará como ser humano, incluyendo algunos aspectos menos positivos. Será un momento en que acepte el fracaso como una parte natural de la vida, y no sienta la necesidad de esconder sus errores. Por favor, ponga las manos encima del corazón, una sobre la otra. Sienta su latido, su humanidad. Dado que es humano, tiene derecho a *fracasar* de vez en cuando. Paradójicamente, cuando renuncia a la esclavitud de proyectar la imagen correcta, tiene a su disposición más energía emocional, y se vuelve más eficiente que nunca. Dado que no tiene miedo al fracaso, puede admitir sus errores y aprender de ellos. Puede quitarse la máscara y ser sincero. Esto le ayuda a cumplir uno de sus sueños verdaderos: el de ser una persona de éxito.

Traiga ese momento al futuro y siéntalo en su cuerpo, en el momento presente. Siéntalo en su corazón y en su mente. Sienta el poder de su mente, su corazón y su cuerpo, que trabajan juntos, y fíjese en lo que puede conseguir; y, lo que es más importante, cómo todo eso está ya presente en su interior, y cómo *ya* es la persona de éxito que siempre quiso ser.

Concluyamos poco a poco la meditación, retrocediendo lentamente y contemplando el dibujo en la arena.

Observe el ocho y el punto del valor, junto con todo el potencial que tiene usted disponible *en su interior*.

*El final de la visualización*

Le felicito por su coraje, por estar ahí e intentar crecer como persona, por intentar superarse, por los esfuerzos que hace, por no rendirse. El mero hecho de que haga este ejercicio es un testimonio de su fuerza interior, de su negativa a tirar la toalla. También quiero que *usted mismo* se felicite por su coraje, por no renunciar. Quiero que le dé gracias a la vida por los retos que le plantea, por las muchas oportunidades que le da cada día, de modo que a través de ellas pueda entrar en contacto con sus puntos fuertes, pueda crecer y contribuir así al mundo, dar al mundo que le rodea los dones de su verdadero yo.

## 7. LA REESTRUCTURACIÓN: EJERCICIOS PARA FLEXIBILIZAR LOS FILTROS Y PARA LA INTEGRACIÓN

***Aprenda a relajarse***

Los Tres, que funcionan con el piloto automático, se sobrecargan de trabajo. Pueden sentir miedo si se permiten ser improductivos aunque sea por poco tiempo. No es infrecuente ver que los Tres recurren al coaching quemados por los años que han pasado exigiéndose demasiado. Usando su flecha conectiva con los Nueve sanos, los Tres aprenden el valor que tiene fluir con la vida, independientemente de sus actos y de sus progresos, y de cualquier aprobación externa que busquen actualmente. Permite que su maquinaria se refresque y se recargue para la siguiente ronda de su vida, típicamente ajetreada.

***El valor del compromiso***

Otro músculo subdesarrollado en la vida frenética del tipo Tres es su incapacidad para entregarse a la familia y a los compañeros. Muchos Tres acuden al coaching debido a desequilibrios en esta área. La ambición y el constante deseo de tener éxito puede inducir a un Tres a ver a su cónyuge, a sus hijos, a sus compañeros o a sus amigos como obstáculos potenciales en el camino al triunfo. Su carrera y su trabajo se convierten en lo más importante para ellos. La flecha que los conecta con el tipo Seis puede ayudarlos en este aspecto. Deben desarrollar el *juntos*, el *nosotros*.

**Ejercicio para el tipo Tres: aprender el valor del compromiso.** Pídale que se pregúnte, como si fuera un Seis: ¿Cómo puedo manifestar hoy mi lealtad a mi familia? ¿Cómo puedo comprometerme más con ellos? ¿Dispongo de momentos para estar a solas con mi cónyuge o mis hijos durante la semana (cuando el móvil está apagado)? Y también, cuando esté en el trabajo: ¿Qué puedo hacer en mi trabajo para que todos los miembros se sientan parte importante del equipo? ¿Cómo forjar la sinergia entre nosotros?

***Prestar atención a la forma de expresarse oralmente***

El lenguaje es poderoso: es el vehículo que transporta el significado. Cuando interpretamos la realidad por medio de nuestros filtros, le añadimos palabras. Por consiguiente, si somos capaces de alterar las palabras que fijamos a nuestras experiencias, podremos influir indirectamente en nuestros estados emocionales, dado que un porcentaje elevado de nuestras emociones procede de nuestro lenguaje. A las personas las hipnotizan sus propios patrones de comunicación oral, lo cual genera estancamientos que no les permiten ver correctamente la realidad (Robbins y Madanes, 2005). Al usar siempre las mismas expresiones y palabras para describir sus experiencias, cada tipo de personalidad acaba siendo incapaz de ver lo que tiene delante. Literalmente, la descripción de la realidad se convierte en la *auténtica* realidad. Esas expresiones y palabras no son más que una manifestación de las creencias limitadoras subyacentes que padece cada tipo. Por tanto, un cambio en el estilo de expresarse puede ayudarnos a ampliar nuestros marcos de referencia, permitiéndonos ver las circunstancias de nuestra vida cotidiana desde muchas más perspectivas.

Es importante que los clientes desarrollen la capacidad de ser conscientes de esos momentos en que los mecanismos de su personalidad toman el control de su lenguaje, y justo cuando suceda. Para los tipo Tres atrapados en el estancamiento, dicho control se manifiesta a través de un estilo discursivo confiado que engloba el autobombo, la competitividad o los desaires (directos o indirectos, en forma de «bromas»).

**Ejercicio para el tipo Tres: flexibilizar el estilo discursivo.** Preste atención a los temas y al formato de la conversación: ¿Uso palabras y expresiones destinadas a causar efecto, a dar buena impresión? ¿Represento papeles, falsificando mis emociones en esta conversación? ¿Hablo demasiado de mi trabajo, de mi carrera, de mis títulos y progresos? ¿Me siento incómodo cuando los otros mencionan sus éxitos y me embarco en un diálogo competitivo para intentar superarlos?

***Trabaje con las preferencias jungianas: la integración de nuestras cualidades menos dominantes***

Cuando se aplica el coaching a un tipo Tres, es muy importante prestar atención a sus preferencias jungianas. Si un cliente ha realizado un perfil MBTI, pregúntele cuál es su tipo de cuatro letras, y analice cómo pueden interactuar las preferencias jungianas con su eneatipo. Además, cuando los clientes se estancan en la zona inferior de su preferencia jungiana, podemos usar las mismas técnicas de interrupción de patrones descritas en este libro, para ayudarlos a transformarse y a crecer. Para leer una descripción de las preferencias jungianas, le invitamos a consultar la Primera parte de este libro.

Algunos ejemplos del uso de las preferencias jungianas en una sesión de coaching con un tipo Tres:

- La dimensión sentimiento del MBTI indica muy bien algunos objetivos de desarrollo de los Tres. Hable de ella en sus sesiones. Mencione la importancia que tiene aprender a observar y a percibir el mundo desde este punto de vista: aprender a reconocer las necesidades personales de los otros; ser receptivo y aprender a escuchar con empatía a los demás; interactuar de una forma más personal, en lugar de ser demasiado serio y directo; cuando se tomen decisiones, tener en cuenta el impacto que tendrán estas sobre las personas.

- Otra dimensión que resulta muy útil para algunos de los objetivos de desarrollo de los Tres es la percepción. En este caso también cabe mencionar la importancia de observar el mundo desde este punto de vista: desarrollar la capacidad de encontrar placer en el proceso, en lugar de obsesionarse con la consecución de los resultados finales, y la capacidad de ser espontáneos y flexibles cuando sea necesario. Los Tres atrapados en el estancamiento pueden avanzar demasiado rápida y mecánicamente en la dirección de su próxima meta, sin tolerar en absoluto a cualquiera que se interponga en su camino. Los Tres deben desarrollar la capacidad, en algunas áreas de su vida, de relajarse y sentirse cómodos, dejando abiertos y sin alcanzar un par de objetivos.

***Ejercicio entre sesiones para el tipo Tres: la observación de uno mismo***

Durante la semana, participe activamente en observar un patrón especialmente inútil propio de su tipo. Cuando sea consciente de sus patrones en tiempo real, inicie una meditación espontánea, basada en la respiración de un ciclo. Siga la secuencia descrita en la Segunda parte para observar el patrón e ir decelerándolo. Comparta sus conclusiones con su coach en la siguiente sesión.

# Tipo Cuatro

A veces a la gente le sorprende lo rápidamente que cambio de **estado de ánimo**. Me dicen que soy demasiado **sensible**, que provoco que la gente «vaya pisando huevos». No me **siento** comprendida, ni creo que nadie me escuche hasta el final. Sí, es verdad que tengo más necesidad de expresar mis **sentimientos** que ninguna otra persona que conozco, pero eso es porque experimento las cosas con más profundidad que los demás. Hay días que me siento como en una montaña rusa **emocional**. Desde muy pequeña me han dicho que hago un **drama** de todo. Para ser sincera, prefiero el drama a vivir en una rutina. La rutina, lo **ordinario**, me huele a **muerte**. Me resultan mucho más atractivos los extremos, los polos. La vida cotidiana y la gente ordinaria me aburren. Prefiero lo **es-**

**pecial**, el arte, el teatro, el cine, la música, lo **imaginado**, lo **utópico**, lo inesperado, lo misterioso, lo **inalcanzable**... (Tina, tipo Cuatro).

## DESCRIPCIÓN DEL TIPO CUATRO

Los Cuatro son introspectivos, personas con profundidad emocional, que pueden ser originales, creativas e imaginativas.

**En su expresión sana,** dominan la introspección, tienen la capacidad emocional de comprender sus propios sentimientos y la complejidad de su vida interior. Pero también son maestros de la escucha empática; por tanto, son capaces de comprender no solo su vida interior, sus necesidades y su sufrimiento, sino también la de los demás. Toleran los estados anímicos de los otros, y pueden darles consejos compasivos y sensibles.

Son capaces de comprender y conocer emocionalmente lo que experimenta otra persona, y adoptar el punto de vista de esta; saben entender espontáneamente el marco de referencia interno del otro, *como si* el Cuatro fuera la otra persona (sin perder nunca la condición «como si»; es decir, que perciben el dolor o el placer de otra persona tal como esta lo experimenta, pero sin perder jamás de vista que es *como si* el Cuatro sintiera ese dolor o ese placer). Su respuesta afectiva es adecuada a lo que necesita la otra persona para recibir una ayuda idónea, y escuchan más que hablan. Su empatía capacita a los demás; pueden enseñarles lo profundos y especiales que son. Pero no es una simpatía debilitadora, que siente pesar o piedad por la otra persona. Este tipo de simpatía no se les acaba nunca, más bien al contrario. Su crecimiento no se fundamenta solo en la autoactualización, sino también en su contribución empática a los otros. Este equilibrio entre los puntos de vista interno y externo las convierte en personas coherentes, añadiendo estabilidad y objetividad a su vida.

Son individuos perceptivos y tienen profundidad emocional; son cálidos, perspicaces, conscientes, afirmadores, ofrecen apoyo y ánimo.

Son personas contemplativas, reflexivas, a quienes les interesa la filosofía, la espiritualidad, el sentido y los misterios de la vida y de la existencia. Buscan respuestas a preguntas como: ¿En qué consiste esta vida? ¿Por qué estamos aquí? ¿Quién soy? ¿Qué sentido tiene todo esto? ¿Cuál es la razón para vivir? Se toman la vida como un viaje, e intentan descubrir pacientemente las respuestas a estas preguntas, con una mente y un corazón abiertos.

Poseen una orientación creativa y una imaginación muy rica. Tienen la capacidad de expresarse y hacerse entender bien, son creativos, elocuentes y usan con fluidez palabras y metáforas. También pueden expresarse mediante el arte. Su imaginación les permite disponer los símbolos de tal manera que se conviertan en un vehículo para transmitir emociones profundas. Son personas refinadas, les atrae la estética, y saben cómo activar la sensibilidad estética de los otros. Aunque muchos Cuatro son artistas, no todos lo son, pero la mayoría de ellos saben cómo usar su imaginación y sus habilidades para crear objetos, entornos o experiencias artísticos, sin que importe de qué trabajen.

Son creativos pero tienen los pies en el suelo, imaginativos pero prácticos; pueden aceptar lo mundano y lo ordinario como parte de la vida y seguir siendo creativos estén del humor que estén, no solo cuando tienen la moral baja, sino también en momentos estables o positivos.

Son originales y, normalmente, tienen nuevas formas de ver las cosas, aportando contribuciones claras y únicas a todo lo que hacen. Valoran la sinceridad y la autenticidad.

**En el estancamiento**, una voz interior les recuerda lo que les falta o no pueden conseguir. Esta carencia afecta tanto a su relación consigo mismos como con otras personas, y a su vida en general.

**En su relación consigo mismos**, pasan de la introspección al ensimismamiento, centrándose sobre todo en su rico mundo interior, y se preocupan por sus propias emociones y por su vida. Se vuelven temperamentales, y su estado de ánimo cambia rápidamente o incluso de forma extrema. Pueden alternar entre una sensación de tristeza persistente, melancolía y desmotivación, por un lado, y un nivel de energía elevado, por otro. Pueden sentirse abrumados por su propia sensación de estar incompletos, por los remordimientos y la desesperanza. Así queda interrumpida su búsqueda de sentido, otrora saludable, y se dedican a usar su imaginación para sustituir esa búsqueda por la fantasía y los ideales irreales. Por medio de su imaginación pueden vivir en un pasado o en un futuro idealizados. En el presente, se concentran en «el vaso medio vacío». Se vuelven infelices, pesimistas y negativos. Se centran en lo que no tienen o lo que no puede ser, y en lo que otros tienen y son. Por tanto, ese hábito de compararse con los otros puede dar pie a la envidia. También suelen ser críticos respecto al «vaso medio lleno», es decir, las cosas que *sí* tienen en la vida. En lugar de *estar* de acuerdo con sus propios sentimientos, tienen reacciones emocionales desmedidas ante una historia que ellos mismos han creado. Tal vez sientan que sus emociones son incontrolables, o se suman en reproches hacia sí mismos y en la vergüenza, y lleguen a desilusionarse, desmoralizarse y volverse hipersensibles a las críticas.

**En su relación con los otros**, los Cuatro quieren encontrar el amor y el sentido de las cosas por medio de una relación que los llene profundamente, pero es posible que, inconscientemente, se vean atrapados en la búsqueda del «amor ideal». Quizá proyecten cualidades ideales sobre los otros y se relacionen con ellos por medio de su imaginación. Esta actitud intensifica sus emociones y añade dramatismo a sus vidas, dado que se mantienen en un estado de anhelo, deseando lo inalcanzable. Si la relación (o lo que quieran alcanzar) se hace realidad, es posible que se distancien de ella y la rechacen, para volver a anhelarla y volver a intensificar sus emociones (o conseguir que la otra parte los busque).

Nace en ellos la sensación de ser especiales, y de que los otros los vean como únicos, como si fueran diferentes de las personas «normales». Esto puede generar la sensación de que tienen derecho a todo, de que forman parte de una elite, como si estuvieran exentos de las obligaciones y las tareas mundanas que deben realizar la mayoría de las personas. También pueden dar pie a que los demás se sientan carentes de profundidad, de sustancia, como personas planas, ordinarias, pasadas de moda o carentes de estilo.

## PROTOCOLO DE COACHING PARA EL TIPO CUATRO

### 1. DEFINA EL CLIMA DE LA SESIÓN

Antes de iniciar su sesión de coaching con el cliente, examínese:

**Aporte aceptación a la sesión**

Pregúntese:

- ¿Estoy en un estado en que no juzgo a nadie?
- ¿Mi tipo concreto de personalidad siente resistencia hacia el tipo Cuatro?

**«Active» su capacidad de escuchar multimodal**

Es tremendamente importante que emplee todos los centros de la inteligencia (pensamiento, emoción, instinto) durante cada sesión de coaching. Concéntrese en «escuchar» activamente con los tres centros.

***Escuche con su centro del pensamiento***

- Preste atención a la forma de hablar y al uso del lenguaje.
- Analice el lenguaje corporal y la postura.
- Analice los patrones y las posibilidades de interrumpirlos.

***Escuche con su centro de la emoción***

- Muestre empatía.
- Vea al cliente como un ser humano, no como un «tipo».
- Mire más allá de las apariencias.
- Conecte a pesar de la resistencia que pueda encontrar. Está aquí para ayudar al cliente a crecer.

***Escuche con su centro del instinto***

- ¿Qué tipo de energía aporta el cliente a la sesión?
- ¿Existe coherencia entre lo que dice el cliente y la energía con que lo dice?
- ¿Qué le dice su intuición sobre los últimos sucesos en el proceso de coaching?
- «Escuche lo que dice la gente, pero preste atención a lo que *hace*.» (Madanes, 1995)

2. **DEFINA EL RETO**

Determine sobre qué quiere trabajar el cliente y cuál es el propósito por el que ha recurrido al coaching.

Los desafíos típicos de los Cuatro son, entre otros:

- Reducir el sufrimiento que se provocan a sí mismos al centrarse implacablemente en las facetas negativas de su experiencia.
- Ser creativos y, al mismo tiempo, plenamente funcionales en su vida cotidiana; lograr que pasen cosas y ofrecer al mundo el don de su creatividad.
- Poder disfrutar del momento presente y de los dones de la vida.
- Reclamar su sabiduría emocional para responder en vez de reaccionar, de modo que puedan explorar a fondo su riqueza interior y contribuir también al bienestar emocional de los otros.

3. **ENTIENDA EL MODELO DEL MUNDO QUE TIENE EL CLIENTE Y SU ZONA DE ESTANCAMIENTO**

Formúlese las preguntas siguientes: ¿Por qué actúa el cliente como lo hace? ¿Qué conforma su conducta? ¿Cuál es su historia interior? ¿Cuáles son los filtros por medio de los cuales mira y percibe el mundo? ¿Hasta qué punto están activas y operativas en este cliente las fijaciones propias de su tipo?

Cuando son menos conscientes o están sometidos a presión, la atención de los tipo Cuatro se ve dominada/descarrilada por una voz interior que los induce a pensar en lo que no tienen o no pueden alcanzar. Esto tiene un efecto tanto sobre la relación de los Cuatro con ellos mismos como con los demás y con la vida en general.

## 4. CONCIENCIE SOBRE LAS SEIS NECESIDADES HUMANAS

Según la psicología de las necesidades humanas, todos tenemos seis necesidades básicas (Madanes, 2009): certidumbre, variedad, amor/vinculación, importancia, crecimiento y contribución. Estas necesidades no son meros deseos, sino verdaderos impulsores de nuestra conducta.

**Ejercicio para el tipo Cuatro: las seis necesidades humanas.** Analice la zona del estancamiento y, de entre la gama de conductas descritas en ella, quédese con las más frecuentes: «¿Qué necesidades humanas intenta satisfacer al participar en esas conductas?»

Por favor, puntúe del 0 al 10 cada necesidad.

**Certidumbre.** Si participa en esta conducta, ¿se siente afirmado? ¿Le ofrece una sensación de seguridad? Aparte de esta conducta, ¿sabe también cómo obtener certidumbre de una forma más positiva?

**Variedad.** ¿La participación en esta conducta le aporta una sensación de variedad? Aparte de esta conducta, ¿conoce alguna manera más positiva de obtener variedad?

**Amor/vinculación.** Si participa en esta conducta, ¿se siente vinculado a los otros? ¿Le permite experimentar amor? Aparte de esta conducta, ¿sabe cómo obtener amor/vinculación de una forma más positiva?

**Importancia.** Si participa en esta conducta, ¿se siente importante o especial? Aparte de recurrir a esta conducta, ¿sabe también cómo sentirse importante de un modo más positivo?

**Crecimiento.** ¿Participar en esta conducta le otorga sensación de desarrollo, le permite sentir que crece? Aparte de esta conducta, ¿sabe también cómo crecer siguiendo una vía más positiva?

**Contribución.** ¿Recurrir a esta conducta le proporciona la sensación de que trasciende a sus propias necesidades, de que aporta algo a los otros? Aparte de esta conducta, ¿sabe también cómo alcanzar la contribución de una forma más positiva?

**Coaching al estudio de un caso.** Tomemos como ejemplo a Martha, una de nuestras clientes, perteneciente al tipo Cuatro, que es editora literaria y redactora de mensajes publicitarios. Cuando recurrió al coaching, estaba deprimida pero dispuesta a trabajar sus sentimientos de inadecuación y de sentirse distinta a la mayoría de personas. Según ella, todas estas conductas cumplen tres de sus necesidades humanas: importancia, amor/vinculación y certidumbre. Martha se encuentra en la zona del estancamiento y satisface las tres necesidades de formas eminentemente negativas. La primera, la importancia, se satisface porque ella siente que es más profunda que otras personas; se siente especial. Su talante depresivo es una forma de conectarse consigo misma, satisfaciendo así la necesidad humana de amor/vinculación. Ese talante melancólico y depresivo también es el lugar al que se ha acostumbrado a acudir, donde obtiene un sentido de certidumbre, como si dijera «es mejor lo malo conocido...» Cuando se mantiene deprimida y embargada por sentimientos de inadecuación, también siente certidumbre sobre su creatividad: ella percibe ambas emociones (la depresión y la inadecuación) como partes necesarias para garantizar un estado creativo. Muchos Cuatro en la zona del estancamiento piensan lo mismo.

Martha acudió al coaching sumida en sentimientos persistentes de desesperanza y con grandes problemas matrimoniales causados por su inestabilidad emocional. Entendía el hecho de que mantener en orden sus hábitos negativos para satisfacer esas tres necesidades humanas suponía un gran coste para su vida y sus relaciones. El punto de inflexión para ella se produjo cuando se concienció de la necesidad de satisfacer sus necesidades humanas de formas más positivas y constructivas. Trabajamos para que superase la sensación de inadecuación, ayudándola a recuperar gradualmente una vida cotidiana plenamente funcional. Introducir en ella orden y estructura no fue fácil, pero dio pie a recompensas y, además, bastante rápido. Durante ese periodo Martha descubrió grandes cosas. Describió cómo anteriormente su tipo la había «convencido» de que se mantuviera deprimida solo para obtener una *ilusión* de creatividad. Ahora se sentía actualizada, y se convirtió en un instrumento de nutrición y afirmación para su entorno. Su matrimonio se vio revitalizado (amor/vinculación), y su creatividad se expresó en sus escritos (importancia). De esta forma, la incorporación de la estructura y de una rutina saludable (certidumbre) sirvió para satisfacer las tres necesidades de una forma positiva.

Hay una cosa importante que se debe tener en cuenta: preste una atención especial a las necesidades de crecimiento y contribución. **¿El cliente satisface de formas saludables o destructivas estas necesidades?**

A medida que vamos integrando nuestra personalidad, las necesidades de crecimiento y contribución comienzan a recibir puntuaciones altas mientras se satisfacen positiva y saludablemente. El motivo es que, cuando salimos de nuestro estancamiento, actuamos partiendo de respuestas nuevas, conscientes y elegidas, lo que nos permite superar nuestros antiguos hábitos y crecer. Esta integración, a su vez, aportará más contribuciones a los demás. Por el contrario, si seguimos actuando sin ser conscientes, basándonos en nuestros antiguos patrones de respuesta, nos incapacitamos y permitimos que nuestro ego controle nuestra vida. Esto siempre nos provoca sufrimiento a nosotros y a los demás.

## 5. APROVECHE LA COYUNTURA

El siguiente paso es aprovechar los costes y el sufrimiento que los patrones inútiles propios del tipo de personalidad le acarrean al cliente para concienciarle de ello.

**Ejercicio para el tipo Cuatro: concienciarse del coste de los patrones**

- ¿Cuánto le cuesta, por lo que respecta a sus relaciones, ensimismarse y ser tan exagerado?
- ¿Cuánto le cuesta, por lo que respecta a su salud, tener unos cambios de humor tan drásticos la mayor parte del tiempo?
- ¿Cuánto le cuesta, por lo que respecta a su carrera profesional, sentirse inadecuado y ser hipersensible a las críticas?
- ¿Cuánto le cuesta, por lo que respecta a su realización personal y a su felicidad, centrarse sin cesar en lo que no tiene o no puede alcanzar?

## 6. LA INTERRUPCIÓN DE LOS PATRONES: FORTALECER NUESTROS MÚSCULOS DE LA ATENCIÓN

**Visualización para el tipo cuatro**

Las visualizaciones son un instrumento estupendo para el coaching en general y para el coaching centrado en los tipos de personalidad en particular. A continuación verá un guion completo de visualización/meditación para el tipo Cuatro. Abarca el trabajo con los puntos fuertes y débiles del tipo, formando la capacidad de atención por medio del espectador imparcial, y enseñando la respiración consciente, la aceptación y la relajación. No tiene por qué usar todas estas técnicas en una sola sesión de coaching. Utilice estas visualizaciones como módulos, eligiendo una o más de las secciones siguientes:

***Guion para el tipo Cuatro: visualización/meditación***

*Relajación*

Empiece sentándose cómodamente. La columna vertebral debe estar recta de forma natural. Relaje los brazos. Suavemente, con las palmas de las manos hacia arriba o hacia abajo, descanse las manos en el regazo. Respire hondo para empezar a relajar todo su cuerpo. Inspire... Espire... Puede cerrar los ojos y respirar hondo de nuevo para centrarse. Inspire... Espire...

*La formación del espectador imparcial*

Empecemos aportando consciencia al espectador imparcial. Piense en él como en un amigo que contempla objetivamente su conducta desde fuera. Le ayuda a tomar buenas decisiones y le permite regular su piloto automático.

El espectador imparcial lo logrará al formarle la mente para que sea sensible a la actividad de sus tres centros de inteligencia: el cuerpo (nuestras sensaciones físicas), la mente (pensamientos, planes, futuro, pasado, imágenes, ideas, imaginación), y el corazón (sentimientos). Nuestra respiración, que representa simbólicamente nuestro vínculo con el alma, nos permitirá estar concentrados y desplazar la atención de un centro al siguiente. También nos ayudará a permanecer acríticos y aportar a este ejercicio las cualidades de la gratitud, la compasión y la aceptación. Cada vez que su mente se desconcentre, puede destinar ese momento para ejercer dichas cualidades de gratitud, compasión y aceptación, pues cada uno de esos instantes ofrece la oportunidad de aprender a reorientar nuestra atención.

Empiece fijando poco a poco su atención en el centro de inteligencia de su **cuerpo**. Respire hondo y siga el recorrido del aire al entrar y salir del cuerpo. Hágalo lentamente. Vuelva a inspirar..., y esta vez, consiga que la espiración sea un poco más larga. Centre toda su atención en el recorrido que hace el aire al entrar y salir de su cuerpo, de principio a fin. Comience a percibir las sensaciones físicas. Sienta los puntos de contacto entre sus pies y el suelo. ¿Qué sensaciones corporales experimenta ahora? Concentre su atención en su espalda y sienta el apoyo que le presta la silla. Conserve unos instantes esa sensación. Desplace la atención a sus manos; céntrese en el punto de contacto entre las manos y su regazo.

Ponga las manos sobre el pecho, una encima de la otra, y dirija su atención al centro de inteligencia de su **corazón**. ¿Qué sentimientos tiene en este instante?

Ahora traslade su atención al centro de inteligencia de la **cabeza**. ¿Emite algún comentario sobre sus sentimientos? ¿Los juzga o los acepta? ¿Qué le dice su mente sobre sus sentimientos? ¿Qué dice sobre todo el ejercicio? Observe con serenidad su discurso mental a medida que vaya surgiendo. Inspire... Espire... Quédese en el centro de la cabeza, y ahora fije su atención en sus recuerdos. Imagine que está viendo un antiguo televisor en blanco y negro que emite su historia pasada. Se ve a sí mismo en la televisión; es la película de su vida. Cada escena de su vida, en la pantalla, a cámara lenta. Asienta cuando la vea. Inspire... Espire... Sin moverse de ese centro, ahora fije la atención en el futuro. Reflexione con serenidad sobre cada una de las siguientes preguntas, tomándose unos instantes de pausa entre una y otra: ¿Cómo quiere que sea su futuro? ¿Cómo se ve en el futuro? ¿Qué planes tiene?

*La visualización*

Permanezca en el centro de la cabeza, y ahora fije su atención en su imaginación. Imagínese en la playa, en la orilla del mar, sobre una arena ligeramente húmeda. Respire el aire de la playa. Inspire... Espire... Sienta el viento. Escuche las olas del mar. Sienta la arena bajo los pies. Imagínese trazando un número ocho horizontal, como el símbolo del infinito, en la arena húmeda de la orilla. Dibújelo lentamente. Sienta el contacto entre las puntas de sus dedos y la arena.

*La visualización del estancamiento y su precio*

Ahora imagine que mete todos sus problemas y sus retos *dentro* de ese ocho en la arena. Uno a uno:

**Mi atención constante a lo que no tengo acceso, a lo que me falta; mis sentimientos de vergüenza, de incompetencia; mi preocupación excesiva por mí mismo, mi ensimismamiento; mi esclavitud al intento de ser especial y diferente constantemente; mi actitud de dejar pasar la vida mientras me centro en lo que no tengo; todas mis fantasías de no saber vivir el momento presente; el dolor que me inflijo al compararme sin cesar con los otros; mi envida, mi tristeza y mi sufrimiento.**

Sienta la tensión y la ira. Siéntalas en su corazón y en su cuerpo mientras contempla todas esas cosas dentro del ocho en la arena, y permanezca ahí unos instantes.

Ese ocho en la arena representa nuestro estancamiento. Es el lugar en que nos encallamos con una atención negativa y unos sentimientos que también lo son.

*La sección «es humano»*

Todo ser humano tiene facetas que hacen de él o de ella precisamente eso, un ser humano. Es un conjunto de retos personales y hechos a medida en esta vida. Observe sus retos personales sin emitir juicios. Si su mente hace un comentario, no pasa nada. No se preocupe por intentar hacer «bien» este ejercicio. Si emite un juicio, limítese a observarlo. Escuche su guion. Obsérvelo mientras tiene lugar fuera de usted.

Emitir juicios sobre nuestra experiencia es humano. No pasa nada. Centre su atención en el corazón. Ahora, tome los juicios que acaba de escuchar en su cabeza, ese monólogo mental, y métalos en su corazón. Use la energía de su corazón para suavizarlos, y sienta cómo todo su cuerpo se llena de compasión. Respire hondo y sienta la energía de su corazón recorriendo todo su cuerpo. Sienta la aceptación.

¿Por qué la vida le plantea retos? Lo hace para que pueda superarlos, permitiendo así que tenga acceso al siguiente nivel de plenitud y vitalidad. Son oportunidades preciosas para crecer, momentos estupendos para descubrir los puntos fuertes *que ya tiene* y que solo debe reactivar. Son esas fortalezas que le ayudarán a superar sus retos, que le ayudarán a pasar del estancamiento al crecimiento.

Dentro de usted hay una parte que no quiere tirar la toalla, que quiere vivir la vida plenamente. Es la voz de su alma. Es esa voz que desea enfrentarse a las voces del ego y de la personalidad, y convertirse en el mejor usted posible. Usted ya ha pasado por eso, que le ha conducido hasta este momento, en que lucha por convertirse en la mejor persona que pueda ser, plantándose y sin ceder ante su personalidad, ante sus pensamientos automáticos. Es su esencia verdadera, la fortaleza de su alma.

Es posible que, en este punto, su atención pase automáticamente a generar pensamientos sobre sus pensamientos. No pasa nada. Continúe respirando conscientemente, siguiendo la ruta del aire que entra y sale de su cuerpo, y deje que su espectador imparcial sea testigo de la actividad de su mente, sin emitir juicio alguno.

*La visualización de los puntos fuertes, el potencial y el poder personal*

Ahora le rogamos que centre su atención en esa parte de su persona que no quiere rendirse. Contemple el dibujo en la arena: exactamente en el centro hay un punto, que es la intersección entre el lado izquierdo y el derecho del ocho. Llamémoslo el *punto del valor*. Imagine que traza una flecha que parta de ese punto y vaya hacia arriba; es una salida del ocho, una salida del estancamiento.

Esta flecha apunta a lo que tiene disponible fuera del ocho. Señala hacia sus puntos fuertes y su potencial, y hacia el futuro que tiene a su alcance en todo momento.

Veamos qué hay fuera del ocho.

Quiero que piense en cualquier momento del pasado en que realmente se sintió amado, en el que se aceptó a sí mismo y a los demás. Puede ser cualquier momento en que le dio la sensación de que no le faltaba nada. Extráigalo de cualquier faceta de su vida: cuando estuvo a solas, con algún amigo, con un grupo de amigos o con su familia; de su vida personal o profesional. Regrese al pasado y capte ese momento, que pudo ser especial o sencillo. Siéntalo. Sienta la relajación que aporta ese instante a todo su cuerpo.

Busque entre sus recuerdos un momento en el que aceptara todo lo que había a su alrededor. Un instante en que fue consciente, en que se afirmó a sí mismo y a los otros, en que fue perspicaz y espiritual. Sienta la relajación de aquel momento en que dejó de querer diferenciarse de los demás. Todo fluyó armoniosamente y, de hecho, acabó saliendo bien sin que usted tuviera que hacer nada. Respire hondo y sienta ese momento.

Veamos qué más hay fuera del ocho.

Ahora quiero que se imagine dentro de un futuro nuevo, un futuro en el que usted será creativo, original y en el que gozará de profundidad emocional, pero donde también estará sereno. Un futuro en el que usted se conocerá, se actualizará, y nutrirá y afirmará también a los otros; en el que se aceptará como ser humano, incluyendo algunos aspectos menos positivos. Será un momento en que estará realmente en contacto con su corazón, podrá perdonarse y perdonar a los otros por los errores que los humanos cometemos de forma natural. Por favor, ponga las manos encima del corazón, una sobre la otra. Sienta su latido, su humanidad. Dado que es humano, tiene derecho a no ser original, ni creativo, y a hacer cosas corrientes de vez en cuando. Esto le permite recargar sus baterías y ser más original que cuando se fuerza hasta el agotamiento emocional. Su realismo le hace más profundo como persona, y su corazón disuelve la ira, de modo que libera mucha energía para la creatividad. Sienta cuánta energía se libera, cuánta tristeza e ira se disuelven. Paradójicamente, dado que renuncia a alcanzar una identidad especial como tapadera de su verdadero yo, cumple uno de sus sueños auténticos: el de crecer de verdad como ser humano significativo y realmente único.

Traiga ese momento al futuro y siéntalo en su cuerpo, en el momento presente. Siéntalo en su corazón y en su mente.

Sienta el poder de su mente, su corazón y su cuerpo, que trabajan juntos, y fíjese en lo que puede conseguir; y, lo que es más importante, cómo todo eso está ya presente en su interior, y cómo *ya* es la buena persona que siempre quiso ser.

Concluyamos poco a poco la meditación, retrocediendo lentamente y contemplando el dibujo en la arena.

Observe el ocho y el punto del valor, junto con todo el potencial que tiene usted disponible *en su interior*.

*El final de la visualización*

Le felicito por su coraje, por estar ahí e intentar crecer como persona, por intentar superarse, por los esfuerzos que hace, por no rendirse. El mero hecho de que haga este ejercicio es un testimonio de su fuerza interior, de su negativa a tirar la toalla. También quiero que *usted mismo* se felicite por su coraje, por no renunciar. Quiero que le dé gracias a la vida por los retos que le plantea, por las muchas oportunidades que le da cada día, de modo que a través de ellas pueda entrar en contacto con sus puntos fuertes, pueda crecer y contribuir también al mundo, dar al mundo que le rodea los dones de su verdadero yo.

## 7. LA REESTRUCTURACIÓN: EJERCICIOS PARA FLEXIBILIZAR LOS FILTROS Y PARA LA INTEGRACIÓN

### *El filtro de la personalización*

La «personalización» es un filtro cognitivo distorsionador que, típicamente, puede dominar a los tipo Cuatro atrapados en el estancamiento. Es una clase de filtro del estilo «llegar a conclusiones de un salto». Este filtro induce a los Cuatro a interpretar los sucesos que los rodean como algo que siempre tiene relación con ellos. Captan todo lo que pasa a su alrededor y automáticamente lo personalizan. Por ejemplo, si su cónyuge les dice que esa noche no le apetece salir, pueden interpretarlo así: «Mi pareja ya no me quiere». Inmediatamente después de la activación de este filtro distorsionador, se produce una reacción emocional. Buena parte de los sufrimientos de los tipo Cuatro es fruto de este mecanismo.

Para superar esta tendencia automática, los Cuatro pueden incorporar las cualidades de los Uno plenamente funcionales: la capacidad de tocar con los pies en el suelo, ser realistas, contemplar un suceso «como lo que es», sin filtrarlo con su imaginación.

**Ejercicio para el tipo Cuatro: formule las preguntas «qué» y «cómo»**

- Si usted depende más de sus sentidos que de su imaginación, ¿qué ve? ¿Cómo puede reinterpretar la situación?
- ¿Cuáles son los hechos concretos?
- Mi imaginación es rica, pero en ocasiones no me sirve, sino más bien al revés. Parece que estoy al servicio de mi propia imaginación. Así que seamos prácticos: ¿Cómo puedo simplificar esta situación para convertirla en una de «blanco y negro», fácil de entender, clara y sencilla, para introducir un poco de orden en mi mente y en mi corazón?

***Encuentre lo bueno***

La atención de los Cuatro tiende a centrarse en lo inalcanzable y en aquello que no tienen. Por medio de la fantasía, este filtro es un vehículo para huir del presente hacia el pasado o el futuro, consiguiendo que los Cuatro se sientan abatidos en el presente. Como consecuencia, normalmente los Cuatro que están atrapados en la zona del estancamiento tienen atrofiado el músculo que les permite encontrar lo bueno en las personas, los sucesos o en ellos mismos.

**Ejercicio para el tipo Cuatro: encuentre lo bueno.** Dedique una semana a buscar activamente lo bueno que hay en todo lo que le rodea. Puede anotarlo en una tabla con dos columnas: en la columna A, escriba todo aquello que entra en su radar y que usted considera negativo. En la columna B, todo lo que vaya bien en su vida en el presente. Para ir un paso más allá, es posible añadir una tercera columna: ¿Cómo puedo celebrar una de las cosas de la columna B? (Elija una y concéntrese en su valor, y en cómo puede manifestar usted su aprecio y su alegría por disponer de ella.)

***Prestar atención a la forma de expresarse oralmente***

El lenguaje es poderoso: es el vehículo que transporta el significado. Cuando interpretamos la realidad por medio de nuestros filtros, le añadimos palabras. Por consiguiente, si somos capaces de alterar las palabras que fijamos a nuestras experiencias, podremos influir indirectamente en nuestros estados emocionales, dado que un porcentaje elevado de nuestras emociones procede de nuestro lenguaje. A las personas las hipnotizan sus propios patrones de comunicación oral, lo cual genera estancamientos que no les permiten ver correctamente la realidad (Robbins y Madanes, 2005). Al usar siempre las mismas expresiones y palabras para describir sus experiencias, cada tipo de personalidad acaba siendo incapaz de ver lo que tiene delante. Literalmente, la descripción de la realidad se convierte en la *auténtica* realidad. Esas expresiones y palabras no son más que una manifestación de las creencias limitadoras subyacentes que padece cada tipo. Por tanto, un cambio en el estilo de expresarse puede ayudarnos a ampliar nuestros marcos de referencia, permitiéndonos ver las circunstancias de nuestra vida cotidiana desde muchas más perspectivas.

Es importante que los clientes desarrollen la capacidad de ser conscientes de esos momentos en que los mecanismos de su personalidad toman el control de su lenguaje, y justo cuando suceda. Para los individuos del tipo Cuatro atrapados en el estancamiento, dicho control se manifiesta de la siguiente manera: 1. Un estilo discursivo que refleja el ensimismamiento. 2. La incapacidad de ser factual y de comunicarse sin interpretaciones. 3. El uso excesivo del lenguaje metafórico.

**Ejercicio para el tipo Cuatro: flexibilizar el estilo discursivo (1).** Preste atención a los temas y al formato de la conversación. ¿Qué porcentaje de tiempo he hablado sobre mí mismo? ¿Estoy demasiado centrado en mi persona? Cuando hablaba la otra persona, ¿he encontrado hechos en su narrativa que he aprovechado para volver a centrar la conversación en mí mismo? ¿Me interesan de verdad las necesidades emocionales de la otra persona, o solo compartir las mías?

Otro tema importante en el estilo comunicativo de los Cuatro es el de separar los hechos de la interpretación. Cuando están en la zona del estancamiento, su filtro de la imaginación está muy activo, y tienen dificultades para limitarse a los simples hechos sin adjudicarles una interpretación. Normalmente, dentro de ellos se produce una redisposición subjetiva de los hechos.

**Ejercicio para el tipo Cuatro: flexibilizar el estilo discursivo (2).** Entrénese para preguntar: ¿Qué ha sucedido? ¿Cuáles son los hechos? ¿Cuál es mi interpretación de lo que ha pasado? ¿Qué historia me cuento sobre lo sucedido? ¿Soy consciente de cómo opera mi imaginación y qué me dice sobre los sucesos objetivos, o es automática y no detecto sus mecanismos y dinámicas?

Por último, a los Cuatro se les da muy bien el uso del lenguaje metafórico, pero en el estancamiento abusan de él. Cuando se integran con el tipo Uno, aprenden a ser directos en sus comunicaciones; a ceñirse a los hechos y centrarse en los detalles; a orientarse más a la acción que a la filosofía; a usar un lenguaje menos colorido y ser más literales; en lugar de preguntar *por qué*, preguntan *qué, cómo, ¿funcionará?* y *qué se ha hecho*.

### *Trabaje con las preferencias jungianas: la integración de nuestras cualidades menos dominantes*

Cuando se aplica el coaching a un tipo Cuatro, es muy importante prestar atención a sus preferencias jungianas. Si un cliente ha realizado un perfil MBTI, pregúntele cuál es su tipo de cuatro letras, y analice cómo pueden interactuar las preferencias jungianas con su eneatipo. Además, cuando los clientes se estancan en la zona inferior de su preferencia jungiana, podemos usar las mismas técnicas de interrupción de patrones descritas en este libro, para ayudarlos a transformarse y a crecer. Para leer una descripción de las preferencias jungianas, le invitamos a consultar la Primera parte de este libro.

Algunos ejemplos del uso de las preferencias jungianas en una sesión de coaching con un tipo Cuatro:

- Aunque encontrará a muchos Cuatro extrovertidos y sociables, existe una gran correlación entre el tipo Cuatro y la introversión (sobre todo en los Cuatro con ala Cinco). Esto téngalo sobre todo en cuenta si es usted un coach extrovertido. Reduzca su ritmo para adaptarse al de ellos. Los introvertidos tienden a ser más callados y reservados. Son íntimos y reflexivos, y necesitan más espacio y tiempo para pensar en lo que se ha dicho en las sesiones. Con ellos tendrá menos contacto visual que con otras personas, de modo que no los agobie hablando demasiado o muy rápido. Adáptese a su ritmo respirando hondo de vez en cuando, mientras reflexiona a fondo sobre lo que le dice y lo que siente el cliente Cuatro.
- Una dimensión que es muy útil para alcanzar ciertos objetivos de desarrollo de los Cuatro es la del pensamiento. Aquí también debe mencionar la importancia de aprender a ver el mundo desde este punto de vista: desarrollar la capacidad de analizar situaciones de una forma impersonal; aprender a tomar decisiones con lógica; a la hora de actuar, sopesar los costes y los beneficios esperados; formular preguntas lógicas y mantenerse centrado en la tarea; analizar la causa y el efecto. Todo esto es esencial para el desarrollo de los Cuatro, porque tienen una preferencia jungiana clara por el sentimiento.
- Otra dimensión que resulta muy útil para alcanzar ciertos objetivos de desarrollo de los Cuatro es la sen-

sibilidad. Hemos de destacar la importancia que tiene aprender a ver el mundo *también* desde esta perspectiva: ser realista y concreto; desarrollar la capacidad de ser práctico, de canalizar sus sentimientos hacia aplicaciones prácticas, frenar un poco su imaginación y ver las cosas como son; desarrollar la necesidad de ser claros; considerar como buenas aquellas ideas que pueden parecerles que no son originales ni creativas, en lugar de descartarlas automáticamente; ser concretos en sus comunicaciones: formular preguntas específicas, ofrecer respuestas concretas y transmitir los hechos sin interpretarlos. Este trabajo resulta más sencillo con los Cuatro que tienen una flecha firme a Uno.

- Preste atención al grado de actividad de la preferencia calificadora en el cliente Cuatro. El grado de operatividad de una dimensión calificadora sana puede indicar el grado de integración del Cuatro en el tipo Uno. Pregúntele: ¿Busca siempre concluir sus proyectos? ¿Valora la estructura y el orden? ¿Se sujeta responsablemente a una agenda y a un periodo concreto? Dentro de la zona del estancamiento, los Cuatro experimentan cada una de estas preguntas como una limitación a la creatividad, y se resisten mucho a ellas. La paradoja estriba en que cuando son capaces de incorporar este elemento a su arsenal emocional, su creatividad se desarrolla incluso más, alcanzando nuevas cotas, algo que todo Cuatro desea y disfruta. Hay muchos Cuatro famosos (músicos, escritores, empresarios, o sea cual fuere su ocupación) que son bastante disciplinados, y que alcanzan su estado más saludable cuando incorporan en sus vidas una dosis saludable de la dimensión J.

### *Ejercicio entre sesiones para el tipo Cuatro: la observación de uno mismo*

Durante la semana, participe activamente en observar un patrón especialmente inútil propio de su tipo. Cuando sea consciente de sus patrones en tiempo real, inicie una meditación espontánea, basada en la respiración de un ciclo. Siga la secuencia descrita en la Segunda parte para observar el patrón e ir decelerándolo. Comparta sus conclusiones con su coach en la siguiente sesión.

# Tipo Cinco

Siempre me ha gustado estar **a solas**, pasar ratos en soledad. No disfruto de las reuniones sociales, en las que me he sentido fuera de lugar, como si fuera un **observador** o un **espectador**. No sé por qué, pero no logro comprender a la mayoría de las personas; creo que se ocupan de pequeñeces, de cosas insignificantes, que hablan de cosas **irrelevantes**. A mí eso no me interesa; prefiero un buen libro, o algo que merezca que invierta mis **recursos** en ello. Y la verdad es que me molesta muchísimo que me interrumpan, que invadan mi espacio. Soy muy sensible a las **invasiones** de mi **espacio personal**. En casa me han dicho que me aíslo demasiado, que me encierro en la «cueva» demasiado a menudo. Es verdad. De vez en cuando tengo que **retirarme** para **recargar** las pilas; sobre todo, después de un evento social, tras el cual suelo sentirme **agotado**. Las personas que me rodean aprecian mis talentos, en especial mi capacidad **analítica**. Pero también he oído decir que soy **frío** e **inexpresivo** emocionalmente. Mi jefe me dice que tengo que ponerme manos a la obra más rápido, en lugar de intentar siempre, compulsivamente, aprender y **reunir un montón de material preparatorio**. La verdad es que en el fondo me gusta **aprender**, desafiar mis capacidades **intelectuales**. (John, tipo Cinco.)

## DESCRIPCIÓN DEL TIPO CINCO

Los Cinco son observadores perceptivos e independientes, que tienen un enfoque eminentemente cerebral sobre la vida.

**En su expresión sana,** sienten la necesidad constante de aprender y ampliar su intelecto. Son personas motivadas por la necesidad de comprender el mundo que las rodea. Les estimulan las ideas y poseen una gran capacidad analítica. Los Cinco son perceptivos, brillantes, lógicos; tienen capacidad de concentrarse; son innovadores, estudiosos, eruditos, inconformistas y competentes. Son maestros de la observación y del análisis. Poseen una mirada perspicaz y una voluntad firme, independiente, libre de influencias, que les permite mantenerse a distancia y disponer de una perspectiva buena y objetiva sobre cualquier problema. Son pensadores perspicaces y originales, a quienes se les da muy bien formular explicaciones, modelos y teorías en cualquier campo que les interese.

Pero sus capacidades de observación y de análisis no los convierten en observadores pasivos que viven una «vida mental» y se distancian emocionalmente de otras personas. Saben cómo plasmar en la realidad su potencial intelectual y sus planes, y cómo «meterse en faena», actuar y vivir en el mundo como todos los demás. Aunque son reservados y, normalmente, introvertidos, y prefieren pasar un rato a solas todos los días y, en ocasiones, pasar casi inadvertidos, mantienen relaciones sociales y están vinculados con el mundo, gozando de una buena capacidad de interacción. Por tanto, no son solo observadores, sino iniciadores y contribuyentes. Aunque principalmente los motivan las ideas y las actividades mentales, también están en contacto con sus sentimientos y con su cuerpo, y saben cómo expresar su lado emocional.

Son fuertes pero apacibles; son reflexivos y les gusta pensar antes de actuar, para proceder con sensatez y buen criterio. Su despego emocional les da la capacidad de mantener la calma incluso en circunstancias estresantes cuando a los otros los invade el pánico. Esto no quiere decir que repriman sus emociones o eviten sus sentimientos de empatía. Por el contrario, poseen la capacidad de mantenerse serenos y distanciados de las preocupaciones y del ajetreo de la mente, y la capacidad de mantener la distancia frente a la situación para poder abordarla con tranquilidad.

Pueden convertirse en expertos en sus campos, y su desarrollo intelectual va acompañado de una actitud humilde, relajada: no se sienten impulsados a demostrar que lo saben todo sobre un tema, y se permiten decir «No lo sé» sin sentirse mal por ello. Además, pueden reconocer los límites de la lógica y no temen desafiarla, ni tampoco sus propios pensamientos o modelos mentales. Paradójicamente, eso ocurre cuando más crecen intelectualmente, dado que estas actitudes los ayudan a mantener la curiosidad y la mente abierta frente a nuevos aprendizajes y posibilidades.

**En el estancamiento,** su actividad mental se intensifica. Se absorben más en sus pensamientos. Esta «vida mental» los desconecta de sus emociones. Pueden volverse personas más frías, evasivas, indiferentes, inconscientes de cómo se sienten, menos capaces de vincularse emocionalmente con los otros o apoyarlos. Prefieren mantener a distancia a los demás. Sus relaciones pueden resentirse, dado que se agobian y se agotan más fácilmente, y se sensibilizan más ante las expectativas y las exigencias de los otros, y ante las invasiones de su privacidad. No solo quieren mantenerse alejados y evitar que los demás agoten sus recursos (tiempo, energía, atención, conocimientos, dinero, etc.), sino que desean mantener la distancia a base de no necesitar a nadie. Intentan ser autosuficientes. Si es necesario, se guardarán para sí sus problemas o restarán importancia a sus propias necesidades, con objeto de mantener su independencia.

Se convierten en observadores más pasivos, y tienen más dificultades para ponerse en acción. Es posible que sus comentarios mentales se intensifiquen, como si no callasen jamás, como si todo exigiera su interpretación y su explicación, y pierden concentración. Demoran su actuación a base de hacer preparativos añadidos, o de aprender cosas nuevas. Algunos de ellos centran su atención exclusivamente en las ideas y en la información. Les da la sensación de que siempre quedan cosas por estudiar, observar y tener en cuenta antes de actuar.

El hábito de interpretarlo todo mentalmente puede volverlos más subjetivos, dando lugar a que tengan una mente menos abierta y sientan menos curiosidad. Es posible que interpreten más de lo que investigan o experimentan. Por otro lado, desde su posición de observadores, a veces pueden mirar con desdén la forma de actuar de los demás, la manifestación de sus emociones o sus convenciones sociales, tachándolas de ilógicas o «estúpidas». Los otros pueden pensar que actúan como si fueran superiores o esnobs.

Su apego a la lógica y al reduccionismo puede llegar a ser extremo, sin ser conscientes de que la lógica en ocasiones es también tendenciosa y excluye de los análisis de los Cinco las facetas emocional y sensorial. Se vuelven menos dispuestos a desafiar sus propios pensamientos, y buscan explicaciones de la realidad menos complejas.

La costumbre de vivir su «vida mental» los desconecta también de su cuerpo. Dedican menos tiempo a los aspectos sensorial y físico, y por eso algunos se vuelven más sedentarios y menos conscientes de su propio cuerpo. Cuando pasan a vivir su «vida mental» pueden sentirse alienados, vacíos, incompetentes, descentrados, tensos, preocupados, agobiados, furiosos y solos.

## PROTOCOLO DE COACHING PARA EL TIPO CINCO

### 1. DEFINA EL CLIMA DE LA SESIÓN

Antes de iniciar su sesión de coaching con el cliente, examínese:

#### Aporte aceptación a la sesión

Pregúntese:

- ¿Estoy en un estado en que no juzgo a nadie?
- ¿Mi tipo concreto de personalidad siente resistencia hacia el tipo Cinco?

#### «Active» su capacidad de escuchar multimodal

Es tremendamente importante que emplee todos los centros de la inteligencia (pensamiento, emoción, instinto) du-

rante cada sesión de coaching. Concéntrese en «escuchar» activamente con los tres centros.

***Escuche con su centro del pensamiento***

- Preste atención a la forma de hablar y al uso del lenguaje.
- Analice el lenguaje corporal y la postura.
- Analice los patrones y las posibilidades de interrumpirlos.

***Escuche con su centro de la emoción***

- Muestre empatía.
- Vea al cliente como un ser humano, no como un «tipo».
- Mire más allá de las apariencias.
- Conecte a pesar de la resistencia que pueda encontrar. Está aquí para ayudar al cliente a crecer.

***Escuche con su centro del instinto***

- ¿Qué tipo de energía aporta el cliente a la sesión?
- ¿Existe coherencia entre lo que dice el cliente y la energía con que lo dice?
- ¿Qué le dice su intuición sobre los últimos sucesos en el proceso de coaching?
- «Escuche lo que dice la gente, pero preste atención a lo que *hace*.» (Madanes, 1995)

## 2. DEFINA EL RETO

Determine sobre qué quiere trabajar el cliente y cuál es el propósito por el que ha recurrido al coaching.

Los desafíos típicos de los Cinco son, entre otros:

- Confiar no solo en su mente, sino también en su instinto y en su corazón, para ser más competentes y tener más información.

- Relajarse más en su faceta social, y que los contactos sociales los agoten menos.
- Ser capaces de poner por obra sus ideas.
- Ser más conscientes de sus sentimientos, para poder expresarlos saludablemente, y estar más en contacto con su corazón.
- Volver a conectarse con su cuerpo y con el momento presente, para equilibrar su tendencia a perderse en el laberinto de su mente.

### 3. ENTIENDA EL MODELO DEL MUNDO QUE TIENE EL CLIENTE Y SU ZONA DE ESTANCAMIENTO

Formúlese las preguntas siguientes: ¿Por qué actúa el cliente como lo hace? ¿Qué conforma su conducta? ¿Cuál es su historia interior? ¿Cuáles son los filtros por medio de los cuales mira y percibe el mundo? ¿Hasta qué punto están activas y operativas en este cliente las fijaciones propias de su tipo?

Cuando son menos conscientes o están sometidos a presión, la atención de los tipo Cinco se ve dominada/descarrilada por una actividad mental intensa y excesiva. Se desvinculan de sus emociones por medio de esa especie de «vida mental». En este estado, es normal que empiecen a mantener a distancia a otras personas y a aislarse. También les cuesta cada vez más actuar.

### 4. CONCIENCIE SOBRE LAS SEIS NECESIDADES HUMANAS

Según la psicología de las necesidades humanas, todos tenemos seis necesidades básicas (Madanes, 2009): certidumbre, variedad, amor/vinculación, importancia, crecimiento y contribución. Estas necesidades no son meros deseos, sino verdaderos impulsores de nuestra conducta.

**Ejercicio para el tipo Cinco: las seis necesidades humanas.** Analice la zona del estancamiento y, de entre la gama de conductas descritas en ella, quédese con las más frecuentes: «¿Qué necesidades humanas intenta satisfacer al participar en esas conductas?»

Por favor, puntúe del 0 al 10 cada necesidad.

**Certidumbre.** Si participa en esta conducta, ¿se siente

afirmado? ¿Le ofrece una sensación de seguridad? Aparte de esta conducta, ¿sabe también cómo obtener certidumbre de una forma más positiva?

**Variedad.** ¿La participación en esta conducta le aporta una sensación de variedad? Aparte de esta conducta, ¿conoce alguna manera más positiva de obtener variedad?

**Amor/vinculación.** Si participa en esta conducta, ¿se siente vinculado a los otros? ¿Le permite experimentar amor? Aparte de esta conducta, ¿sabe cómo obtener amor/vinculación de una forma más positiva?

**Importancia.** Si participa en esta conducta, ¿se siente importante o especial? Aparte de recurrir a esta conducta, ¿sabe también cómo sentirse importante de un modo más positivo?

**Crecimiento.** ¿Participar en esta conducta le otorga sensación de desarrollo, le permite sentir que crece? Aparte de esta conducta, ¿sabe también cómo crecer siguiendo una vía más positiva?

**Contribución.** ¿Recurrir a esta conducta le proporciona la sensación de que trasciende a sus propias necesidades, de que aporta algo a los otros? Aparte de esta conducta, ¿sabe también cómo alcanzar la contribución de una forma más positiva?

**Coaching al estudio de un caso.** Tomemos como ejemplo a Roberto, uno de nuestros clientes del tipo Cinco. Recurrió al coaching para gestionar dos retos: el primero, su intolerancia a la sociedad en general que le impedía tener vida social; el segundo, problemas en sus relaciones personales debido a su incapacidad de expresar sus emociones más profundas.

Según él, cada uno de estos problemas satisface una necesidad humana distinta.

Su intolerancia social satisface la *importancia* de la siguiente manera: Roberto, una persona muy culta e intelectual, considera a las personas que lo rodean «una masa incapaz de pensar y de reflexionar, que se desplaza en grupo sin la capacidad de pensar por sí misma». Cuando ve a los demás de este modo, se siente superior a ellos. Se distingue de esa «masa» y la observa como un agente externo, orgulloso de ser un «librepensador». Pero esta actitud, a su vez, lo ha convertido en una persona muy aislada.

Por otro lado, satisface su necesidad de *certidumbre* de esta manera: Roberto cree que no es prudente manifestar sus emociones a los otros, ni siquiera a los más cercanos. Prefiere proteger sus sentimientos y asegurarse de que no saldrá perjudicado. Al obtener certidumbre de esta manera negativa, sus relaciones se encallaron.

El punto de inflexión se produjo cuando percibió la necesidad de satisfacer sus necesidades de forma positiva. Él es un respetado investigador de la conducta de los consumidores, y trabaja en el departamento de marketing de una gran empresa. Durante nuestras sesiones de coaching con él, surgió una idea que podía satisfacer de forma positiva su necesidad de importancia: dado que se le daba bien escribir, ¿por qué no compartir su talento con el mundo? ¿Por qué no compartir con los otros su capacidad de ver la realidad desde un punto de vista sociológico? Roberto empezó a escribir artículos para un periódico local, que se convirtieron en todo un éxito y le granjearon la admiración de muchos por su capacidad intelectual. Trabajamos para introducir compasión y tolerancia en sus puntos de vista, de modo que sus escritos no fueran egocéntricos —comentarios propios de la zona del estancamiento—, sino más bien el fruto de un intelectual que contribuía al mundo para hacer de este un lugar mejor. Esta actividad lo ayudó a satisfacer su necesidad de importancia pero de forma positiva.

Por otro lado, comprendió que, aunque su falta de vinculación emocional le proporcionaba una sensación de seguridad, le cobraba un alto precio a sus relaciones familiares, sobre todo con su esposa, a quien le había afectado mucho. Dado que Roberto tenía este «músculo» muy atrofiado, empezó a aprender poco a poco a conectar con sus propios sentimientos y a expresarlos con seguridad. Su esposa participó en muchas de sus sesiones, y para ella, saber que su esposo tiene una personalidad del tipo Cinco fue un alivio: se dio cuenta de que su conducta no era nada personal contra ella, o algo que estuviera «mal», sino solo parte de los retos que le planteaba a su marido su tipo de personalidad.

Hay una cosa importante que se debe tener en cuenta: preste una atención especial a las necesidades de crecimiento y contribución. **¿El cliente satisface de formas saludables o destructivas estas necesidades?**

A medida que vamos integrando nuestra personalidad, las necesidades de crecimiento y contribución comienzan a recibir puntuaciones altas mientras se satisfacen positiva y saludablemente. El motivo es que, cuando salimos de nuestro estancamiento, actuamos partiendo de respuestas nuevas, conscientes y elegidas, lo que nos permite superar nuestros antiguos hábitos y crecer. Esta integración, a su vez, aportará más contribuciones a los demás. Por el contrario, si seguimos actuando sin ser conscientes, basándonos en nuestros antiguos patrones de respuesta, nos incapacitamos y permitimos que nuestro ego controle nuestra vida. Esto siempre nos provoca sufrimiento a nosotros y a los demás.

## 5. APROVECHE LA COYUNTURA

El siguiente paso es aprovechar los costes y el sufrimiento que los patrones inútiles propios del tipo de personalidad le acarrean al cliente para concienciarle de ello.

### Ejercicio para el tipo Cinco: concienciarse del coste de los patrones

- ¿Cuánto le cuesta, por lo que respecta a sus relaciones, ser frío, distante y desvinculado emocionalmente?
- ¿Cuánto le cuesta, por lo que respecta a su salud, su «vida mental» y no estar conectado con su propio cuerpo y ser inconsciente de él?
- ¿Cuánto le cuesta, por lo que respecta a su carrera profesional, prepararse en exceso y tener dificultades para poner en práctica sus ideas?
- ¿Cuánto le cuesta, por lo que respecta a su realización personal y a su felicidad, que resuenen en su mente comentarios incesantes e implacables, y desvincularse emocionalmente de otras personas?

## 6. LA INTERRUPCIÓN DE LOS PATRONES: FORTALECER NUESTROS MÚSCULOS DE LA ATENCIÓN

### Visualización para el tipo cinco

Las visualizaciones son un instrumento estupendo para el coaching en general y para el coaching centrado en los tipos de personalidad en particular. A continuación verá un guion completo de visualización/meditación para el tipo Cinco. Abarca el trabajo con los puntos fuertes y débiles del tipo, formando la capacidad de atención por medio del espectador imparcial, y enseñando la respiración consciente, la aceptación y la relajación. No tiene por qué usar todas estas técnicas en una sola sesión de coaching. Utilice estas visualizaciones como módulos, eligiendo una o más de las secciones siguientes:

### *Guion para el tipo Cinco: visualización/meditación*

*Relajación*

Empiece sentándose cómodamente. La columna vertebral debe estar recta de forma natural. Relaje los brazos. Suavemente, con las palmas de las manos hacia arriba o hacia abajo, descanse las manos en el regazo. Respire hondo para empezar a relajar todo su cuerpo. Inspire... Espire... Puede cerrar los ojos y respirar hondo de nuevo para centrarse. Inspire... Espire...

*La formación del espectador imparcial*

Empecemos aportando consciencia al espectador imparcial. Piense en él como en un amigo que contempla objetivamente su conducta desde fuera. Le ayuda a tomar buenas decisiones y le permite regular su piloto automático.

El espectador imparcial lo logrará al formarle la mente para que sea sensible a la actividad de sus tres centros de inteligencia: el cuerpo (nuestras sensaciones físicas), la mente (pensamientos, planes, futuro, pasado, imágenes, ideas, imaginación), y el corazón (sentimientos). Nuestra respiración, que representa nuestro vínculo con el alma, nos permitirá estar concentrados y desplazar la atención de un centro al siguiente. También nos ayudará a permanecer acríticos y aportar a este ejercicio las cualidades de la gratitud, la compasión y la aceptación. Cada vez que su mente se desconcentre, puede destinar ese momento para ejercer dichas cualidades de gratitud, compasión y aceptación, pues cada uno de esos instantes ofrece la oportunidad de aprender a reorientar nuestra atención.

Empiece fijando poco a poco su atención en el centro de inteligencia de su **cuerpo**. Respire hondo y siga el recorrido del aire al entrar y salir del cuerpo. Hágalo lentamente. Vuelva a inspirar..., y esta vez consiga que la espiración sea un poco más larga. Centre toda su atención en el recorrido que hace el aire al entrar y salir de su cuerpo, de principio a fin. Comience a percibir las sensaciones físicas. Sienta los puntos de contacto entre sus pies y el suelo. ¿Qué sensaciones corporales experimenta ahora? Concentre su atención en su espalda y sienta el apoyo que le presta la silla. Conserve unos instantes esa sensación. Desplace la atención a sus manos; céntrese en el punto de contacto entre las manos y su regazo.

Ponga las manos sobre el pecho, una encima de la otra, y dirija su atención al centro de inteligencia de su **corazón**. ¿Qué sentimientos tiene en este instante?

Ahora traslade su atención al centro de inteligencia de la **cabeza**. ¿Emite algún comentario sobre sus sentimientos? ¿Los juzga o los acepta? ¿Qué le dice su mente sobre sus sentimientos? ¿Qué dice sobre todo el ejercicio? Observe con serenidad su discurso mental a medida que vaya surgiendo. Inspire... Espire... Quédese en el centro de la cabeza, y ahora fije su atención en sus recuerdos. Imagine que está viendo un antiguo televisor en blanco y negro que emite su historia pasada. Se ve a sí mismo en la televisión; es la película de su vida. Cada escena de su vida, en la pantalla, a cámara lenta. Asienta cuando la vea. Inspire... Espire... Sin moverse de ese centro, ahora fije la atención en el futuro. Reflexione con serenidad sobre cada una de las siguientes preguntas, tomándose unos instantes de pausa entre una y otra: ¿Cómo quiere que sea su futuro? ¿Cómo se ve en el futuro? ¿Qué planes tiene?

*La visualización*

Permanezca en el centro de la cabeza, y ahora fije su atención en su imaginación. Imagínese en la playa, en la orilla del mar, sobre una arena ligeramente húmeda. Respire el aire de la playa. Inspire... Espire... Sienta el viento. Escuche las olas del mar. Sienta la arena bajo los pies. Imagínese trazando un número ocho horizontal, como el símbolo del infinito, en la arena húmeda de la orilla. Dibújelo lentamente. Sienta el contacto entre las puntas de sus dedos y la arena.

*La visualización del estancamiento y su precio*

Ahora imagine que mete todos sus problemas y sus retos *dentro* de ese ocho en la arena. Uno a uno:

**Mi atención constante y mi hipersensibilidad a las exigencias y a las expectativas de los otros; mis reacciones ante lo que considero violaciones de mi intimidad; mi comentario mental constante; sentir cómo pierdo el control de mis pensamientos, que no cesan; mi agotamiento debido a que me aíslo constantemente de la sociedad; todos mis miedos, toda la tensión y el sufrimiento.**

Sienta la tensión y la ira. Siéntalas en su vientre mientras contempla todas esas cosas dentro del ocho en la arena. Sienta la tensión en todo su cuerpo y permanezca unos instantes ahí.

Ese ocho en la arena representa nuestro estancamiento. Es el lugar en que nos encallamos con una atención negativa y unos sentimientos que también lo son.

*La sección «es humano»*

Todo ser humano tiene facetas que hacen de él o de ella precisamente eso, un ser humano. Es un conjunto de retos personales y hechos a medida en esta vida. Observe sus retos personales sin emitir juicios. Si su mente hace un comentario, no pasa nada. No se preocupe por intentar hacer «bien» este ejercicio. Si emite un juicio, limítese a observarlo. Escuche su guion. Obsérvelo mientras tiene lugar fuera de usted.

Emitir juicios sobre nuestra experiencia es humano. No pasa nada. Centre su atención en el corazón. Ahora, tome los juicios que acaba de escuchar en su cabeza, ese monólogo mental, y métalos en su corazón. Use la energía de su corazón para suavizarlos y sienta cómo todo su cuerpo se llena de compasión. Respire hondo y sienta la energía de su corazón recorriendo todo su cuerpo. Sienta la aceptación.

¿Por qué la vida le plantea retos? Lo hace para que pueda superarlos, permitiendo así que tenga acceso al siguiente nivel de plenitud y vitalidad. Son oportunidades preciosas para crecer, momentos estupendos para descubrir los puntos fuertes *que ya tiene*, y que solo debe reactivar. Son esas fortalezas que le ayudarán a superar sus retos, que le ayudarán a pasar del estancamiento al crecimiento.

Dentro de usted hay una parte que no quiere tirar la toalla, que quiere vivir la vida plenamente. Es la voz de su alma. Es esa voz que desea enfrentarse a las voces del ego y de la personalidad, y convertirse en el mejor usted posible. Usted ya ha pasado por eso, que le ha conducido hasta este momento, en que lucha por convertirse en la mejor persona que pueda ser, plantándose y sin ceder ante su personalidad, ante sus pensamientos automáticos. Es su esencia verdadera, la fortaleza de su alma.

Es posible que en este punto su atención pase automáticamente a generar pensamientos sobre sus pensamientos. No pasa nada. Continúe respirando conscientemente, siguiendo la ruta del aire que entra y sale de su cuerpo, y deje que su espectador imparcial sea testigo de la actividad de su mente, sin emitir juicio alguno.

*La visualización de los puntos fuertes, el potencial y el poder personal*

Ahora le rogamos que centre su atención en esa parte de su persona que no quiere rendirse. Contemple el dibujo en la arena: exactamente en el centro hay un punto, que es la intersección entre el lado izquierdo y el derecho del ocho. Llamémoslo el *punto del valor*. Imagine que traza una flecha que parta de ese punto y vaya hacia arriba; es una salida del ocho, una salida del estancamiento.

Esta flecha apunta a lo que tiene disponible fuera del ocho. Señala hacia sus puntos fuertes y su potencial, hacia el futuro que tiene a su alcance en todo momento.

Veamos qué hay fuera del ocho.

Quiero que piense en cualquier momento del pasado en que realmente se sintió relajado, en que se aceptó a sí mismo y a los demás. Puede ser cualquier momento en que se sintió despreocupado y con ganas de jugar. Extráigalo de cualquier faceta de su vida: cuando estuvo a solas, con algún amigo, con un grupo de amigos o con su familia; de su vida personal o profesional. Regrese al pasado y capte ese momento, que pudo ser especial o sencillo. Siéntalo. Sienta la relajación que aporta ese instante a todo su cuerpo.

Busque entre sus recuerdos un momento en que no solamente fue inteligente, sino también sabio, tolerante, aceptador. Sienta la relajación de aquel momento en que renunció a sus temores y al intento de demostrar que es inteligente y competente. Todo fluyó armoniosamente y, de hecho, acabó saliendo bien sin que usted tuviera que hacer nada. Respire hondo y sienta ese momento.

Veamos qué más hay fuera del ocho.

Ahora quiero que se imagine dentro de un futuro nuevo, un futuro en el que usted será perceptivo y analítico, pero también activo y vinculado emocionalmente. Un futuro en el que compartirá su talento con el mundo, en el que se aceptará como ser humano, incluyendo algunos aspectos menos positivos, y en el que estará en contacto con su corazón, pudiendo renunciar a todo cinismo. Por favor, ponga las manos encima del corazón, una sobre la otra. Sienta su latido, su humanidad. Dado que es humano, se le permite no ser inteligente y no estar informado de vez en cuando. Pasee, respire hondo, estírese, conéctese con su cuerpo. Esto le permite cargar las pilas y ser más listo que cuando se agota a base de actividad mental. Su cuerpo procesa y ahuyenta los temores, de modo que libera mucha energía que puede invertir en la productividad intelectual renovada. Siéntala. Como no teme admitir sus limitaciones, está más abierto que nunca al aprendizaje. Esto le ayuda a cumplir uno de sus verdaderos sueños: tener una comprensión profunda del mundo y ser una persona realmente inteligente y sabia.

Traiga ese momento al futuro y siéntalo en su cuerpo, en el momento presente. Siéntalo en su corazón y en su mente. Sienta el poder de su mente, su corazón y su cuerpo, que trabajan juntos, y fíjese en lo que puede conseguir; y, lo que es más importante, cómo todo eso está ya presente en su interior, y cómo *ya* es la buena persona que siempre quiso ser.

Concluyamos poco a poco la meditación, retrocediendo lentamente y contemplando el dibujo en la arena.

Observe el ocho y el punto del valor, junto con todo el potencial que tiene usted disponible *en su interior*.

*El final de la visualización*

Le felicito por su coraje, por estar ahí e intentar crecer como persona, por intentar superarse, por los esfuerzos que hace, por no rendirse. El mero hecho de que haga este ejercicio es un testimonio de su fuerza interior, de su negativa a tirar la toalla. También quiero que *usted mismo* se felicite por su coraje, por no renunciar. Quiero que le dé gracias a la vida por los retos que le plantea, por las muchas oportunidades que le da cada día, de modo que a través de ellas pueda entrar en contacto con sus puntos fuertes, pueda crecer y contribuir así al mundo, dar al mundo que le rodea los dones de su verdadero yo.

## 7. LA REESTRUCTURACIÓN: EJERCICIOS PARA FLEXIBILIZAR LOS FILTROS Y PARA LA INTEGRACIÓN

### *El pensamiento exclusivamente lógico*

El pensamiento «exclusivamente lógico» es un filtro distorsionador que típicamente puede dominar el pensamiento de los tipo Cinco atrapados en el estancamiento. Aunque uno de sus puntos fuertes es el de ser lógicos y centrados, este filtro induce a los Cinco a pensar *solo* en términos lógicos. Por consiguiente, descartan automáticamente cualquier explicación que no siga una lógica determinada. Buena parte de la actitud defensiva y el sufrimiento de los tipo Cinco es fruto de este mecanismo, que los hace reaccionar intensamente cada vez que alguien desafía su lógica.

Cuando se usa en exceso, este apego a la lógica y a la razón como intento de seguir siendo una persona objetiva puede dar el resultado opuesto: el reduccionismo y una tremenda subjetividad.

**Ejercicio para el tipo Cinco: flexionando el filtro de pensamiento exclusivamente lógico.** Para superar esta tendencia automática, pregúntese:

- ¿Qué tipo de lógica utilizo? ¿Se basa en prejuicios?
- Analice su razonamiento: ¿Contiene alguna falacia lógica subyacente que dé como resultado un error conceptual?
- ¿Mantengo la mente abierta e investigo, o reduzco situaciones complejas a una explicación simple, de causa y efecto? ¿Soy flexible cuando discuto, o intento imponer un modelo/paradigma rígido? ¿Qué pasa con las cosas que no puedo medir empíricamente? ¿Cómo las abordo?

***Encuentre lo bueno***

Detectar el bien que hay en las personas o en la sociedad y alabarlo suele ser un músculo subdesarrollado en los Cinco sumidos en el estancamiento.

**Ejercicio para el tipo Cinco: encuentre lo bueno.** Dedique una semana a buscar activamente lo bueno que hay a su alrededor. Puede anotarlo en una tabla con dos columnas: en la columna A escriba todo aquello que usted detecta en los demás y que considera estúpido o irracional. En la columna B, todo lo que han hecho bien esta semana las personas que forman parte de su vida personal y profesional.

Hable con el individuo de tipo Cinco sobre las distintas inteligencias que tienen las personas, y sobre los últimos descubrimientos sobre este tema. Esto ayudará a los Cinco a hacer este ejercicio, y durante la semana podrán descubrir, por ejemplo, a personas *emocionalmente* inteligentes. Valorar la inteligencia emocional en los otros es una manera estupenda de vincular a los Cinco con su propio corazón y con sus sentimientos.

### *Aprenda a relajarse*

Los Cinco que funcionan con el piloto automático tienden a sobrecargarse de actividad intelectual. No es infrecuente que un Cinco recurra al coaching quemado, porque durante años ha permitido que su mente domine y agobie a su persona. Otro músculo subdesarrollado de los Cinco es la capacidad de vincularse con su cuerpo, pero puede superarlo usando su conexión con el tipo Ocho.

**Ejercicio para el tipo Cinco: aprenda a relajarse.** Pregúntese: ¿Qué puedo hacer con mi cuerpo para interrumpir físicamente la actividad de mi mente? Muchos Cinco son tremendamente sedentarios. Pero incluso salir a dar un paseo de un minuto puede generar un impacto perceptible. Hable con los Cinco de lo que han descubierto muchos investigadores: que la actividad física influye sobre la capacidad intelectual a corto plazo y sobre la concentración. Esto significa que cuando los Cinco se conectan con su cuerpo, pueden mejorar el recurso que más valoran, lo que constituye un incentivo para ellos, y a veces basta con motivarlos a dar el primer paso. Pero recuerde que, al principio, debe tratarse de una actividad sencilla para evitar la respuesta automática de «esto es una pérdida de tiempo» que sienten muchos Cinco cuando hacen ejercicio físico.

***Prestar atención a la forma de expresarse oralmente***

El lenguaje es poderoso: es el vehículo que transporta el significado. Cuando interpretamos la realidad por medio de nuestros filtros, le añadimos palabras. Por consiguiente, si somos capaces de alterar las palabras que fijamos a nuestras experiencias, podremos influir indirectamente en nuestros estados emocionales, dado que un porcentaje elevado de nuestras emociones procede de nuestro lenguaje. A las personas las hipnotizan sus propios patrones de comunicación oral, lo cual genera estancamientos que no les permiten ver correctamente la realidad (Robbins y Madanes, 2005). Al usar siempre las mismas expresiones y palabras para describir sus experiencias, cada tipo de personalidad acaba siendo incapaz de ver lo que tiene delante. Literalmente, la descripción de la realidad se convierte en la *auténtica* realidad. Esas expresiones y palabras no son más que una manifestación de las creencias limitadoras subyacentes que padece cada tipo. Por tanto, un cambio en el estilo de expresarse puede ayudarnos a ampliar nuestros marcos de referencia, permitiéndonos ver las circunstancias de nuestra vida cotidiana desde muchas más perspectivas.

Es importante que los clientes desarrollen la capacidad de ser conscientes de esos momentos en que los mecanismos de su personalidad toman el control de su lenguaje, y justo cuando suceda. Para los tipo Cinco atrapados en el estancamiento, ese control se manifiesta mediante la tendencia de hablar *exclusivamente* de sus ideas y áreas de interés, y a veces a través de un cierto desprecio por las conversaciones informales, ligeras, o por los temas mundanos.

**Ejercicio para el tipo Cinco: flexibilizar el estilo discursivo.** Preste atención a los temas y al formato de sus conversaciones. ¿Cuánto tiempo ha dedicado a compartir sus ideas? ¿Escucha también las ideas de su interlocutor/a? Obsérvese desde fuera: ¿Habla exclusivamente con un lenguaje del centro de la cabeza, es decir, términos lógicos, causa y efecto, coste y beneficio? ¿Se centra en hablar de teorías, modelos y sistemas? ¿O también incluye en su narrativa cuestiones relacionadas con las emociones? ¿Y temas relacionados con el cuerpo y las acciones?

Otro factor importante que se debe tener en cuenta es que, dado que la mente de los Cinco suele trabajar muy rápido, es posible que sus palabras no vayan, literalmente, al mismo ritmo que el flujo de ideas en su cabeza. A veces este desajuste produce frases inconclusas. En ocasiones, es posible que la otra persona no entienda bien al Cinco que ha olvidado explicar algunas cosas que, según le parece, ya había explicado. (Aunque ese pensamiento solo tuvo lugar en su mente, el Cinco lo percibe como si también hubiera salido de ella.) Esto contribuye a la torpeza social propia de los Cinco, de modo que es importante que las personas de este tipo que se encuentren encalladas en el estancamiento desarrollen su capacidad comunicativa, y el coach debe prestar atención a este tema y ayudarlos en este sentido.

***Trabaje con las preferencias jungianas: la integración de nuestras cualidades menos dominantes***

Cuando se aplica el coaching a un tipo Cinco, es muy importante prestar atención a sus preferencias jungianas. Si un cliente ha realizado un perfil MBTI, pregúntele cuál es su tipo de cuatro letras, y analice cómo pueden interactuar las preferencias jungianas con su eneatipo. Además, cuando los clientes se estancan en la zona inferior de su preferencia jungiana, podemos usar las mismas técnicas de interrupción de patrones descritas en este libro para ayudarlos a transformarse y a crecer. Para leer una descripción de las preferencias jungianas, le invitamos a consultar la Primera parte de este libro.

Algunos ejemplos del uso de las preferencias jungianas en una sesión de coaching con un tipo Cinco:

- Aunque encontrará a muchos Cinco extrovertidos y sociables, existe una gran correlación entre el tipo Cinco y la introversión. Tenga esto en cuenta, sobre todo si es usted un coach extrovertido. Reduzca su ritmo para adaptarse al de ellos. Los Cinco tienden a ser más callados, reservados y, por lo general, emocionalmente distantes. Son íntimos y reflexivos, y necesitan más espacio y tiempo para pensar en lo que se ha dicho en las sesiones. Con ellos apenas mantendrá contacto visual, y las sesiones transcurrirán lentamente, de modo que no los agobie hablando demasiado o muy rápido. Adáptese a su ritmo respirando hondo de vez en cuando, mientras reflexiona a fondo sobre lo que le dice y lo que siente el cliente Cinco.

- La dimensión *sentimiento* del MBTI ilustra muy bien las metas de desarrollo para los Cinco. Hable de ella en sus sesiones. Mencione la importancia que tiene observar y percibir el mundo desde esta perspectiva: aprender a reconocer las necesidades personales de los demás; ser receptivo y aprender a escuchar a los otros con empatía; interactuar de una forma más personal en lugar de ser lógico en exceso; cuando se tomen decisiones, tener en cuenta las emociones de otras personas y el impacto que tendrán sobre ellas tales decisiones.

### *Ejercicio entre sesiones para el tipo Cinco: la observación de uno mismo*

Durante la semana, participe activamente en observar un patrón especialmente inútil propio de su tipo. Cuando sea consciente de sus patrones en tiempo real, inicie una meditación espontánea, basada en la respiración de un ciclo. Siga la secuencia descrita en la Segunda parte para observar el patrón e ir decelerándolo. Comparta sus conclusiones con su coach en la siguiente sesión.

# Tipo Seis

Las personas me dicen que estoy demasiado **tensa**, que salto de una **preocupación** a la siguiente. A veces lo hago, y me agobio sola, porque intento **prepararme** para tantos **imprevistos**... A veces me siento agotada porque no puedo precaverme contra todos los **peligros** posibles. Siento mucha **presión**; cada día oímos hablar de peligros nuevos: accidentes, enfermedades, crisis económicas, guerras... No se acaba nunca. A lo mejor aprenderé artes marciales, como mi amiga Jenny, porque ella se siente mucho más **segura**. Al menos esa es la impresión que da. En casa me llaman «**paranoica**» porque siempre estoy pensando en **tragedias**. Lo único que deseo es estar preparada. Creo que mi **temor** y mi **suspicacia** me protegen. Me cuesta **confiar** en los demás y caigo en una espiral constante en la que **analizo** sus **motivos** y sus **intenciones**. (Linda, tipo Seis.)

## DESCRIPCIÓN DEL TIPO SEIS

Los Seis son fieles, buscan la seguridad y trabajan duro, son personas que pueden ser muy perceptivas de sus problemas y peligros potenciales, y saben el modo de prepararse para afrontarlos.

**En su expresión sana**, son expertos en la detección de problemas, y tienen muy buena vista para detectar y anticipar complicaciones potenciales, pero lo hacen de una forma tranquila y metódica. Son maestros de la resolución de problemas. Su capacidad analítica, muy desarrollada, les permite abordar los más complejos como un investigador, de manera diligente y apacible, con el objetivo de encontrar soluciones para las cosas que no funcionan, o dar pasos preventivos para solventar aquellas otras que, según prevén, no irán bien en el futuro. Se hacen cargo de las situaciones y de ellos mismos: son proactivos, pero no reactivos, y no reaccionan emocionalmente a sus propias angustias o procesos mentales. Valoran la opinión de los demás y pueden tenerla en cuenta (son muy buenos trabajando en equipo), pero también confían en sí mismos, en sus propios instintos y corazonadas, y saben cómo actuar basándose en ellos.

Su previsión de los peligros y problemas no los convierte en personas demasiado temerosas ni angustiadas. No reaccionan ante sus percepciones y, como describieron Fabien y Patricia Chabreuil, «su temor no se convierte en el centro principal de su atención; lo aceptan pero no lo prolongan, no lo amplían ni lo hacen extensivo a otras circunstancias, ni lo proyectan sobre otras personas». Cuando logran actuar así, tienen un coraje auténtico; no se limitan a ser valientes ni a demostrar que no tienen miedo. Se les puede aplicar la definición del coraje que proponen Seligman y Peterson: «La capacidad de defender lo correcto en las situaciones difíciles». Además, el alcance de su atención es bastante amplio, e incluye no solamente los problemas potenciales, sino también aquellas cosas que funcionan y otras dimensiones positivas de la realidad (lo que edifica, lo posible, lo inspirador, etc.). Tienen un buen sentido del humor y pueden ser divertidos e irónicos; a veces se ríen de ellos mismos y de sus propios temores.

Son leales y muy entregados a su familia, trabajo, amigos y comunidades. Son considerados, atentos, amistosos y reflexivos.

Saben trabajar duro, tienen sentido del deber, son responsables, fiables y persistentes. Saben perseverar y mantener su proceder sin que les afecte el desánimo, la oposición o los fracasos previos.

A pesar de su mente activa, saben cómo hallar la tranquilidad y relajarse mediante la experiencia física (respirando conscientemente, por ejemplo). Cuando se conectan con su cuerpo, lo hacen también con el aquí y el ahora, y con el momento presente, lo que les permite hacer una pausa en sus tendencias vaticinadoras. Esto constituye un potente antídoto frente a su estado mental negativo.

**En el estancamiento,** empiezan a actuar con más miedo y ansiedad, centrando su atención sobre todo en lo que podría salir mal, o en las posibilidades negativas. Su mente no cesa de parlotear, y, en ocasiones, se trata de voces contradictorias. Empiezan a reaccionar emocionalmente a sus percepciones: o bien se oponen a sus miedos (contrafóbicos), o huyen de ellos (fóbicos). En cualquiera de estos casos, actúan de esa manera como reacción. Se ponen tensos y vigilantes, lo cual puede ser visible exteriormente o no. Se centran mucho en cuestiones de certidumbre y seguridad. La paradoja es que, cuanto más se centran en ellos, menos seguros se sienten.

En su intento de sentir seguridad y certidumbre, se atrapan a sí mismos de diversas maneras.

**En su vida personal:**

Primero, intentan mantenerse hipervigilantes para detectar peligros potenciales y anticiparse a ellos. Se agobian poniéndose siempre en lo peor, lo cual genera el hábito de la preocupación crónica, y se sienten exhaustos, nerviosos y angustiados la mayor parte del tiempo. Se vuelven negativos y pesimistas.

Segundo, se vuelven excesivamente cautos y tensos para evitar cualquier riesgo en su vida. Esto los convierte en personas indecisas, vacilantes y ambivalentes, y a veces los paraliza y evita que se hagan con el control y actúen. Su ambivalencia los induce a caer en conductas contradictorias.

Tercero, les cuesta confiar en su propio juicio, de modo que dudan de sí mismos y se incapacitan. En ocasiones, esto les lleva a que les resulte imposible enfrentarse a sus problemas y a sus retos, y a que adopten la actitud del «no puedo», cayendo así en la costumbre de quejarse. También pueden agrandar y amplificar los pequeños perjuicios o incomodidades, y reaccionar de manera exagerada ante los pequeños obstáculos expresando emoción desproporcionada. Como consecuencia de esta actitud, su autoestima padece.

**En sus relaciones:**

Primero, cuestionan los motivos de los otros, haciéndoles todo tipo de preguntas, buscando el significado, sus motivaciones, intenciones, dobles sentidos y contradicciones. Dudan de los otros y los ponen a prueba, y en sus relaciones personales surgen problemas de confianza/desconfianza.

Segundo, son incongruentes y hacen de abogado del diablo: ante una discusión cualquiera, adoptan la postura que no necesariamente es la suya, solo por discutir o para probar la veracidad de los argumentos y detectar puntos débiles en ellos.

Tercero, intentan asegurarse el respaldo de los demás siéndoles fieles. Al comportarse así, se convierten en personas obedientes y rebeldes a la vez frente a la autoridad.

Cuarto, intentan hallar la certidumbre en los sistemas, protocolos y rutinas. Pueden volverse tozudos y dogmáticos. También es posible que busquen la certidumbre pidiendo el consejo y la guía de otras personas.

## PROTOCOLO DE COACHING PARA EL TIPO SEIS

### 1. DEFINA EL CLIMA DE LA SESIÓN

Antes de iniciar su sesión de coaching con el cliente, examínese:

#### Aporte aceptación a la sesión

Pregúntese:

- ¿Estoy en un estado en que no juzgo a nadie?
- ¿Mi tipo concreto de personalidad siente resistencia hacia el tipo Seis?

#### «Active» su capacidad de escuchar multimodal

Es tremendamente importante que emplee todos los centros de la inteligencia (pensamiento, emoción, instinto) du-

rante cada sesión de coaching. Concéntrese en «escuchar» activamente con los tres centros.

***Escuche con su centro del pensamiento***

- Preste atención a la forma de hablar y al uso del lenguaje.
- Analice el lenguaje corporal y la postura.
- Analice los patrones y las posibilidades de interrumpirlos.

***Escuche con su centro de la emoción***

- Muestre empatía.
- Vea al cliente como un ser humano, no como un «tipo».
- Mire más allá de las apariencias.
- Conecte a pesar de la resistencia que pueda encontrar. Está aquí para ayudar al cliente a crecer.

***Escuche con su centro del instinto***

- ¿Qué tipo de energía aporta el cliente a la sesión?
- ¿Existe coherencia entre lo que dice el cliente y la energía con que lo dice?
- ¿Qué le dice su intuición sobre los últimos sucesos en el proceso de coaching?
- «Escuche lo que dice la gente, pero preste atención a lo que *hace*.» (Madanes, 1995)

## 2. DEFINA EL RETO

Los desafíos típicos de los Seis son, entre otros:

- Adquirir más confianza en sí mismos y seguir su propia guía. Forjar una sana autoestima.
- Relajarse más; ser menos reactivos emocionalmente.
- Aprender a confiar en sí mismos, en otras personas y en la vida en general.

### 3. ENTIENDA EL MODELO DEL MUNDO QUE TIENE EL CLIENTE Y SU ZONA DE ESTANCAMIENTO

Formúlese las preguntas siguientes: ¿Por qué actúa el cliente como lo hace? ¿Qué conforma su conducta? ¿Cuál es su historia interior? ¿Cuáles son los filtros por medio de los cuales mira y percibe el mundo? ¿Hasta qué punto están activas y operativas en este cliente las fijaciones propias de su tipo?

Cuando son menos conscientes o están sometidos a presión, la atención de los tipo Seis se ve dominada/des-

carrilada por el deseo intenso de sentirse seguros y obtener certidumbre. En este estado, normalmente, empiezan a prepararse compulsivamente para lo peor que pueda pasar.

4. **CONCIENCIE SOBRE LAS SEIS NECESIDADES HUMANAS**

Según la psicología de las necesidades humanas, todos tenemos seis necesidades básicas (Madanes, 2009): certidumbre, variedad, amor/vinculación, importancia, crecimiento y contribución. Estas necesidades no son meros deseos, sino verdaderos impulsores de nuestra conducta.

**Ejercicio para el tipo Seis: las seis necesidades humanas.** Analice la zona del estancamiento y, de entre la gama de conductas descritas en ella, quédese con las más frecuentes: «¿Qué necesidades humanas intenta satisfacer al participar en esas conductas?»

Por favor, puntúe del 0 al 10 cada necesidad.

**Certidumbre.** Si participa en esta conducta, ¿se siente afirmado? ¿Le ofrece una sensación de seguridad? Aparte de esta conducta, ¿sabe también cómo obtener certidumbre de una forma más positiva?

**Variedad.** ¿La participación en esta conducta le aporta una sensación de variedad? Aparte de esta conducta, ¿conoce alguna manera más positiva de obtener variedad?

**Amor/vinculación.** Si participa en esta conducta, ¿se siente vinculado a los otros? ¿Le permite experimentar amor? Aparte de esta conducta, ¿sabe cómo obtener amor/vinculación de una forma más positiva?

**Importancia.** Si participa en esta conducta, ¿se siente importante o especial? Aparte de recurrir a esta conducta, ¿sabe también cómo sentirse importante de un modo más positivo?

**Crecimiento.** ¿Participar en esta conducta le otorga sensación de desarrollo, le permite sentir que crece? Aparte de esta conducta, ¿sabe también cómo crecer siguiendo una vía más positiva?

**Contribución.** ¿Recurrir a esta conducta le proporciona la sensación de que trasciende a sus propias necesidades, de que aporta algo a los otros? Aparte de esta conducta, ¿sabe también cómo alcanzar la contribución de una forma más positiva?

**Coaching al estudio de un caso.** Tomemos como ejemplo a Adrianne, una de nuestras clientes, un tipo Seis. Recurrió al coaching porque padecía constantemente un alto grado de ansiedad, y porque se sentía incapaz de resolver sus propios problemas. La situación actual la ayuda a satisfacer dos necesidades humanas: certidumbre e importancia. En nuestras sesiones descubrimos que tiene mucho miedo a los cambios en su vida, de modo que los mantiene alejados eludiendo los retos y comprometiéndose lo menos posible. Quedarse con lo malo conocido le ofrece una sensación de certidumbre. Por otro lado, para ella tener problemas es una forma de sentirse especial y de obtener importancia. (Recuerde que la necesidad de importancia también se puede satisfacer teniendo problemas, o siendo *el peor* en algo.) La satisfacción de sus necesidades de forma negativa le ha supuesto pagar un alto precio en su vida personal y en la profesional. El punto de inflexión llegó cuando empezó a ser consciente de los mecanismos de su personalidad. Pudo interrumpir los patrones y buscar vías positivas para satisfacer sus necesidades. Decidió volver a la universidad para acabar una carrera que hacía unos años no había podido concluir. Le entusiasmaba tener una licenciatura en trabajo social, pero debido a la presión familiar (su padre prefirió que estudiara empresariales), ella abandonó esa carrera. Ahora está volcada en obtener un título que le garantice la posibilidad de trabajar en un área que le apasiona. Su entusiasmo sobre ese campo laboral la impulsa a confiar en que podrá ganarse bien la vida. Este paso le proporcionó una enorme sensación de certidumbre. Además, le dio la posibilidad de tener éxito en algo y alcanzar alguna cosa valiosa para ella, además de ganar prestigio, pero por la vía positiva.

Hay una cosa importante que se debe tener en cuenta: preste una atención especial a las necesidades de crecimiento y contribución. **¿El cliente satisface de formas saludables o destructivas estas necesidades?**

A medida que vamos integrando nuestra personalidad, las necesidades de crecimiento y contribución comienzan a recibir puntuaciones altas, mientras se satisfacen positiva y saludablemente. El motivo es que, cuando salimos de nuestro estancamiento, actuamos partiendo de respuestas nuevas, conscientes y elegidas, lo que nos permite superar nuestros antiguos hábitos y crecer. Esta integración, a su vez, aportará más contribuciones a los demás. Por el contrario, si seguimos actuando sin ser conscientes, basándonos en nuestros antiguos patrones de respuesta, nos incapacitamos y permitimos que nuestro ego controle nuestra vida. Esto siempre nos provoca sufrimiento a nosotros y a los demás.

## 5. APROVECHE LA COYUNTURA

El siguiente paso es aprovechar los costes y el sufrimiento que los patrones inútiles propios del tipo de personalidad le acarrean al cliente para concienciarle de ello.

### Ejercicio para el tipo Seis: concienciarse del coste de los patrones

- ¿Cuánto le cuesta, por lo que respecta a sus relaciones, tener miedo, ser suspicaz e incongruente?
- ¿Cuánto le cuesta, por lo que respecta a su salud, estar tenso e hipervigilante la mayor parte del tiempo?
- ¿Cuánto le cuesta, por lo que respecta a su carrera profesional, ser indeciso, ambivalente, dudar de sí mismo y ser pesimista?
- ¿Cuánto le cuesta, por lo que respecta a su realización personal y a su felicidad, estar siempre ansioso e incapaz de vivir el momento presente?

## 6. LA INTERRUPCIÓN DE LOS PATRONES: FORTALECER NUESTROS MÚSCULOS DE LA ATENCIÓN

### Visualización para el tipo seis

Las visualizaciones son un instrumento estupendo para el coaching en general y para el coaching centrado en los tipos de personalidad en particular. A continuación verá un guion completo de visualización/meditación para el tipo Seis. Abarca el trabajo con los puntos fuertes y débiles del tipo, formando la capacidad de atención por medio del espectador imparcial, y enseñando la respiración consciente, la aceptación y la relajación. No tiene por qué usar todas estas técnicas en una sola sesión de coaching. Utilice estas visualizaciones como módulos, eligiendo una o más de las secciones siguientes:

***Guion para el tipo Seis: visualización/meditación***

*Relajación*

Empiece sentándose cómodamente. La columna vertebral debe estar recta de forma natural. Relaje los brazos. Suavemente, con las palmas de las manos hacia arriba o hacia abajo, descanse las manos en el regazo. Respire hondo para empezar a relajar todo su cuerpo. Inspire... Espire... Puede cerrar los ojos y respirar hondo de nuevo para centrarse. Inspire... Espire...

*La formación del espectador imparcial*

Empecemos aportando consciencia al espectador imparcial. Piense en él como en un amigo que contempla objetivamente su conducta desde fuera. Le ayuda a tomar buenas decisiones y le permite regular su piloto automático.

El espectador imparcial lo logrará al formarle la mente para que sea sensible a la actividad de sus tres centros de inteligencia: el cuerpo (nuestras sensaciones físicas), la mente (pensamientos, planes, futuro, pasado, imágenes, ideas, imaginación), y el corazón (sentimientos). Nuestra respiración, que representa simbólicamente nuestro vínculo con el alma, nos permitirá estar concentrados y desplazar la atención de un centro al siguiente. También nos ayudará a permanecer acríticos y aportar a este ejercicio las cualidades de la gratitud, la compasión y la aceptación. Cada vez que su mente se desconcentre, puede destinar ese momento para ejercer dichas cualidades de gratitud, compasión y aceptación, pues cada uno de esos instantes ofrece la oportunidad de aprender a reorientar nuestra atención.

Empiece fijando poco a poco su atención en el centro de inteligencia de su **cuerpo**. Respire hondo y siga el recorrido del aire al entrar y salir del cuerpo. Hágalo lentamente. Vuelva a inspirar..., y esta vez consiga que la espiración sea un poco más larga. Centre toda su atención en el recorrido que hace el aire al entrar y salir de su cuerpo, de principio a fin. Comience a percibir las sensaciones físicas. Sienta los puntos de contacto entre sus pies y el suelo. ¿Qué sensaciones corporales experimenta ahora? Concentre su atención en su espalda y sienta el apoyo que le presta la silla. Conserve unos instantes esa sensación. Desplace la atención a sus manos; céntrese en el punto de contacto entre las manos y su regazo.

Ponga las manos sobre el pecho, una encima de la otra, y dirija su atención al centro de inteligencia de su **corazón**. ¿Qué sentimientos tiene en este instante?

Ahora traslade su atención al centro de inteligencia de la **cabeza**. ¿Emite algún comentario sobre sus sentimientos? ¿Los juzga o los acepta? ¿Qué le dice su mente sobre sus sentimientos? ¿Qué dice sobre todo el ejercicio? Observe con serenidad su discurso mental a medida que vaya surgiendo. Inspire... Espire... Quédese en el centro de la cabeza, y ahora fije su atención en sus recuerdos. Imagine que está viendo un antiguo televisor en blanco y negro que emite su historia pasada. Se ve a sí mismo en la televisión; es la película de su vida. Cada escena de su vida, en la pantalla, a cámara lenta. Asienta cuando la vea. Inspire... Espire... Sin moverse de ese centro, ahora fije la atención en el futuro. Reflexione con serenidad sobre cada una de las siguientes preguntas, tomándose unos instantes de pausa entre una y otra: ¿Cómo quiere que sea su futuro? ¿Cómo se ve en el futuro? ¿Qué planes tiene?

*La visualización*
Permanezca en el centro de la cabeza, y ahora fije su atención en su imaginación. Imagínese en la playa, en la orilla del mar, sobre una arena ligeramente húmeda. Respire el aire de la playa. Inspire... Espire... Sienta el viento. Escuche las olas del mar. Sienta la arena bajo los pies. Imagínese trazando un número ocho horizontal, como el símbolo del infinito, en la arena húmeda de la orilla. Dibújelo lentamente. Sienta el contacto entre las puntas de sus dedos y la arena.

*La visualización del estancamiento y su precio*
Ahora imagine que mete todos sus problemas y sus retos *dentro* de ese ocho en la arena. Uno a uno:

**Todos mis miedos constantes en tantas áreas de mi vida; mi atención constante a lo que podría ir mal, y la esclavitud que supone estar siempre vigilante y preparado para lo que sea; el agotamiento y el estrés derivados de hacer montañas de granos de arena; las dudas sobre mí mismo, mi ambivalencia y mi indecisión; mi incapacidad de confiar en los otros o en mí mismo; mis pensamientos incontrolables y el parloteo constante en mi mente; la ansiedad, la presión y el sufrimiento.**

Sienta la presión y la tensión en todo su cuerpo. Permanezca unos instantes ahí.

Ese ocho en la arena representa nuestro estancamiento. Es el lugar en que nos encallamos con una atención negativa y unos sentimientos que también lo son.

*La sección «es humano»*
Todo ser humano tiene facetas que hacen de él o de ella precisamente eso, un ser humano. Es un conjunto de retos personales y hechos a medida en esta vida. Observe sus retos personales sin emitir juicios. Si su mente hace un comentario, no pasa nada. No se preocupe por intentar hacer «bien» este ejercicio. Si emite un juicio, limítese a observarlo. Escuche su guion. Obsérvelo mientras tiene lugar fuera de usted.

Emitir juicios sobre nuestra experiencia es humano. No pasa nada. Centre su atención en el corazón. Ahora, tome los juicios que acaba de escuchar en su cabeza, ese monólogo mental, y métalos en su corazón. Use la energía de su corazón para suavizarlos, y sienta cómo todo su cuerpo se llena de compasión. Respire hondo y sienta la energía de su corazón recorriendo todo su cuerpo. Sienta la aceptación.

¿Por qué la vida le plantea retos? Lo hace para que pueda superarlos, permitiendo así que tenga acceso al siguiente nivel de plenitud y vitalidad. Son oportunidades preciosas para crecer, momentos estupendos para descubrir los puntos fuertes *que ya tiene*, y que solo debe reactivar. Son esas fortalezas que le ayudarán a superar sus retos, que le ayudarán a pasar del estancamiento al crecimiento.

Dentro de usted hay una parte que no quiere tirar la toalla, que quiere vivir la vida plenamente. Es la voz de su alma. Es esa voz que desea enfrentarse a las voces del ego y de la personalidad, y convertirse en el mejor usted posible. Usted ya ha pasado por eso, que le ha conducido hasta este momento, en que lucha por convertirse en la mejor persona que pueda ser, plantándose y sin ceder ante su personalidad, ante sus pensamientos automáticos. Es su esencia verdadera, la fortaleza de su alma.

Es posible que en este punto su atención pase automáticamente a generar pensamientos sobre sus pensamientos. No pasa nada. Continúe respirando conscientemente, siguiendo la ruta del aire que entra y sale de su cuerpo, y deje que su espectador imparcial sea testigo de la actividad de su mente, sin emitir juicio alguno.

### *La visualización de los puntos fuertes, el potencial y el poder personal*

Ahora le rogamos que centre su atención en esa parte de su persona que no quiere rendirse. Contemple el dibujo en la arena: exactamente en el centro hay un punto, que es la intersección entre el lado izquierdo y el derecho del ocho. Llamémoslo el *punto del valor*. Imagine que traza una flecha que parta de ese punto y vaya hacia arriba; es una salida del ocho, una salida del estancamiento.

Esta flecha apunta a lo que tiene disponible fuera del ocho. Señala hacia sus puntos fuertes y su potencial, y hacia el futuro que tiene a su alcance en todo momento.

Veamos qué hay fuera del ocho.

Quiero que piense en cualquier momento del pasado en que se sintió totalmente relajado, en que se aceptó a sí mismo y a los demás. Puede ser cualquier momento en que se sintió en paz, afirmado y sereno. Extráigalo de cualquier faceta de su vida: cuando estuvo a solas, con algún amigo, con un grupo de amigos o con su familia; de su vida personal o profesional. Regrese al pasado y capte ese momento, que pudo ser especial o sencillo. Siéntalo. Sienta la relajación que aporta ese instante a todo su cuerpo.

Busque entre sus recuerdos un momento en que fue valiente. Sienta la relajación de aquel momento en que dejó de reaccionar a sus propios temores. Todo fluyó armoniosamente y, de hecho, acabó saliendo bien sin que usted tuviera que intervenir ni supervisar nada. Respire hondo y sienta ese momento.

Veamos qué más hay fuera del ocho.

Ahora quiero que se imagine dentro de un futuro nuevo, un futuro en el que usted será proactivo pero sereno. Un futuro en el que no solo se capacitará a sí mismo, sino también a los otros; en el que aceptará la vida con todas sus facetas, incluyendo algunos aspectos menos positivos. Por favor, ponga las manos encima del corazón, una sobre la otra. Sienta su latido, su humanidad. Dado que es humano, tiene derecho a relajarse y a divertirse de vez en cuando. Esto le permite recargar las pilas y ser más productivo que cuando activa su mente de un modo que le conduce al agotamiento. Su realismo le induce a ser moderado en sus pensamientos, sentimientos y actos. La sensación de firmeza disipa el temor, de modo que se liberan muchos recursos. Perciba cómo su estabilidad y su serenidad le permiten sentirse centrado. Esto le ayuda a cumplir uno de sus sueños verdaderos: sentirse realmente seguro en el mundo, confiando en la vida y fluyendo con su destino.

Traiga ese momento al futuro y siéntalo en su cuerpo, en el momento presente. Siéntalo en su corazón y en su mente. Sienta el poder de su mente, su corazón y su cuerpo, que trabajan juntos, y fíjese en lo que puede conseguir; y, lo que es más importante, cómo todo eso está ya presente en su interior, y cómo *ya* es la persona que siempre quiso ser.

Concluyamos poco a poco la meditación, retrocediendo lentamente y contemplando el dibujo en la arena. Observe el ocho y el punto del valor, junto con todo el potencial que tiene usted disponible *en su interior*.

*El final de la visualización*

Le felicito por su coraje, por estar ahí e intentar crecer como persona, por intentar superarse, por los esfuerzos que hace, por no rendirse. El mero hecho de que haga este ejercicio es un testimonio de su fuerza interior, de su negativa a tirar la toalla. También quiero que *usted mismo* se felicite por su coraje, por no renunciar. Quiero que le dé gracias a la vida por los retos que le plantea, por las muchas oportunidades que le da cada día, de modo que a través de ellas pueda entrar en contacto con sus puntos fuertes, pueda crecer y contribuir así al mundo, dar al mundo que le rodea los dones de su verdadero yo.

## 7. LA REESTRUCTURACIÓN: EJERCICIOS PARA FLEXIBILIZAR LOS FILTROS Y PARA LA INTEGRACIÓN

### *La flexibilización de los filtros distorsionadores de los Seis*

Los Seis atrapados en la zona del estancamiento tienen numerosos filtros distorsionadores que se activan sin que ellos sean conscientes, y por medio de los cuales perciben la realidad. Pueden funcionar todos a la vez o algunos de ellos al mismo tiempo, o incluso solo uno de ellos. Esos filtros son los siguientes: (Tras las descripciones, hay un ejercicio para observar y flexibilizar los filtros.)

### *El filtro «ignorar lo bueno»*

Cuando los Seis están atrapados en la zona del estancamiento, manifiestan la tendencia a interpretar los sucesos de una manera que ignora las cosas buenas que puedan haber pasado. Deben hacer un esfuerzo consciente de atención para mirar con otros ojos la realidad y buscar en ella lo positivo.

### *El filtro de la «amplificación/visión catastrofista»*

Otro filtro sensorial muy activo de los Seis en el estancamiento es el de la amplificación. Dada la reactividad exagerada de estas personas, cualquier suceso nimio puede adquirir unas proporciones gigantescas, lo cual, normalmente, provoca una reacción emocional desproporcionada. Los Seis perciben las frustraciones menores como *problemas insolubles*. Es como si tuvieran una lente a través de la que observasen todas sus experiencias. Amplifican los defectos y los problemas, y al mismo tiempo, como pasa con el filtro «ignorar lo bueno», minimizan u omiten directamente la importancia de los aspectos positivos.

### *El filtro de la culpa*

El doctor Viktor Frankl, discípulo de Freud y de Adler y padre de la escuela psicológica de la logoterapia, definió la proactividad como nuestra capacidad de responsabilizarnos de nuestra propia vida, en lugar de hacer responsables de ella al contexto, a otras personas o a las circunstancias externas. En la zona del estancamiento se activa el filtro de la culpa, y los Seis ven la realidad exactamente de la forma opuesta: responsabilizan y culpan prácticamente a cualquier persona que haya en su vida menos a sí mismos. Cuando las cosas van mal, pueden adoptar el papel de víctimas y responsabilizar a algo o a alguien que no sean ellos. Este es un filtro que incapacita tremendamente, y que al final acarrea mucho sufrimiento a los Seis. Es frecuente que, en la zona del estancamiento, este filtro se combine con el de la «amplificación»: por ejemplo, un suceso de poca importancia puede provocar que el Seis se sienta víctima de la circunstancia (culpa), y esto genera una respuesta emocional exagerada (amplificación).

***El filtro de la «pendiente resbaladiza»***

Los Seis atrapados en el estancamiento tienden a centrarse en la peor situación hipotética que puedan imaginar. Cuando lo hacen, suelen usar el filtro de la «pendiente resbaladiza», que les impide percibir cualquier punto intermedio: perciben la situación como si existiera una «transición ininterrumpida» entre lo que sucede ahora y el desastre total. Los sucesos seguirán deslizándose en la misma dirección negativa hasta que se alcance el peor panorama. Las cosas solo empeorarán. A menudo los Seis predicen que los sucesos se irán desarrollando de un modo muy concreto, a base de una serie de acontecimientos intermedios, mediante un mecanismo de vinculación que conduce de la situación presente a sus consecuencias más funestas. El futuro siempre guarda peligros.

Como sucede con los otros filtros, las reacciones emocionales que siguen a estas situaciones mentales suelen ser intensas y generan un alto grado de estrés, ansiedad y desespero en los Seis.

*El filtro de la «telepatía»*

Cuando están en el estancamiento, los Seis pueden dar por hecho que saben lo que piensan otras personas y cuáles son sus intenciones. Parece que disciernen exactamente lo que los otros piensan de ellos y lo que pretenden hacer, como si estuvieran dotados de telepatía o de percepción extrasensorial. Llegan rápidamente a conclusiones, asumiendo automáticamente que los pensamientos y las intenciones de los demás serán negativos (y a veces de los peores), a pesar de que el Seis no dispondrá de evidencias suficientes (si es que tiene alguna) para llegar a esa conclusión. Los efectos que tiene el filtro de la «telepatía» sobre las relaciones de los Seis pueden ser perjudiciales, sobre todo cuando se combinan con otras distorsiones cognitivas como la culpa, la amplificación y la de ignorar lo bueno.

**Ejercicio para el tipo Seis: flexionando los filtros.** Durante esta semana, busque activamente la presencia de los filtros distorsionadores en sus interpretaciones de la realidad. Puede anotarlo todo en una tabla con cinco columnas: la columna A contendrá todos los sucesos que usted detectó y que activaron una respuesta emocional; la columna B tendrá la interpretación que usted le dio a ese episodio; la columna C contendrá su respuesta emocional a esa interpretación; en la columna D identifique el tipo de filtro que utilizó para interpretar ese acontecimiento, y en la columna E identifique la interpretación o las interpretaciones que podría haber dado, o qué podría hacer en vez de precipitarse a esa conclusión. En la siguiente tabla le ofrecemos unos ejemplos:

| Suceso | Interpretación | Reacción emocional | Filtro(s) usado(s) | Acción, interpretación alternativa |
|---|---|---|---|---|
| Mi amiga Diana no me devuelve las llamadas. | Me quejo demasiado, y seguramente piensa que soy insoportable. No le gusta hablar conmigo como antes. Nuestra amistad terminará. | Desilusionado<br>Abandonado<br>Ignorado<br>No correspondido<br>Ansioso<br>Agitado | Telepatía<br>Amplificación<br>Ignorar lo bueno<br>Pendiente resbaladiza | Últimamente ha estado muy ocupada asentándose en su nuevo cargo. La llamaré a ver qué tal le va. |

***Prestar atención a la forma de expresarse oralmente***

El lenguaje es poderoso: es el vehículo que transporta el significado. Cuando interpretamos la realidad por medio de nuestros filtros, le añadimos palabras. Por consiguiente, si somos capaces de alterar las palabras que fijamos a nuestras experiencias, podremos influir indirectamente en nuestros estados emocionales, dado que un porcentaje elevado de nuestras emociones procede de nuestro lenguaje. A las personas las hipnotizan sus propios patrones de comunicación oral, lo cual genera estancamientos que no les permiten ver correctamente la realidad (Robbins y Madanes, 2005). Al usar siempre las mismas expresiones y palabras para describir sus experiencias, cada tipo de personalidad acaba siendo incapaz de ver lo que tiene delante. Literalmente, la descripción de la realidad se convierte en la *auténtica* realidad. Esas expresiones y palabras no son más que una manifestación de las creencias limitadoras subyacentes que padece cada tipo. Por tanto, un cambio en el estilo de expresarse puede ayudarnos a ampliar nuestros marcos de referencia, permitiéndonos ver las circunstancias de nuestra vida cotidiana desde muchas más perspectivas.

A continuación veremos unos ejercicios basados en el lenguaje, muy útiles con personas del tipo Seis:

**Ejercicio 1. Temas y formato de la conversación.** Preste atención a los temas y al formato de la conversación: ¿Capacito a otras personas, o a la situación, mientras me incapacito a mí mismo? ¿Consigo que los otros puedan hacer algo, mientras que yo me aferro a la actitud «no puedo»? Preste atención a los pequeños inconvenientes de la vida cotidiana: ¿Cómo reacciono ante ellos, y qué lenguaje empleo para describirlos? ¿Exagero? ¿Hasta qué punto?

**Ejercicio 2. Exageraciones.** «Las exageraciones son una forma de mentira.» (Madanes, 1995). Considere las aplicaciones que tiene esta definición en su vida. Los Seis son personas leales, muy sensibles a todo tipo de mentiras, y les disgusta que los demás los consideren unos mentirosos, aunque sea remotamente.

**Ejercicio 3. Ser «causa» o «efecto».** Otra distinción importante al trabajar sus patrones lingüísticos es la de la Programación neurolingüística PNL, ser la «causa» en lugar del «efecto». Cuando usted es la causa, se responsabiliza de su vida; cuando es el efecto, responsabiliza a los demás de su bienestar.

**Ejercicio 4. Las excusas frente a la elección/responsabilidad.** Preste atención: ¿Mi forma de hablar está plagada de excusas? ¿Tiendo a culpar a factores externos? Practique el lenguaje de la *elección* y la *responsabilidad*: ¿Qué *pienso* sobre este hecho? ¿Qué *creo* sobre esto? ¿Qué elecciones *tengo*? ¿Cómo *puedo* responsabilizarme de esta actitud? ¿Qué puedo hacer *yo* personalmente para avanzar hacia los resultados deseados y conseguir que pasen cosas?

**Ejercicio 5. Las etiquetas y la culpa.** Algunos Seis atrapados en el estancamiento se vuelven dogmáticos o rígidos, y tienen la tendencia lingüística a etiquetar negativamente a los otros que, según ellos, se desvían de las normas del grupo o de la comunidad. Es posible que se apliquen a sí mismos o a los demás términos absolutos o inalterables, usando un lenguaje emocional y que culpabiliza. Preste atención a su lenguaje. ¿Soy acosador? ¿Soy un vigilante ideológico? ¿Me proporciona mi lenguaje la sensación de encajar, de tener poder o de ser superior a expensas de otros miembros del grupo, de la comunidad o de la sociedad? ¿Refleja mi forma de hablar que mi propio grupo (mi empresa, mi departamento, mi equipo de fútbol, etc.) tiene una importancia crucial, y que todos los demás se miden en comparación con él?

### *Trabaje con las preferencias jungianas: la integración de nuestras cualidades menos dominantes*

Cuando se aplica el coaching a un tipo Seis, es muy importante prestar atención a sus preferencias jungianas. Si un cliente ha realizado un perfil MBTI, pregúntele cuál es su tipo de cuatro letras, y analice cómo pueden interactuar las preferencias jungianas con su eneatipo. Además, cuando los clientes se estancan en la zona inferior de su preferencia jungiana, podemos usar las mismas técnicas de interrupción de patrones descritas en este libro para ayudarlos a transformarse y a crecer. Para leer una descripción de las preferencias jungianas, le invitamos a consultar la Primera parte de este libro.

Algunos ejemplos del uso de las preferencias jungianas en una sesión de coaching con un tipo Seis:

- Los Seis introvertidos, que tienden a tener un ala Cinco, son más callados y reservados. Tienden a tener un mundo interior rico y una mente hiperactiva. Esta intensa actividad mental no siempre se detecta desde el exterior. Muchos Seis introvertidos tienen dificultades para expresar sus emociones de una forma *clara*: hable con ellos del valor que supone entrenar el «músculo» de la extroversión y aprender a expresar lo que tienen en mente.
- Los Seis iNtuitivos tienden a ser imaginativos, conceptuales y originales. Cuando están atrapados en el estancamiento, tienen dificultad para estar en el aquí y el ahora, y están muy ocupados imaginando situaciones futuras de lo que podría ir mal. Es posible que lleguen rápidamente a conclusiones, leyendo entre líneas y especulando sobre lo que podría pasar. Comente con ellos la dimensión sensibilidad, y la importancia que tiene seguir una secuencia lógica sensata en vez de saltar a cualquier situación a la que los lleve su intuición; sea fáctico: céntrese en lo «que es», y no en lo que «podría ser»; pregunte: «¿Cuáles son los hechos?», «¿Qué recursos hay disponibles?», «¿Qué funcionó en el pasado cuando nosotros (o los otros) nos enfrentamos a un problema parecido?», «¿Cómo podemos resolver esto de forma práctica?»;

dé más espacio a sus sentidos y menos a su imaginación.

- Los Seis sensibles tienden a ser clásicos, conservadores y tradicionales. Cuando están en el estancamiento, tienen más probabilidades que los Seis iNtuitivos de ser dogmáticos y rígidos. Debata con ellos la dimensión iNtuitiva y la importancia que tiene que abran su mente para ser tolerantes con las preferencias y los estilos de los otros; que mediten en muchas posibilidades en vez de en «la forma correcta y demostrada»; que desarrollen su creatividad y miren más allá de lo evidente; que desarrollen la capacidad de no temer miedo al cambio; que miren la imagen global, la vinculación entre los datos y los patrones subyacentes.
- Los Seis en el estancamiento también pueden manifestar la tendencia a organizar su estilo de vida de un modo demasiado rígido y constrictivo. Es posible que planifiquen demasiado y con excesiva antelación, dando demasiada importancia en su vida a la estructuración. Otra dimensión que es muy útil para ayudar a los Seis en este sentido es la percepción. También hemos de mencionar la importancia de aprender a ver el mundo desde este punto de vista: desarrollar la capacidad de ser espontáneo; la capacidad de ser flexible cuando la situación lo requiera; la capacidad de adaptarse a los cambios; la capacidad, en algunas áreas de la vida del Seis, de relajarse y sentirse cómodo cuando deja una o dos cosas abiertas y sin planificar; de aprender a fluir y a entender que la incertidumbre es un hecho de la vida y de la existencia humana.

***Ejercicio entre sesiones para el tipo Seis: la observación de uno mismo***

Durante la semana, participe activamente en observar un patrón especialmente inútil propio de su tipo. Cuando sea consciente de sus patrones en tiempo real, inicie una meditación espontánea, basada en la respiración de un ciclo. Siga la secuencia descrita en la Segunda parte para observar el patrón e ir decelerándolo. Comparta sus conclusiones con su coach en la siguiente sesión.

# Tipo Siete

Soy una persona **optimista**; me gusta la **vida**. En casa me dicen: «Despierta, cariño, la vida no es un lecho de rosas, ni es como en las películas, ten los pies en la tierra». Como si no lo supiera... Intento mantenerme en un estado **edificante**, pero no soporto a las personas **aburridas** y molestas que se presentan con su rigidez mental, todo en blanco y negro..., o que quieren decirme qué debo hacer. No me gusta que otros intenten **limitarme**. Prefiero la **espontaneidad** y la **flexibilidad**. Si estoy rodeada de personas deprimentes, huyo [...]. No dejo de hacer **planes**; **disfruto** haciéndolos. Tiendo a cargar mi agenda con un millón de cosas, pero no siempre acabo haciéndolas todas, todo eso que había planeado. La mayoría de las veces pienso en términos de **oportunidad**, de **posibilidades**. Si me **entusiasma** algo, puedo trabajar muy duro en ello. Pero en aquellas facetas de trabajo que se vuelven rutinarias me aburro y me encallo. Me resulta más fácil iniciar cosas, pero me cuesta continuarlas o concluirlas. He pagado un alto precio por mi falta de perseverancia. A veces, cuando tengo que completar una tarea hasta el final, me siento **atrapada**. Me siento como si no tuviera **libertad**. Me encanta la alegría de tener todo **por hacer** y en proceso [...]. Me encanta la vida, y a veces me da la sensación de no tener **energía** suficiente para todas las cosas que quiero hacer. ¡La vida ofrece tantas cosas! Hay días que corro de un sitio para otro, como si no quisiera perderme nada. Sí, reconozco que puede resultar agotador. Mi atención se **distrae** fácilmente, y tiendo a **saltar** de una cosa a otra, y me cuesta **concentrarme** en hacer una sola cosa y ser disciplinada. Me aburro, y el aburrimiento me da miedo. Busco inmediatamente maneras de **huir**. (Miri, tipo Siete.)

## DESCRIPCIÓN DEL TIPO SIETE

Los Siete son personas optimistas, energéticas, orientadas a las posibilidades, que aprecian la vida y quieren vivirla al máximo.

**En su expresión sana**, son personas con muchos talentos, que aprenden rápido y tienen muchas habilidades en muchas áreas diferentes. Los Siete son maestros en la proliferación de ideas. Tienen una mente curiosa y ágil, y pueden generar rápidamente ideas nuevas. A su mente se le da especialmente bien detectar asociaciones, conexiones e interrelaciones entre sucesos en apariencia inconexos, y usan esta capacidad para ver patrones donde la mayoría de las personas no los percibiría. Son ingeniosos, creativos e imaginativos. Son planificadores «de la imagen global», y pueden dedicarse a múltiples tareas y trabajar en muchos proyectos al mismo tiempo, pero también son capaces de centrarse y disciplinados, y saben cómo concluir los proyectos iniciados. Aunque su mente es ágil y rápida, pueden hacer una pausa y tomar decisiones con serenidad.

Disfrutan de un amor por la vida, de un optimismo y de un entusiasmo naturales que son muy contagiosos. Son personas animosas, positivas, aventureras y optimistas, y gracias a su energía motivan a los otros. Tienen la habilidad de buscar naturalmente lo bueno en todo lo que sucede en sus vidas y en las de quienes los rodean. Nos enseñan a apreciar las cosas más sencillas de la vida; cómo sentirnos fascinados y alegrarnos con los sucesos cotidianos y poco importantes, y a aprender a estar satisfechos y felices en el momento presente. Son felices porque logran aceptar también las dificultades, las frustraciones y el sufrimiento de la vida sin reaccionar ante ellos, resistirse o intentar huir. Esto también los convierte en personas resilientes: saben cómo aceptar una crisis y convertirla en un reto, en una oportunidad. También saben cómo recuperarse y salir bien parados del estrés y de las crisis.

Son personas divertidas, grandes conversadoras y, normalmente, «la alegría de la fiesta» debido a su enérgico sentido del humor y a su forma amena de contar historias. Así mismo, pueden ser encantadoras, alegres y juguetonas.

**En el estancamiento**, en su interior se activa el deseo intenso de mantener la sensación de felicidad y bienestar. Su pensamiento está dominado por la creencia «debo estar siempre ocupado y emocionado». Como consecuencia, por un lado, su atención busca automáticamente la variedad, las nuevas posibilidades y los nuevos recursos para estimularse; por el otro, la evitación de las emociones negativas, el dolor, la frustración y el aburrimiento. Dado que para ellos es tan importante mantenerse en movimiento, enfatizan especialmente la defensa de su libertad e independencia frente a cualquier cosa o persona que consideren que las limita o las restringe de alguna manera.

Se vuelven personas ajetreadas y menos centradas. Les interesan demasiadas cosas, como si no quisieran perderse ninguna posibilidad de entre la gama que les ofrece la vida, saltando de un lado para otro como si no pudieran negárselo a sí mismas. No cesan de planear más actividades y quieren mantener abiertas sus opciones, por lo que al final son incapaces de concentrarse. Como resultado, tienen problemas para comprometerse y concluir asuntos. Empiezan proyectos que luego no tienen la disciplina ni la paciencia de completar. Se sienten atrapadas y pierden interés por un proyecto una vez que lo han comenzado y se ha diluido la emoción inicial. Como consecuencia de querer hacer más de lo que pueden, así como de su falta de concentración y de disciplina, llegan a desperdiciar sus numerosos talentos (o a no desarrollarlos todo lo que podrían), y es posible que sus muchos sueños nunca se hagan realidad.

Su costumbre de planificarlo todo puede volverse contra ellos: cuanto más planean, más viven en el futuro, y por tanto, menos alegría pueden sentir en el momento presente, o apreciar lo que tienen ahora. Esto genera ira y frustración, porque no logran sentirse plenamente satisfechos a pesar de sus múltiples actividades, distracciones y agendas repletas. La ansiedad va aumentando, y recurren a planificar más y a agendas aún más repletas con la esperanza de hallar nuevas cosas y actividades agradables que reduzcan esa ansiedad. Se vuelven escapistas: autoindulgentes, egocéntricos, amargados, desinhibidos, impulsivos, infantiles, insensibles y exigentes.

En su vida aparecen el estrés y el agotamiento emocional, dado que es difícil mantener mucho tiempo una vida «feliz» y «exenta de negativismo», que es lo que pretenden hacer. Su estilo de vida ajetreado e hiperactivo les produce agotamiento físico, económico y emocional.

## PROTOCOLO DE COACHING PARA EL TIPO SIETE

### 1. DEFINA EL CLIMA DE LA SESIÓN

Antes de iniciar su sesión de coaching con el cliente, examínese:

**Aporte aceptación a la sesión**

Pregúntese:

- ¿Estoy en un estado en que no juzgo a nadie?
- ¿Mi tipo concreto de personalidad siente resistencia hacia el tipo Siete?

**«Active»su capacidad de escuchar multimodal**

Es tremendamente importante que emplee todos los centros de la inteligencia (pensamiento, emoción, instinto) durante cada sesión de coaching. Concéntrese en «escuchar» activamente con los tres centros.

***Escuche con su centro del pensamiento***

- Preste atención a la forma de hablar y al uso del lenguaje.
- Analice el lenguaje corporal y la postura.
- Analice los patrones y las posibilidades de interrumpirlos.

*Escuche con su centro de la emoción*

- Muestre empatía.
- Vea al cliente como un ser humano, no como un «tipo».
- Mire más allá de las apariencias.
- Conecte a pesar de la resistencia que pueda encontrar. Está aquí para ayudar al cliente a crecer.

*Escuche con su centro del instinto*

- ¿Qué tipo de energía aporta el cliente a la sesión?
- ¿Existe coherencia entre lo que dice el cliente y la energía con que lo dice?
- ¿Qué le dice su intuición sobre los últimos sucesos en el proceso de coaching?
- «Escuche lo que dice la gente, pero preste atención a lo que *hace*.» (Madanes, 1995)

**2. DEFINA EL RETO**

Determine sobre qué quiere trabajar el cliente y cuál es el propósito por el que ha recurrido al coaching.

Los desafíos típicos de los Siete son, entre otros:

- Aprender a concentrarse y a disciplinarse para llevar a cabo sus objetivos.
- Aprender a concentrarse para aprovechar sus múltiples talentos y para desarrollar sus actividades y su potencial.
- Recuperar su habilidad natural para apreciar el presente y amar la vida sin la necesidad de actividad y estimulación constantes.

3. **ENTIENDA EL MODELO DEL MUNDO QUE TIENE EL CLIENTE Y SU ZONA DE ESTANCAMIENTO**

Formúlese las preguntas siguientes: ¿Por qué actúa el cliente como lo hace? ¿Qué conforma su conducta? ¿Cuál es su historia interior? ¿Cuáles son los filtros por medio de los cuales mira y percibe el mundo? ¿Hasta qué punto están activas y operativas en este cliente las fijaciones propias de su tipo?

Cuando son menos conscientes o están sometidos a presión, la atención de los tipo Siete se ve dominada/descarrilada por el deseo intenso de mantener la sensación de

felicidad y bienestar. En este estado, la atención de los Siete pasa automáticamente a buscar, por un lado, la variedad, nuevas posibilidades y fuentes de estimulación, y por el otro, la evitación de las emociones negativas, el sufrimiento, la frustración y el aburrimiento.

4. **CONCIENCIE SOBRE LAS SEIS NECESIDADES HUMANAS**
   Según la psicología de las necesidades humanas, todos tenemos seis necesidades básicas (Madanes, 2009): certidumbre, variedad, amor/vinculación, importancia, crecimiento y contribución. Estas necesidades no son meros deseos, sino verdaderos impulsores de nuestra conducta.

**Ejercicio para el tipo Siete: las seis necesidades humanas.** Analice la zona del estancamiento y, de entre la gama de conductas descritas en ella, quédese con las más frecuentes: «¿Qué necesidades humanas intenta satisfacer al participar en esas conductas?»

Por favor, puntúe del 0 al 10 cada necesidad.

**Certidumbre.** Si participa en esta conducta, ¿se siente afirmado? ¿Le ofrece una sensación de seguridad? Aparte de esta conducta, ¿sabe también cómo obtener certidumbre de una forma más positiva?

**Variedad.** ¿La participación en esta conducta le aporta una sensación de variedad? Aparte de esta conducta, ¿conoce alguna manera más positiva de obtener variedad?

**Amor/vinculación.** Si participa en esta conducta, ¿se siente vinculado a los otros? ¿Le permite experimentar amor? Aparte de esta conducta, ¿sabe cómo obtener amor/vinculación de una forma más positiva?

**Importancia.** Si participa en esta conducta, ¿se siente importante o especial? Aparte de recurrir a esta conducta, ¿sabe también cómo sentirse importante de un modo más positivo?

**Crecimiento.** ¿Participar en esta conducta le otorga sensación de desarrollo, le permite sentir que crece? Aparte de esta conducta, ¿sabe también cómo crecer siguiendo una vía más positiva?

**Contribución.** ¿Recurrir a esta conducta le proporciona la sensación de que trasciende a sus propias necesidades, de que aporta algo a los otros? Aparte de esta conducta, ¿sabe también cómo alcanzar la contribución de una forma más positiva?

**Coaching al estudio de un caso.** Tomemos como ejemplo a Carl, uno de nuestros clientes del tipo Siete. Recurrió al coaching porque tenía problemas en su matrimonio. Su queja principal era que el matrimonio le parecía una rutina limitadora. Identificó su poderoso deseo de tener variedad, lo cual lo condujo a llevar una vida económica muy desorganizada, caracterizada por el escapismo, el gasto excesivo y las deudas. Esto provocaba discusiones constantes entre él y su esposa, y se estaban planteando el divorcio. El punto de inflexión llegó cuando Carl identificó su poderosa necesidad de variedad, y, luego, buscó maneras de satisfacerla de forma positiva. Usando los puntos fuertes innatos de los Siete, comenzó a reorientar su atención para intentar apreciar las cosas más sencillas de la vida. Comenzó a recuperar su don natural de estar en el momento presente, de sentirse fascinado por la vida cotidiana. Aceptar la vida con todo lo que tiene que ofrecer, incluyendo las partes más oscuras de esta, le permitió fluir con diversos problemas en su matrimonio en lugar de intentar huir de ellos.

Hay una cosa importante que se debe tener en cuenta: preste una atención especial a las necesidades de crecimiento y contribución. **¿El cliente satisface de forma saludable o destructiva estas necesidades?**

A medida que vamos integrando nuestra personalidad, las necesidades de crecimiento y contribución comienzan a recibir puntuaciones altas mientras se satisfacen positiva y saludablemente. El motivo es que, cuando salimos de nuestro estancamiento, actuamos partiendo de respuestas nuevas, conscientes y elegidas, lo que nos permite superar nuestros antiguos hábitos y crecer. Esta integración, a su vez, aportará más contribuciones a los demás. Por el contrario, si seguimos actuando sin ser conscientes, basándonos en nuestros antiguos patrones de respuesta, nos incapacitamos y permitimos que nuestro ego controle nuestra vida. Esto siempre nos provoca sufrimiento a nosotros y a los demás.

## 5. APROVECHE LA COYUNTURA

El siguiente paso es aprovechar los costes y el sufrimiento que los patrones inútiles propios del tipo de personalidad le acarrean al cliente para concienciarle de ello.

### Ejercicio para el tipo Siete: concienciarse del coste de los patrones

- ¿Cuánto le cuesta, por lo que respecta a sus relaciones, ser egocéntrico, autoindulgente y falto de compromiso?
- ¿Cuánto le cuesta, por lo que respecta a su salud, ser caprichoso, incapaz de decirse «no» a sí mismo, hacer más de lo que puede y agotarse?

- ¿Cuánto le cuesta, por lo que respecta a su carrera profesional, estar desconcentrado, ser indisciplinado, incapaz de seguir haciendo lo que empieza y ser poco realista?
- ¿Cuánto le cuesta, por lo que respecta a su realización personal y a su felicidad, ser tan inquieto e incapaz de vivir en el momento presente?

## 6. LA INTERRUPCIÓN DE LOS PATRONES: FORTALECER NUESTROS MÚSCULOS DE LA ATENCIÓN

### Visualización para el tipo siete

Las visualizaciones son un instrumento estupendo para el coaching en general y para el coaching centrado en los tipos de personalidad en particular. A continuación verá un guion completo de visualización/meditación para el tipo Siete. Abarca el trabajo con los puntos fuertes y débiles del tipo, formando la capacidad de atención por medio del espectador imparcial, y enseñando la respiración consciente, la aceptación y la relajación. No tiene por qué usar todas estas técnicas en una sola sesión de coaching. Utilice estas visualizaciones como módulos, eligiendo una o más de las secciones siguientes:

#### *Guion para el tipo Siete: visualización/meditación*

*Relajación*

Empiece sentándose cómodamente. La columna vertebral debe estar recta de forma natural. Relaje los brazos. Suavemente, con las palmas de las manos hacia arriba o hacia abajo, descanse las manos en el regazo. Respire hondo para empezar a relajar todo su cuerpo. Inspire... Espire... Puede cerrar los ojos y respirar hondo de nuevo para centrarse. Inspire... Espire...

*La formación del espectador imparcial*

Empecemos aportando consciencia al espectador imparcial. Piense en él como en un amigo que contempla objetivamente su conducta desde fuera. Le ayuda a tomar buenas decisiones y le permite regular su piloto automático.

El espectador imparcial lo logrará al formarle la mente para que sea sensible a la actividad de sus tres centros de inteligencia: el cuerpo (nuestras sensaciones físicas), la mente (pensamientos, planes, futuro, pasado, imágenes, ideas, imaginación), y el corazón (sentimientos). Nuestra respiración, que representa simbólicamente nuestro vínculo con el alma, nos permitirá estar concentrados y desplazar la atención de un centro al siguiente. También nos ayudará a permanecer acríticos y aportar a este ejercicio las cualidades de la gratitud, la compasión y la aceptación. Cada vez que su mente se desconcentre, puede destinar ese momento para ejercer dichas cualidades de gratitud, compasión y aceptación, pues cada uno de esos instantes ofrece la oportunidad de aprender a reorientar nuestra atención.

Empiece fijando poco a poco su atención en el centro de inteligencia de su **cuerpo**. Respire hondo y siga el recorrido del aire al entrar y salir del cuerpo. Hágalo lentamente. Vuelva a inspirar..., y esta vez consiga que la espiración sea un poco más larga. Centre toda su atención en el recorrido que hace el aire al entrar y salir de su cuerpo, de principio a fin. Comience a percibir las sensaciones físicas. Sienta los puntos de contacto entre sus pies y el suelo. ¿Qué sensaciones corporales experimenta ahora? Concentre su atención en su espalda y sienta el apoyo que le presta la silla. Conserve unos instantes esa sensación. Desplace la atención a sus manos; céntrese en el punto de contacto entre las manos y su regazo.

Ponga las manos sobre el pecho, una encima de la otra, y dirija su atención al centro de inteligencia de su **corazón**. ¿Qué sentimientos tiene en este instante?

Ahora traslade su atención al centro de inteligencia de la **cabeza**. ¿Emite algún comentario sobre sus sentimientos? ¿Los juzga o los acepta? ¿Qué le dice su mente sobre sus sentimientos? ¿Qué dice sobre todo el ejercicio? Observe con serenidad su discurso mental a medida que vaya surgiendo. Inspire... Espire... Quédese en el centro de la cabeza, y ahora fije su atención en sus recuerdos. Imagine que está viendo un antiguo televisor en blanco y negro que emite su historia pasada. Se ve a sí mismo en la televisión; es la película de su vida. Cada escena de su vida, en la pantalla, a cámara lenta. Asienta cuando la vea. Inspire... Espire... Sin moverse de ese centro, ahora fije la atención en el futuro. Reflexione con serenidad sobre cada una de las siguientes preguntas, tomándose unos instantes de pausa entre una y otra: ¿Cómo quiere que sea su futuro? ¿Cómo se ve en el futuro? ¿Qué planes tiene?

*La visualización*

Permanezca en el centro de la cabeza, y ahora fije su atención en su imaginación. Imagínese en la playa, en la orilla del mar, sobre una arena ligeramente húmeda. Respire el aire de la playa. Inspire... Espire... Sienta el viento. Escuche las olas del mar. Sienta la arena bajo los pies. Imagínese trazando un número ocho horizontal, como el símbolo del infinito, en la arena húmeda de la orilla. Dibújelo lentamente. Sienta el contacto entre las puntas de sus dedos y la arena.

*La visualización del estancamiento y su precio*

Ahora imagine que mete todos sus problemas y sus retos *dentro* de ese ocho en la arena. Uno a uno:

**La concentración y desconcentración constante de mi atención en tantas direcciones; mi agotamiento debido a correr en tantos sentidos a la vez porque soy incapaz de decirme «no»; el precio que he pagado en mi vida debido a mi impulsividad; mi cansancio al ver que, de alguna manera, la felicidad siempre me esquiva; toda mi ansiedad y mi sufrimiento.**

Sienta la tensión y la ira. Siéntalas en su vientre mientras contempla todas esas cosas dentro del ocho en la arena. Sienta la tensión en todo su cuerpo y permanezca unos instantes ahí.

Ese ocho en la arena representa nuestro estancamiento. Es el lugar en que nos encallamos con una atención negativa y unos sentimientos que también lo son.

*La sección «es humano»*

Todo ser humano tiene facetas que hacen de él o de ella precisamente eso, un ser humano. Es un conjunto de retos personales y hechos a medida en esta vida. Observe sus retos personales sin emitir juicios. Si su mente hace un comentario, no pasa nada. No se preocupe por intentar hacer «bien» este ejercicio. Si emite un juicio, limítese a observarlo. Escuche su guion. Obsérvelo mientras tiene lugar fuera de usted.

Emitir juicios sobre nuestra experiencia es humano. No pasa nada. Centre su atención en el corazón. Ahora, tome los juicios que acaba de escuchar en su cabeza, ese monólogo mental, y métalos en su corazón. Use la energía de su corazón para suavizarlos, y sienta cómo todo su cuerpo se llena de compasión. Respire hondo y sienta la energía de su corazón recorriendo todo su cuerpo. Sienta la aceptación.

¿Por qué la vida le plantea retos? Lo hace para que pueda superarlos, permitiendo así que tenga acceso al siguiente nivel de plenitud y vitalidad. Son oportunidades preciosas para crecer, momentos estupendos para descubrir los puntos fuertes *que ya tiene*, y que solo debe reactivar. Son esas fortalezas que le ayudarán a superar sus retos, que le ayudarán a pasar del estancamiento al crecimiento.

Dentro de usted hay una parte que no quiere tirar la toalla, que quiere vivir la vida plenamente. Es la voz de su alma. Es esa voz que desea enfrentarse a las voces del ego y de la personalidad, y convertirse en el mejor usted posible. Usted ya ha pasado por eso, que le ha conducido hasta este momento, en que lucha por convertirse en la mejor persona que pueda ser, plantándose y sin ceder ante su personalidad, ante sus pensamientos automáticos. Es su esencia verdadera, la fortaleza de su alma.

Es posible que en este punto su atención pase automáticamente a generar pensamientos sobre sus pensamientos. No pasa nada. Continúe respirando conscientemente, siguiendo la ruta del aire que entra y sale de su cuerpo, y deje que su espectador imparcial sea testigo de la actividad de su mente, sin emitir juicio alguno.

*La visualización de los puntos fuertes, el potencial y el poder personal*

Ahora le rogamos que centre su atención en esa parte de su persona que no quiere rendirse. Contemple el dibujo en la arena: exactamente en el centro hay un punto, que es la intersección entre el lado izquierdo y el derecho del ocho. Llamémoslo el *punto del valor*. Imagine que traza una flecha que parta de ese punto y vaya hacia arriba; es una salida del ocho, una salida del estancamiento.

Esta flecha apunta a lo que tiene disponible fuera del ocho. Señala hacia sus puntos fuertes y su potencial, hacia el futuro que tiene a su alcance en todo momento.

Veamos qué hay fuera del ocho.

Quiero que piense en cualquier momento del pasado en que realmente se sintió relajado, en que se aceptó a sí mismo, a los demás y la realidad «tal como es». Puede ser cualquier momento en que se sintió despreocupado y con ganas de jugar. Extráigalo de cualquier faceta de su vida: cuando estuvo a solas, con algún amigo, con un grupo de amigos o con su familia; de su vida personal o profesional. Regrese al pasado y capte ese momento, que pudo ser especial o uno sencillo. Siéntalo. Sienta la relajación que aporta ese instante a todo su cuerpo.

Busque entre sus recuerdos un momento en que apreciara la vida, fuese maduro, paciente y feliz. Sienta la relajación de aquel momento en que dejó de correr detrás de las cosas que le prometían «más» emoción. Todo fluyó armoniosamente y, de hecho, acabó saliendo bien sin que usted tuviera que «insuflar» energía. Respire hondo y sienta ese momento.

Veamos qué más hay fuera del ocho.

Ahora quiero que se imagine dentro de un futuro nuevo, un futuro en el que usted será animoso pero realista. Un futuro en el que amará su vida y capacitará a todos gracias a su optimismo contagioso, pero con compasión, con tolerancia ante el ritmo de cada uno. Será un momento en que se aceptará como ser humano, incluyendo algunos aspectos menos positivos de sí mismo y de la vida en general. Será un momento en que estará en contacto con su corazón, en que podrá perdonarse a sí mismo y a otros por los errores que los seres humanos cometemos por naturaleza. Por favor, ponga las manos encima del corazón, una sobre la otra. Sienta su latido, su humanidad. Sienta cuánta energía se libera al hacerlo, cuánta tensión y angustia se desvanecen. Dado que no teme contemplar la vida en su totalidad, incluyendo sus aspectos dolorosos o menos positivos, puede reconocer su magnificencia y sentirse fascinado por ella. Esto le ayuda a cumplir uno de sus sueños verdaderos: el de ser una persona feliz de verdad.

Traiga ese momento al futuro y siéntalo en su cuerpo, en el momento presente. Siéntalo en su corazón y en su mente. Sienta el poder de su mente, su corazón y su cuerpo, que trabajan juntos, y fíjese en lo que puede conseguir; y, lo que es más importante, cómo todo eso está ya presente en su interior, y cómo *ya* es la persona feliz que siempre quiso ser.

Concluyamos poco a poco la meditación, retrocediendo lentamente y contemplando el dibujo en la arena. Observe el ocho y el punto del valor, junto con todo el potencial que tiene usted disponible *en su interior*.

*El final de la visualización*

Le felicito por su coraje, por estar ahí e intentar crecer como persona, por intentar superarse, por los esfuerzos que hace, por no rendirse. El mero hecho de que haga este ejercicio es un testimonio de su fuerza interior, de su negativa a tirar la toalla. También quiero que *usted mismo* se felicite por su coraje, por no renunciar. Y quiero que le dé gracias a la vida por los retos que le plantea, por las muchas oportunidades que le da cada día, de modo que a través de ellas pueda entrar en contacto con sus puntos fuertes, pueda crecer y contribuir así al mundo, dar al mundo que le rodea los dones de su verdadero yo.

## 7. LA REESTRUCTURACIÓN: EJERCICIOS PARA FLEXIBILIZAR LOS FILTROS Y PARA LA INTEGRACIÓN

***El filtro de la minimización***

Mientras que al hablar del tipo Seis vimos que uno de sus filtros cognitivos distorsionadores era la «amplificación/visión catastrofista» (la percepción de la realidad a través de una lupa, acompañada de una reacción emocional excesiva y desproporcionada), en los tipo Siete vemos un filtro que funciona exactamente a la inversa: minimiza los sucesos, les resta importancia hasta tal punto que permite a los Siete ser «felices» y seguir con su vida. Este mecanismo provoca buena parte de los sufrimientos del tipo Siete, y es un potente impulso tras su escapismo cuando está en el estancamiento. Para superar esta tendencia automática, los Siete pueden usar su conexión con los Uno y con su ala Ocho, e incorporar su capacidad de estar afirmados, centrados, de ver la realidad de una manera concreta, «como lo que es».

**Ejercicio para el tipo Siete: flexionando el filtro de la minimización**

- ¿Cuáles son los hechos?
- ¿Es un suceso estresante o doloroso para mí? ¿Intento huir, minimizar el dolor al mirar las cosas con una lente optimista? ¿Es esta la realidad objetiva o estoy imponiéndole una interpretación positiva, ilusoria?

***Aprenda a relajarse***

Los Siete que funcionan con el piloto automático tienden a sobrecargarse de actividades y planes. Pueden asaltarlos el aburrimiento y la frustración si se permiten estar inactivos, aunque sea por un breve periodo. No es infrecuente ver cómo los Siete recurren al coaching quemados después de años de extralimitarse. Uno de sus músculos atrofiados es la capacidad de apreciar las cosas más sencillas. Cuando están en la zona del estancamiento, buscan experiencias mejores, más importantes y refinadas, con la expectativa de que estas les aporten la «felicidad» que tanto anhelan. Pueden confundir la emoción extática con la felicidad. Cuando usan su vinculación con el tipo Cinco, descubren el valor de la tranquilidad, de la introspección. Cuando los Siete logran detenerse e interrumpir su patrón de desasosiego, descubren algo esencial. Como Cinco, pueden centrarse en algo, verlo desde diversas perspectivas y encontrar un gozo genuino en sus observaciones. Saben apreciarlo todo.

**Ejercicio para el tipo Siete: Aprenda a relajarse.** Pase cierto tiempo en la naturaleza, procurando centrar su atención en algo: por ejemplo, descubra la abundancia de colores que hay en un solo árbol. Así aprenderá a reservarse un instante (al principio unos pocos segundos) para contemplar la vida como si no pasara el tiempo.

***Desarrolle su voluntad***

Cuando pasan demasiado tiempo en el estancamiento, siendo impulsivos y autoindulgentes, la voluntad de los Siete se resiente. Como se interesan por demasiadas cosas y van saltando de un proyecto a otro, pierden la concentración y la capacidad de avanzar pacientemente hacia un objetivo. Lamentablemente, esto hace que desperdicien sus numerosos talentos (o no los desarrollen en su máximo potencial), y que sus muchos sueños no se hagan realidad. El doctor Enrique Rojas, en su libro *La conquista de la voluntad,* introduce una cita de la *Antropología* de Kant, que puede resultar útil cuando se aplica el coaching a un Siete: «Niéguese el placer de la diversión, pero no en el sentido estoico de querer ignorarla por completo, sino en el sentido epicúreo correcto de alcanzar un proyecto que le proporcionará un placer incluso mayor, y que, a su vez, lo enriquecerá más a pesar de haber renunciado a su satisfacción inmediata». Esta idea puede ser una gran motivación para los Siete. Estos estarán dispuestos a hacer sacrificios cuando entiendan que apuntan a un placer mejor que el que les ofrece el presente.

**Ejercicio para el tipo Siete: el desarrollo de la voluntad.** Pregúntese: ¿Abandono con demasiada rapidez mis tareas semanales? ¿Con qué frecuencia me distraigo? ¿Qué pasa exactamente en el momento en que me distraigo? Admita cualquier cosa que pueda desviarle de su objetivo: una sensación física, un sentimiento, un pensamiento. Anote todo detalladamente y coméntelo con su coach en la siguiente sesión.

Para ser más «dueños» de nosotros mismos tenemos que entrenarnos activamente para alcanzar grados cada vez más elevados de disciplina. ¿Persevero en las tareas? ¿Hasta dónde quiero llegar? ¿Vale la pena que ceda a mi costumbre de eludir las responsabilidades importantes, de huir para caer en distracciones sin sentido que, a medida que pase el tiempo, explicarán mi incapacidad de cumplir mis sueños más queridos? ¿Puedo decirme «no» a mí mismo? ¿Me esclavizan los deseos de todo tipo: físicos, mentales y emocionales?

Use su flecha a Cinco para desarrollar la consciencia de sus recursos: ¿Esta distracción que me permito perjudicará a mis recursos? ¿Hará que malgaste mis energías, mi tiempo, mi dinero o los recursos de los otros? Sea consciente del equilibrio entre costes y beneficios. Pregúntese: ¿Vale la pena? Sopese las consecuencias a largo plazo.

***Prestar atención a la forma de expresarse oralmente***

El lenguaje es poderoso: es el vehículo que transporta el significado. Cuando interpretamos la realidad por medio de nuestros filtros, le añadimos palabras. Por consiguiente, si podemos ser capaces de alterar las palabras que fijamos a nuestras experiencias, podremos influir indirectamente en nuestros estados emocionales, dado que un porcentaje elevado de nuestras emociones procede de nuestro lenguaje. A las personas las hipnotizan sus propios patrones de comunicación oral, lo cual genera estancamientos que no les permiten ver correctamente la realidad (Robbins y Madanes,

2005). Al usar siempre las mismas expresiones y palabras para describir sus experiencias, cada tipo de personalidad acaba siendo incapaz de ver lo que tiene delante. Literalmente, la descripción de la realidad se convierte en la *auténtica* realidad. Esas expresiones y palabras no son más que una manifestación de las creencias limitadoras subyacentes que padece cada tipo. Por tanto, un cambio en el estilo de expresarse puede ayudarnos a ampliar nuestros marcos de referencia, permitiéndonos ver las circunstancias de nuestra vida cotidiana desde muchas más perspectivas.

Es importante que los clientes desarrollen la capacidad de ser conscientes de esos momentos en que los mecanismos de su personalidad toman el control de su lenguaje, y justo cuando suceda. En el caso de un tipo Siete atrapado en el estancamiento, dicho control se puede manifestar mediante un estilo discursivo que refleje su deseo de estar siempre «contento».

**Ejercicio para el tipo Siete: flexibilizar el estilo discursivo**

- Preste atención al uso de palabras como «divertido», «disfrutar», «aburrido», «lento», «interesante». ¿Con qué frecuencia las usa?
- Preste atención a los temas y al formato de su conversación. ¿Cuánto tiempo hemos hablado de las cosas que me interesan *a mí* particularmente? Preste atención a su respiración durante la conversación. ¿Realmente escucho lo que dice la otra persona? ¿Con cuánta frecuencia la he interrumpido? ¿Hablo excesivamente o demasiado rápido? ¿Cuántos comentarios «entre paréntesis» he insertado en mitad de mis frases? ¿Era necesario dar toda esa información para transmitir el mensaje? Use su flecha a

Cinco para ser más breve y preciso en su forma de hablar, evitando las exageraciones. ¿Mis gestos con las manos añaden demasiada «salsa» a mi mensaje? Recuerde que obligarse a ser ameno en *todas* las conversaciones provoca que luego se sienta agotado. Preste atención a los temas: ¿Evito inconscientemente hablar de mis sentimientos y pensamientos íntimos? ¿Evito hablar de mis temores más hondos?

### *Trabaje con las preferencias jungianas: la integración de nuestras cualidades menos dominantes*

Cuando se aplica el coaching a un tipo Siete, es muy importante prestar atención a sus preferencias jungianas. Si un cliente ha realizado un perfil MBTI, pregúntele cuál es su tipo de cuatro letras, y analice cómo pueden interactuar las preferencias jungianas con su eneatipo. Además, cuando los clientes se estancan en la zona inferior de su preferencia jungiana, podemos usar las mismas técnicas de interrupción de patrones descritas en este libro, para ayudarlos a transformarse y a crecer. Para leer una descripción de las preferencias jungianas, le invitamos a consultar la Primera parte de este libro.

Algunos ejemplos del uso de las preferencias jungianas en una sesión de coaching con un tipo Siete:

- La dimensión de la introversión en el MBTI es muy ilustrativa de algunos objetivos de desarrollo de los Siete. Mencione la importancia que tiene aprender a observar y a percibir el mundo desde este punto de vista: aprender a ser más reflexivo y orientado hacia el interior; desarrollar la capacidad de asumir los pensamientos internos y procesarlos, en vez de tener instantáneamente pensamientos extrovertidos; crear un espacio y unos límites con las personas; desarrollar un modo contemplativo de observar las circunstancias; tomarse tiempo para pensar bien las cosas. Este trabajo resulta más sencillo cuando existe una flecha fuerte y operativa al tipo Cinco.

- Otra dimensión que es muy útil para algunos objetivos de desarrollo de los Siete es el juicio. Cuando están en el estancamiento, cierta estructuración puede provocar que los Siete se sientan atrapados, asfixiados. Por tanto, también mencione la importancia de flexibilizar esta tendencia y de aprender a observar el mundo desde este punto de vista: desarrollar la capacidad de encontrar placer *también* en la finalización, y no solo en el proceso; seguir el proyecto hasta el final antes de iniciar uno nuevo; ser puntual y respetar el tiempo de los demás; planificar y comprometerse dentro de unos límites de tiempo; crear y mantener una estructuración; organizarse y despejar el entorno (y la mente).

***Ejercicio entre sesiones para el tipo Siete: la observación de uno mismo***

Durante la semana, participe activamente en observar un patrón especialmente inútil propio de su tipo. Cuando sea consciente de sus patrones en tiempo real, inicie una meditación espontánea, basada en la respiración de un ciclo. Siga la secuencia descrita en la Segunda parte para observar el patrón e ir decelerándolo. Comparta sus conclusiones con su coach en la siguiente sesión.

# Tipo Ocho

Creo que para tener éxito en esta vida hay que ser **fuerte** y saber **defenderse**. Si tienes pinta de **débil**, todo el mundo te tratará como un felpudo. El mundo no es un lugar fácil: vemos **injusticias** y mentiras por todas partes. La gente habla muy bien, con educación, pero en el fondo son tremendamente injustos. La **verdad** se distorsiona y se manipula. Me gustan las personas que hablan **claro** y van al grano, las que ponen todas las cartas sobre la mesa. Me gusta saber con quién estoy tratando [...]. La **independencia** es importante. No se puede depender de los demás; uno tiene que crecer y cuidar de sí mismo. (Mike, tipo Ocho.)

## DESCRIPCIÓN DEL TIPO OCHO

Los Ocho son personas fuertes, directas y orientadas al poder; son líderes natos.

**En su expresión sana,** sienten la necesidad constante de tomar la iniciativa y provocar que sucedan cosas. Se enfrentan a los retos cara a cara, y se muestran firmes frente a los problemas. Son fuertes, decisivos, decididos, trabajadores, emprendedores, persistentes y tenaces. Su estabilidad los convierte en personas realistas y pragmáticas, dotadas de una gran intuición.

Sienten una tendencia muy marcada hacia la independencia y la autosuficiencia, y siempre prefieren liderar antes que ir de seguidores. Tienen una voluntad férrea, y cuando persiguen su propósito, no permiten que las convenciones sociales o las opiniones de los otros los presionen. Son honestos y directos, no se adaptan a las expectativas de los otros, ni permiten que sus críticas les influyan o les hagan cambiar de opinión.

Son líderes carismáticos a quienes los otros toman como modelo y los siguen. Son tranquilos pero fuertes, e incluso cuando guardan silencio, su presencia se tiene en cuenta. Paradójicamente, cuanto menos emplean y manifiestan su poder, aun cuando podrían haberlo hecho, más fuertes los consideran los demás.

Aunque son fuertes y, en ocasiones, pueden parecer duros como el pedernal, tienen sentimientos profundos y usan todo su poder para ayudar y proteger magnánimamente a los débiles. Luchan por la justicia y la verdad, y consiguen que quienes están dentro de su círculo de confianza se sientan protegidos.

**En el estancamiento,** empiezan a ver la vida como una batalla, lo cual los induce a centrar automáticamente su atención en cuestiones relacionadas con el poder y el control. Este enfoque determina su manera de ver la vida de la siguiente manera:

Primero, creen que deben endurecerse al tiempo que ocultan sus puntos vulnerables, para que nadie se aproveche de ellos. En sus intentos para evitar que los otros los consideren débiles, ni negocian sus decisiones ni se retractan de ellas. Esto da como resultado la actitud de «a mi manera o nada». Quieren que los otros los teman y los respeten. Es posible que adopten un patrón mental que exige responsabilidades, y que deseen vengarse de quienes consideran sus enemigos. Al mismo tiempo, solo respetan a los adversarios dignos, es decir, a aquellos que no ceden terreno.

Segundo, es posible que se sientan inducidos a dominar y a controlar su entorno «antes de que este nos domine». Intentan imponer orden y estructurar todas las áreas de su vida.

Tercero, su forma de comunicarse es clara, directa y a menudo tajante, brusca, antagónica, agresiva y «a la cara». Pueden manifestar una actitud antisocial aguda. La ira y su expresión directa son una señal distintiva de los Ocho sometidos a estrés. También pueden manifestar actitudes de negación y actuar como matones.

Cuarto, su pensamiento está dominado por la tendencia «todo o nada» (especialmente en lo relativo al poder): a uno se le respeta o se le menosprecia, uno es fuerte o débil, independiente o dependiente, dominante o sometido, fiable o poco digno de confianza.

Como resultado de los cuatro puntos mencionados, a menudo los Ocho progresan en su búsqueda de la independencia y la fortaleza, pero también suelen pagar un precio demasiado elevado. Es inevitable que sus relaciones personales y profesionales se resientan. Además, sus excesos también pasan factura a su cuerpo: se vuelven demasiado tensos, airados, reactivos y se esfuerzan hasta el punto del agotamiento.

## PROTOCOLO DE COACHING PARA EL TIPO OCHO

### 1. DEFINA EL CLIMA DE LA SESIÓN

Antes de iniciar su sesión de coaching con el cliente, examínese:

#### Aporte aceptación a la sesión

Pregúntese:

- ¿Estoy en un estado en que no juzgo a nadie?
- ¿Mi tipo concreto de personalidad siente resistencia hacia el tipo Ocho?

#### «Active» su capacidad de escuchar multimodal

Es tremendamente importante que emplee todos los centros de la inteligencia (pensamiento, emoción, instinto) durante cada sesión de coaching. Concéntrese en «escuchar» activamente con los tres centros.

*Escuche con su centro del pensamiento*

- Preste atención a la forma de hablar y al uso del lenguaje.
- Analice el lenguaje corporal y la postura.
- Analice los patrones y las posibilidades de interrumpirlos.

***Escuche con su centro de la emoción***

- Muestre empatía.
- Vea al cliente como un ser humano, no como un «tipo».
- Mire más allá de las apariencias.
- Conecte a pesar de la resistencia que pueda encontrar. Está aquí para ayudar al cliente a crecer.

***Escuche con su centro del instinto***

- ¿Qué tipo de energía aporta el cliente a la sesión?
- ¿Existe coherencia entre lo que dice el cliente y la energía con que lo dice?
- ¿Qué le dice su intuición sobre los últimos sucesos en el proceso de coaching?
- «Escuche lo que dice la gente, pero preste atención a lo que *hace*.» (Madanes, 1995)

## 2. DEFINA EL RETO

Determine sobre qué quiere trabajar el cliente y cuál es el propósito por el que ha recurrido al coaching.

Los desafíos típicos de los Ocho son, entre otros:

- Ser menos reactivos y aprender a filtrar sus comunicaciones.
- Adelantar en sus proyectos, aprendiendo a ser más pacientes, a escuchar con más atención los puntos de vista de los demás.
- Encontrar modos más saludables de procesar su ira.
- Aprender a negociar y a ceder terreno a veces, a mantener sus relaciones (sobre todo cuando no está en juego nada importante).
- Aprender a relajarse para evitar un estilo de vida excesivo que pueda hacer mella en su salud.

### 3. ENTIENDA EL MODELO DEL MUNDO QUE TIENE EL CLIENTE Y SU ZONA DE ESTANCAMIENTO

Formúlese las preguntas siguientes: ¿Por qué actúa el cliente como lo hace? ¿Qué conforma su conducta? ¿Cuál es su historia interior? ¿Cuáles son los filtros por medio de los cuales mira y percibe el mundo? ¿Hasta qué punto están activas y operativas en este cliente las fijaciones propias de su tipo?

Cuando son menos conscientes o están sometidos a presión, la atención de los tipo Ocho se ve dominada/descarrilada por su percepción de la vida como una batalla, en la que uno sobrevive o muere. En este estado, su atención se centra automáticamente en cuestiones relativas al poder y al control.

### 4. CONCIENCIE SOBRE LAS SEIS NECESIDADES HUMANAS

Según la psicología de las necesidades humanas, todos tenemos seis necesidades básicas (Madanes, 2009): certidumbre, variedad, amor/vinculación, importancia, crecimiento y contribución. Estas necesidades no son meros deseos, sino verdaderos impulsores de nuestra conducta.

**Ejercicio para el tipo Ocho: las seis necesidades humanas.** Analice la zona del estancamiento y, de entre la gama de conductas descritas en ella, quédese con las más frecuentes: «¿Qué necesidades humanas intenta satisfacer al participar en esas conductas?»

Por favor, puntúe del 0 al 10 cada necesidad.

**Certidumbre.** Si participa en esta conducta, ¿se siente afirmado? ¿Le ofrece una sensación de seguridad? Aparte de esta conducta, ¿sabe también cómo obtener certidumbre de una forma más positiva?

**Variedad.** ¿La participación en esta conducta le aporta una sensación de variedad? Aparte de esta conducta, ¿conoce alguna manera más positiva de obtener variedad?

**Amor/vinculación.** Si participa en esta conducta, ¿se siente vinculado a los otros? ¿Le permite experimentar amor? Dejando aparte esta conducta, ¿sabe cómo obtener amor/vinculación de una forma más positiva?

**Importancia.** Si participa en esta conducta, ¿se siente importante o especial? Aparte de recurrir a esta conducta, ¿sabe también cómo sentirse importante de un modo más positivo?

**Crecimiento.** ¿Participar en esta conducta le otorga una sensación de desarrollo, le permite sentir que crece? Aparte de esta conducta, ¿sabe también cómo crecer siguiendo una vía más positiva?

**Contribución.** ¿Recurrir a esta conducta le proporciona la sensación de que trasciende a sus propias necesidades, de que aporta algo a los otros? Aparte de esta conducta, ¿sabe también cómo alcanzar la contribución de una forma más positiva?

**Coaching al estudio de un caso.** Tomemos como ejemplo a George, uno de nuestros clientes del tipo Ocho. Procede de una familia que pasó por unas circunstancias económicas muy difíciles: vio cómo su padre se endeudaba y cómo su negocio se iba a pique. Hoy día George es dueño de una pequeña empresa que está creciendo rápidamente. Dedica a su negocio la mayor parte de su tiempo para satisfacer su intenso deseo de *importancia*. Recurrió al coaching debido a una sensación constante de agotamiento, y a una crisis familiar provocada por su entrega casi total a su empresa. Otra necesidad que intenta satisfacer mediante su negocio es la de la *certidumbre*. Le cuesta confiar en sus empleados y, con el paso de los años, no ha sido capaz de delegar las suficientes obligaciones, lo cual hace que esté siempre hipervigilante y, a su vez, estresado. Se proporcionó certidumbre al no confiar en nadie. El punto de inflexión llegó cuando George identificó estas fuertes necesidades y el hecho de que las estaba satisfaciendo de forma negativa. Para descubrir maneras nuevas y alternativas de hacerlo, George desveló su fuerte vinculación con el tipo Dos, y su necesidad constante de contribuir a su comunidad. Comenzó a participar más en proyectos comunitarios, y aceptó un cargo honorífico en una de las instituciones religiosas del vecindario. Hacía tiempo que los administradores de ese centro querían que lo aceptase, porque creían que podía ayudarlos mucho gracias a su capacidad de liderazgo. Esto se convirtió en una fuente considerable de *importancia* para George, abriéndole la puerta a la idea de que dicha importancia se puede obtener también por otros medios, y no solo a través de su empresa. A su vez, las nuevas ocupaciones le llevaron a tener una vida más equilibrada (a pesar de que aún dedicaba mucho tiempo a su negocio), y también a buscar maneras de pasar más tiempo con su familia. Empezó pidiendo a su esposa que lo acompañara en muchos de sus viajes de negocios. También le pidió a su hijo que se encargara de un departamento de su empresa. Gradualmente, fue confiando en él y en otros empleados fieles. Esto lo ayudó a satisfacer su necesidad de certidumbre de forma positiva, y se convirtió en una vía de integración hacia una vida más relajada y centrada.

Hay una cosa importante que se debe tener en cuenta: preste una atención especial a las necesidades de crecimiento y contribución. **¿El cliente satisface de forma saludable o destructiva estas necesidades?**

A medida que vamos integrando nuestra personalidad, las necesidades de crecimiento y contribución comienzan a recibir puntuaciones altas mientras se satisfacen positiva y saludablemente. El motivo es que, cuando salimos de nuestro estancamiento, actuamos partiendo de respuestas nuevas, conscientes y elegidas, lo que nos permite superar nuestros antiguos hábitos y crecer. Esta integración, a su vez, aportará más contribuciones a los demás. Por el contrario, si seguimos actuando sin ser conscientes, basándonos en nuestros antiguos patrones de respuesta, nos incapacitamos y permitimos que nuestro ego controle nuestra vida. Esto siempre nos provoca sufrimiento a nosotros y a los demás.

## 5. APROVECHE LA COYUNTURA

El siguiente paso es aprovechar los costes y el sufrimiento que los patrones inútiles del tipo de personalidad le acarrean al cliente para concienciarle de ello.

### Ejercicio para el tipo Ocho: concienciarse del coste de los patrones

- ¿Cuánto le cuesta, por lo que respecta a sus relaciones, ser insensible, vengativo y controlador?
- ¿Cuánto le cuesta, por lo que respecta a su salud, ser reactivo y estar rabioso la mayor parte del tiempo?
- ¿Cuánto le cuesta, por lo que respecta a su carrera profesional, adoptar un enfoque «de combate», ser brusco y antisocial y mantener una actitud constantemente antagónica?
- ¿Cuánto le cuesta, por lo que respecta a su realización personal y a su felicidad, ser incapaz de conectar con sus puntos vulnerables?

## 6. LA INTERRUPCIÓN DE LOS PATRONES: FORTALECER NUESTROS MÚSCULOS DE LA ATENCIÓN

### Visualización para el tipo ocho

Las visualizaciones son un instrumento estupendo para el coaching en general y para el coaching centrado en los tipos de personalidad en particular. A continuación verá un guion completo de visualización/meditación para el tipo Ocho. Abarca el trabajo con los puntos fuertes y débiles del tipo, formando la capacidad de atención por medio del espectador imparcial, y enseñando la respiración consciente, la aceptación y la relajación. No tiene por qué usar todas estas técnicas en una sola sesión de coaching. Utilice estas visualizaciones como módulos, eligiendo una o más de las secciones siguientes:

### *Guion para el tipo Ocho: visualización/meditación*

*Relajación*

Empiece sentándose cómodamente. La columna vertebral debe estar recta de forma natural. Relaje los brazos. Suavemente, con las palmas de las manos hacia arriba o hacia abajo, descanse las manos en el regazo. Respire hondo para empezar a relajar todo su cuerpo. Inspire... Espire... Puede cerrar los ojos y respirar hondo de nuevo para centrarse. Inspire... Espire...

*La formación del espectador imparcial*

Empecemos aportando consciencia al espectador imparcial. Piense en él como en un amigo que contempla objetivamente su conducta desde fuera. Le ayuda a tomar buenas decisiones y le permite regular su piloto automático.

El espectador imparcial lo logrará al formarle la mente para que sea sensible a la actividad de sus tres centros de inteligencia: el cuerpo (nuestras sensaciones físicas), la mente (pensamientos, planes, futuro, pasado, imágenes, ideas, imaginación), y el corazón (sentimientos). Nuestra respiración, que representa simbólicamente nuestro vínculo con el alma, nos permitirá estar concentrados y desplazar la atención de un centro al siguiente. También nos ayudará a permanecer acríticos y aportar a este ejercicio las cualidades de la gratitud, la compasión y la aceptación. Cada vez que su mente se desconcentre, puede destinar ese momento para ejercer dichas cualidades de gratitud, compasión y aceptación, pues cada uno de esos instantes ofrece la oportunidad de aprender a reorientar nuestra atención.

Empiece fijando poco a poco su atención en el centro de inteligencia de su **cuerpo**. Respire hondo y siga el recorrido del aire al entrar y salir del cuerpo. Hágalo lentamente. Vuelva a inspirar..., y esta vez consiga que la espiración sea un poco más larga. Centre toda su atención en el recorrido que hace el aire al entrar y salir de su cuerpo, de principio a fin. Comience a percibir las sensaciones físicas. Sienta los puntos de contacto entre sus pies y el suelo. ¿Qué sensaciones corporales experimenta ahora? Concentre su atención en su espalda y sienta el apoyo que le presta la silla. Conserve unos instantes esa sensación. Desplace la atención a sus manos; céntrese en el punto de contacto entre las manos y su regazo.

Ponga las manos sobre el pecho, una encima de la otra, y dirija su atención al centro de inteligencia de su **corazón**. ¿Qué sentimientos tiene en este instante?

Ahora traslade su atención al centro de inteligencia de la **cabeza**. ¿Emite algún comentario sobre sus sentimientos? ¿Los juzga o los acepta? ¿Qué le dice su mente sobre sus sentimientos? ¿Qué dice sobre todo el ejercicio? Observe con serenidad su discurso mental a medida que vaya surgiendo. Inspire... Espire... Quédese en el centro de la cabeza, y ahora fije su atención en sus recuerdos. Imagine que está viendo un antiguo televisor en blanco y negro que emite su historia pasada. Se ve a sí mismo en la televisión; es la película de su vida. Cada escena de su vida, en la pantalla, a cámara lenta. Asienta cuando la vea. Inspire... Espire... Sin moverse de ese centro, ahora fije la atención en el futuro. Reflexione con serenidad sobre cada una de las siguientes preguntas, tomándose unos instantes de pausa entre una y otra: ¿Cómo quiere que sea su futuro? ¿Cómo se ve en el futuro? ¿Qué planes tiene?

*La visualización*

Permanezca en el centro de la cabeza, y ahora fije su atención en su imaginación. Imagínese en la playa, en la orilla del mar, sobre una arena ligeramente húmeda. Respire el aire de la playa. Inspire... Espire... Sienta el viento. Escuche las olas del mar. Sienta la arena bajo los pies. Imagínese trazando un número ocho horizontal, como el símbolo del infinito, en la arena húmeda de la orilla. Dibújelo lentamente. Sienta el contacto entre las puntas de sus dedos y la arena.

*La visualización del estancamiento y su precio*

Ahora imagine que mete todos sus problemas y sus retos *dentro* de ese ocho en la arena. Uno a uno:

**Mis intentos continuos de imponer el control sobre todo y sobre todos, y mi miedo a parecer vulnerable; mi esclavitud al querer mantener una armadura férrea, y el cansancio y el agotamiento fruto de no permitirme bajar la guardia; la ocultación constante de mis emociones más profundas; guardar toda mi ira dentro, pensar en todo en términos de responsabilidades, y mi búsqueda de vengan-**

**za; mi miedo interno debido a no ser capaz de confiar en nadie; toda esa tensión y todo ese sufrimiento.**

Sienta la tensión y la ira. Siéntalas en su vientre mientras contempla todas esas cosas dentro del ocho en la arena. Sienta la tensión en todo su cuerpo y permanezca unos instantes ahí.

Ese ocho en la arena representa nuestro estancamiento. Es el lugar en que nos encallamos con una atención negativa y unos sentimientos que también lo son.

*La sección «es humano»*

Todo ser humano tiene facetas que hacen de él o de ella precisamente eso, un ser humano. Es un conjunto de retos personales y hechos a medida en esta vida. Observe sus retos personales sin emitir juicios. Si su mente hace un comentario, no pasa nada. No se preocupe por intentar hacer «bien» este ejercicio. Si emite un juicio, limítese a observarlo. Escuche su guion. Obsérvelo mientras tiene lugar fuera de usted.

Emitir juicios sobre nuestra experiencia es humano. No pasa nada. Centre su atención en el corazón. Ahora, tome los juicios que acaba de escuchar en su cabeza, ese monólogo mental, y métalos en su corazón. Use la energía de su corazón para suavizarlos, y sienta cómo todo su cuerpo se llena de compasión. Respire hondo y sienta la energía de su corazón recorriendo todo su cuerpo. Sienta la aceptación.

¿Por qué la vida le plantea retos? Lo hace para que pueda superarlos, permitiendo así que tenga acceso al siguiente nivel de plenitud y vitalidad. Son oportunidades preciosas para crecer, momentos estupendos para descubrir los puntos fuertes *que ya tiene,* y que solo debe reactivar. Son esas fortalezas que le ayudarán a superar sus retos, que le ayudarán a pasar del estancamiento al crecimiento.

Dentro de usted hay una parte que no quiere tirar la toalla, que quiere vivir la vida plenamente. Es la voz de su alma. Es esa voz que desea enfrentarse a las voces del ego y de la personalidad, y convertirse en el mejor usted posible. Usted ya ha pasado por eso, que le ha conducido hasta este momento, en que lucha por convertirse en la mejor persona que pueda ser, plantándose y sin ceder ante su personalidad, ante sus pensamientos automáticos. Es su esencia verdadera, la fortaleza de su alma.

Es posible que en este punto su atención pase automáticamente a generar pensamientos sobre sus pensamientos. No pasa nada. Continúe respirando conscientemente, siguiendo la ruta del aire que entra y sale de su cuerpo, y deje que su espectador imparcial sea testigo de la actividad de su mente, sin emitir juicio alguno.

*La visualización de los puntos fuertes, el potencial y el poder personal*

Ahora le rogamos que centre su atención en esa parte de su persona que no quiere rendirse. Contemple el dibujo en la arena: exactamente en el centro hay un punto, que es la intersección entre el lado izquierdo y el derecho del ocho. Llamémosle el *punto del valor.* Imagine que traza una flecha que parta de ese punto y vaya hacia arriba; es una salida del ocho, una salida del estancamiento.

Esta flecha apunta a lo que tiene disponible fuera del ocho. Señala hacia sus puntos fuertes y su potencial, y hacia el futuro que tiene a su alcance en todo momento.

Veamos qué hay fuera del ocho.

Quiero que piense en cualquier momento del pasado en que realmente se sintió relajado, en que se aceptó a sí mismo y a los demás. Puede ser cualquier momento en que se sintió ligero y sereno.

Extráigalo de cualquier faceta de su vida: cuando estuvo a solas, con algún amigo, con un grupo de amigos o con su familia; de su vida personal o profesional. Regrese al pasado y capte ese momento, que pudo ser especial o sencillo. Siéntalo. Sienta la relajación que aporta ese instante a todo su cuerpo.

Busque entre sus recuerdos un momento en que usted fue poderoso pero calmado y tolerante. Fue *usted mismo*. Sienta la relajación de aquel momento en que dejó de entender la vida como mera supervivencia. Todo fluyó armoniosamente y, de hecho, acabó saliendo bien sin que usted tuviera que hacer nada. Respire hondo y sienta ese momento.

Veamos qué más hay fuera del ocho.

Ahora quiero que se imagine dentro de un futuro nuevo, un futuro en el que usted será productivo pero sereno. Un futuro en el que nunca dejará de construir algo importante y de guiar a los otros hacia causas positivas y constructivas, y lo hará con tolerancia y compasión; en el que se aceptará como ser humano, incluyendo algunos aspectos menos positivos, en que estará en contacto con su corazón. Por favor, ponga las manos encima del corazón, una sobre la otra. Sienta su latido, su humanidad. Dado que es humano, tiene derecho a tener puntos débiles y a sentirlos. Y no por ello se sentirá menos seguro, sino más humano. Su corazón disuelve la ira, de modo que se libera mucha energía para invertirla en una productividad saludable. Siéntalo. Ya que no teme tener puntos vulnerables como todos los demás, puede admitirlos y aprender de ellos. Esto le ayuda a cumplir uno de sus sueños verdaderos: el de ser una persona de éxito.

Traiga ese momento al futuro y siéntalo en su cuerpo, en el momento presente. Siéntalo en su corazón y en su mente. Sienta el poder de su mente, su corazón y su cuerpo, que trabajan juntos, y fíjese en lo que puede conseguir; y, lo que es más importante, cómo todo eso está ya presente en su interior, y cómo *ya* es la buena persona que siempre quiso ser.

Concluyamos poco a poco la meditación, retrocediendo lentamente y contemplando el dibujo en la arena.

Observe el ocho y el punto del valor, junto con todo el potencial que tiene usted disponible *en su interior*.

*El final de la visualización*

Le felicito por su coraje, por estar ahí e intentar crecer como persona, por intentar superarse, por los esfuerzos que hace, por no rendirse. El mero hecho de que haga este ejercicio es un testimonio de su fuerza interior, de su negativa a tirar la toalla. También quiero que *usted mismo* se felicite por su coraje, por no renunciar. Quiero que le dé gracias a la vida por los retos que le plantea, por las muchas oportunidades que le da cada día, de modo que a través de ellas pueda entrar en contacto con sus puntos fuertes, pueda crecer y contribuir así al mundo, dar al mundo que le rodea los dones de su verdadero yo.

## 7. LA REESTRUCTURACIÓN: EJERCICIOS PARA FLEXIBILIZAR LOS FILTROS Y PARA LA INTEGRACIÓN

### *El pensamiento «blanco o negro»*

El pensamiento «blanco o negro» es un filtro cognitivo distorsionador que típicamente puede dominar a los tipo Ocho atrapados en el estancamiento. Este filtro induce a los Ocho a pensar en términos dicotómicos; también lo usan los tipo Uno, pero los Ocho enfatizan mucho más las dicotomías relativas a la fuerza y al poder: uno es fuerte o débil, dominante o dominado, explotador o explotado, valiente o cobarde; «eres mi amigo o mi enemigo». Buena parte de la rigidez y del sufrimiento del tipo Ocho se debe a este mecanismo. Para superar esta tendencia automática, los Ocho pueden usar su ala Siete para introducir las cualidades de los Siete plenamente funcionales: la capacidad de pensar en colores, en matices de gris; la capacidad de pensar en porcentajes, o en «grados de», más que en absolutos.

**Ejercicio para el tipo Ocho: flexionando el filtro de blanco o negro**

- ¿Qué otras posibilidades ve aparte de las dos que ha mencionado?
- ¿Existe alguna opción intermedia?
- La gente puede equivocarse de vez en cuando. El perdón es un mecanismo integrado en la vida precisamente para compensar esos errores humanos. Compruebe su reactividad. Pregúntese: Cuando detecto una deslealtad hacia mi persona, ¿llego a conclusiones demasiado rápido? Use su vinculación a los Cinco para aportar criterio y objeti-

vidad. Entre el 0 y el 100 %, ¿en qué porcentaje diría que es «desleal» esa persona?

### *Aprenda a relajarse*

Los Ocho que funcionan con el piloto automático tienden a sobrecargarse al pretender controlar su trabajo y sus proyectos. Si se permiten no ser controladores, aunque sea por poco tiempo, puede entrarles miedo. No es infrecuente ver cómo los Ocho recurren al coaching después de haberse quemado durante años esforzándose demasiado. Un músculo atrofiado en los Ocho es la capacidad de liberar tensiones y aprender a relajarse y a tomarse las cosas con calma. Esto lo pueden conseguir usando sus alas Siete y Nueve.

**Ejercicio para el tipo Ocho: Aprenda a relajarse.** Pregúntese: ¿Cómo puedo detenerme a «oler las rosas» esta semana? ¿Cómo puedo reírme de mis errores? Muchos Ocho encuentran la paz en la naturaleza. Plantéese hacer un viaje semanal a un lugar tranquilo de la naturaleza, donde pueda conectar consigo mismo y relajar la tensión de su cuerpo.

### *Abra su corazón*

Si pasan demasiado tiempo en la zona del estancamiento, donde los domina su mentalidad propia del campo de batalla, los Ocho pueden endurecerse y perder la vinculación con su propio corazón. En términos de las tríadas eneagrámicas, pueden pasar demasiado tiempo en su cuerpo y en su mente, sin dedicar tiempo a su corazón. Quizás el reto más difícil para un cliente Ocho sea conectar con sus emociones y sus vulnerabilidades más profundas, así que tenga paciencia, no emita juicios y adáptese al ritmo de su cliente. Ofrézcale un lugar seguro y encuentre el momento adecuado para sus intervenciones.

**Ejercicio para el tipo Ocho: abrir el corazón.**

- Para muchas personas, la ira es una emoción secundaria. Pueden recurrir a ella para proteger otros sentimientos vulnerables. En otras palabras, cada vez que sienten una emoción creen que si la manifestaran, parecerían vulnerables, de modo que la ocultan bajo la ira. Pregúntese: ¿Puedo percibir qué emoción siento justo *antes* de que surja mi ira? Use una palabra precisa para describir esa emoción: preocupación, decepción, tristeza, miedo, humillación…
- Pregúntese como si fuera un Dos: ¿Qué siente esa persona? Permanezca ahí unos instantes. Muestre empatía y comprensión. Luego pregúntese: ¿Cómo puedo ayudar? ¿Qué puedo dar? ¿Qué otra cosa puedo ofrecer? Permita que se manifiesten en el exterior su corazón y su generosidad, tan celosamente guardados.

***Prestar atención a la forma de expresarse oralmente***

El lenguaje es poderoso: es el vehículo que transporta el significado. Cuando interpretamos la realidad por medio de nuestros filtros, le añadimos palabras. Por consiguiente, si somos capaces de alterar las palabras que fijamos a nuestras experiencias, podremos influir indirectamente en nuestros estados emocionales, dado que un porcentaje elevado de nuestras emociones procede de nuestro lenguaje. A las personas las hipnotizan sus propios patrones de comunicación oral, lo cual genera estancamientos que no les permiten ver correctamente la realidad (Robbins y Madanes, 2005). Al usar siempre las mismas expresiones y palabras para describir sus experiencias, cada tipo de personalidad acaba siendo incapaz de ver lo que tiene delante. Literalmente, la descripción de la realidad se convierte en la *auténtica* realidad. Esas expresiones y palabras no son más que una manifestación de las creencias limitadoras subyacentes que padece cada tipo. Por tanto, un cambio en el estilo de expresarse puede ayudarnos a ampliar nuestros marcos de referencia, permitiéndonos ver las circunstancias de nuestra vida cotidiana desde muchas más perspectivas.

Es importante que los clientes desarrollen la capacidad de ser conscientes de esos momentos en que los mecanismos de su personalidad toman el control de su lenguaje, y justo cuando suceda. Para los tipo Ocho atrapados en el estancamiento, esto se manifiesta en su intento de controlar las conversaciones.

**Ejercicio para el tipo Ocho: flexibilizar el estilo discursivo**

- Preste atención al uso de palabras que pongan en marcha sus dicotomías entre débil y fuerte: «guerra», «cobarde», «llorica», «fortaleza», «poder» y similares, y use términos más flexibles en su lugar. Evite el uso de «tacos» para lograr que sus mensajes sean más impactantes e intensos.
- Preste atención a los temas y al formato de la conversación. ¿Soy o parezco dominante? Use su Siete para *ecualizar* entre usted y su interlocutor. ¿Tengo en cuenta las opiniones de otras personas o solo las mías? Use su ala Nueve para abrirse a escuchar activamente el punto de vista de *todo el mundo*.

- ¿Soy impaciente? ¿Meto prisa a mi interlocutor para que me diga cuál es su idea central? Use su ala Nueve para aportar calma a sus interacciones.
- Use su ala Nueve para añadir un poco de diplomacia a su potente estilo discursivo. Hay un proverbio inglés que dice: «La cortesía no cuesta nada». Una expresión española parecida, «Lo cortés no quita lo valiente», va un poco más allá de esta idea, y significa que uno puede tener el valor suficiente para hacer lo que sea necesario mientras lo haga con la máxima educación posible. A veces el lenguaje de los Ocho es demasiado tajante, brusco e impactante, y no los ayuda a cumplir sus propósitos. Paradójicamente, cuanto menos usan un lenguaje agresivo o manifiestan brusquedad en los momentos en que podrían haberlo hecho, más fuertes los consideran los demás. Cuando salen del estancamiento, pueden tener una presencia impactante incluso si guardan silencio.

### *Trabaje con las preferencias jungianas: la integración de nuestras cualidades menos dominantes*

Cuando se aplica el coaching a un tipo Ocho, es muy importante prestar atención a sus preferencias jungianas. Si un cliente ha realizado un perfil MBTI, pregúntele cuál es su tipo de cuatro letras, y analice cómo pueden interactuar las preferencias jungianas con su eneatipo. Además, cuando los clientes se estancan en la zona inferior de su preferencia jungiana, podemos usar las mismas técnicas de interrupción de patrones descritas en este libro para ayudarlos a transformarse y a crecer. Para leer una descripción de las preferencias jungianas, le invitamos a consultar la Primera parte de este libro.

Algunos ejemplos del uso de las preferencias jungianas en una sesión de coaching con un tipo Ocho:

- Cuando realice un coaching a los Ocho, detectará casi de inmediato si su cliente es introvertido o extrovertido. Los Ocho con ala Siete tienden a ser extrovertidos, mientras que los que tienen ala Nueve suelen ser introvertidos. Estos últimos son más tranquilos y reservados, y tienden a ser menos cortantes al hablar; son más íntimos y reflexivos, y necesitan más tiempo y espacio para pensar en lo que se ha dicho en las sesiones. Con ellos, las sesiones progresan lentamente, así que no los agobie hablando demasiado o exponiéndoles muchas ideas.
- La dimensión sentimiento ilustra muy bien algunas metas de desarrollo para los Ocho. Hable de ella en sus sesiones. Mencione la importancia que tiene observar y percibir el mundo desde esta perspectiva: aprender a reconocer las necesidades personales de los otros; ser receptivo y aprender a escuchar a los demás con empatía; aprender a canalizar su búsqueda de la justicia hacia valores personales y sociales importantes; interactuar de manera más interpersonal en vez de estar distante; tener en cuenta las emociones de otras personas cuando tome decisiones, y el impacto que estas les causarán.
- Otra dimensión que resulta muy útil para algunas de las metas de desarrollo de los Ocho es la perceptiva. También en esta faceta debe mencionar la importancia que tiene aprender a contemplar el mundo desde este ángulo: desarrollar la capacidad de fluir, de

desarrollar flexibilidad cuando la situación lo requiera, en lugar de ser demasiado estricto y rígido; encontrar placer en el proceso, no solo en los resultados finales; desarrollar la capacidad de ser espontáneo, de adaptarse a los cambios, de reconocer la necesidad de reunir algunas veces más información antes de tomar decisiones importantes; relajarse y sentirse cómodo en algunas áreas de la vida, y dejar un par de cosas que fluyan solas, abiertas y sin control.

***Ejercicio entre sesiones para el tipo Ocho: la observación de uno mismo***

Durante la semana, participe activamente en observar un patrón especialmente inútil propio de su tipo. Cuando sea consciente de sus patrones en tiempo real, inicie una meditación espontánea, basada en la respiración de un ciclo. Siga la secuencia descrita en la Segunda parte para observar el patrón e ir decelerándolo. Comparta sus conclusiones con su coach en la siguiente sesión.

# Tipo Nueve

La gente me dice que soy una persona **adaptable**, con la que es fácil convivir, que no **critico**, sino que **acepto**. En casa he oído decir que soy un poco **soñador**, **que vivo en mi mundo**... Todos intentan meterme prisa. No me gusta que **los otros** intenten acelerarme; entonces voy más lento **adrede**. Normalmente me gusta hacer las cosas a mi **ritmo**, sin **prisas**. Cuando los demás se ponen **nerviosos**, automáticamente yo echo el freno. Para mí es muy importante que me **pidan** las cosas de forma **correcta**. No me gusta la agresividad, ni la falta de **armonía** entre las personas. Mi padre dice que tengo que aprender a mantenerme firme, que digo que sí cuando por dentro pienso que no. A lo mejor tiene razón, **no lo sé**... No me gustan las discusiones, los conflictos... Creo de verdad que todo se puede resolver **hablan-**

**do**. No hay necesidad de crear fricciones sin sentido en todo lo que hacemos. (Tom, tipo Nueve.)

## DESCRIPCIÓN DEL TIPO NUEVE

Los Nueve son personas tranquilas, relajadas y estables, orientadas hacia la paz y la armonía.

**En su expresión sana**, son pausados, receptivos, adaptables y flexibles. Tienen estabilidad emocional, buen carácter, tardan en enfadarse, se muestran relajados y diplomáticos. Aunque no expresan mucho sus emociones, son amables, cálidos, solidarios y simpáticos.

Tienen una naturaleza calmada, estable y sienten la necesidad imperiosa de gozar de armonía tanto en su vida interior como en sus relaciones. Aunque dan imagen de serenidad y estabilidad, y suelen ser modestos y no les gusta destacar, son muy activos y dinámicos, alcanzando los objetivos que se fijan ellos mismos de una manera apacible, libre de ansiedad. Están presentes en su vida, de la que participan plenamente. Son amables con las personas, pero saben mantener sus límites y respetar sus propias prioridades, deseos y necesidades.

Son maestros de la meditación y la resolución de conflictos: poseen la capacidad necesaria para lograr que se escuche la voz de todas las partes en un conflicto, y para que se entiendan los diversos puntos de vista. Saben escuchar y aceptan a las personas como son. Pueden comprender al mismo tiempo distintas perspectivas. Se muestran firmes pero relajados y diplomáticos, y tratan a los demás con respeto. Son buenos comunicadores y saben cómo conducir con tacto a las diversas partes de un conflicto, sin ponerlas a la defensiva. Son muy creativos, y cuando una resolución total no es posible, saben cómo conseguir que las partes «acuerden estar en desacuerdo», que toleren aunque no acepten la postura contraria, pero al menos mantengan una actitud amistosa aun discrepando (o admitan que seguir discutiendo sería innecesario, ineficaz o indeseable).

Tienen una cualidad espiritual que les aporta la sensación de ser uno con la vida. De esta cualidad se desprenden muchas características:

Primero, tienen fe en la vida y en el universo, y en que todo lo que sucede es para el bien de la persona. También creen que «cuando uno quiere algo, todo el universo conspira para ayudarlo a conseguirlo».

Segundo, son pacientes y tienen resistencia en las circunstancias difíciles, perseverando frente a las demoras o a las provocaciones, sin actuar negativamente. Manifiestan tolerancia cuando están sometidos a presiones, sobre todo si se enfrentan a dificultades a largo plazo. Su paciencia también les permite funcionar eficazmente durante las crisis, actuando sin agitación ni perturbaciones, e insuflando tranquilidad en un entorno desapacible.

Tercero, son ecuánimes, es decir, conscientes, y aceptan el momento presente, lo cual les permite apreciar las cosas más sencillas de la vida.

Cuarto, capacitan a los otros simplemente aceptándolos y animándolos a desarrollarse, y dándoles libertad para elegir su propio camino.

Aunque son personas espirituales, viven con los pies bien asentados en el suelo, y son realistas, capaces de actuar rápidamente basándose en su instinto.

**En el estancamiento**, experimentan el deseo intenso de mantener un sentido interno y externo de paz (a veces al precio que sea). Su centro de atención se fija exclusivamente más en las cosas que pueden alterar su sensación de paz.

**Para conservar su sensación externa de paz**, se centran automáticamente en evitar los conflictos y las tensiones. Comienzan a adaptar su propia agenda a las peticiones y exigencias de otras personas, fusionándose con ellas y, en ocasiones, casi volviéndose invisibles en el proceso. Pueden decir que sí solo para complacer a los otros, aun queriendo decir que no. No adoptan posturas firmes para no molestar a los demás. Aunque proyecten una imagen agradable, a veces actuan de forma pasivo-agresiva, volviéndose testarudos y negándose interiormente a actuar.

**Para conservar su sensación interna de paz**, intentan mantener su vida inalterada y cómoda en la medida de sus posibilidades. Quieren aferrarse a la rutina sin salir de ella. Pueden volverse pasivos y renunciar a toda pretensión. Su sana modestia se convierte en una mentalidad del «yo no cuento». Se consideran personas sin importancia, como si su participación en el mundo no tuviera valor. Se olvidan de sí mismos y se vuelven invisibles, haciendo suyas las agendas de los otros.

Para mantener la paz, intentan disociarse de cualquier cosa que los perturbe, incluyendo sus propias emociones, pensamientos o experiencias. Dado que, normalmente, la realidad y la vida nos exponen a molestias y perturbaciones cada día, los Nueve pueden anestesiarse para evitarlas. Muchos de ellos caen en costumbres que los distraen y los anestesian, como comer en exceso, ver la televisión o pasarse horas y horas ante el ordenador sin un propósito definido. Es como huir mediante el sueño. Pierden la conciencia del tiempo y empiezan a vivir siendo poco conscientes de sí mismos.

Este enfoque automático en mantener la paz interior/exterior suele dejarlos confundidos y con pocas energías, con dificultades para actuar en las facetas importantes de su vida. Dado que nada les parece realmente importante o urgente, le conceden a todo la misma importancia, y pierden la capacidad de fijar prioridades o tomar decisiones eficazmente. Las nimiedades y las pequeñas comodidades sustituyen a las auténticas prioridades. Es posible que se les acumulen los problemas, y que se vuelvan indiferentes a ellos, sumiéndose en una mentalidad según la cual: «Los problemas ya se arreglarán solos».

## PROTOCOLO DE COACHING PARA EL TIPO NUEVE

### 1. DEFINA EL CLIMA DE LA SESIÓN

Antes de iniciar su sesión de coaching con el cliente, examínese:

#### Aporte aceptación a la sesión

Pregúntese:

- ¿Estoy en un estado en que no juzgo a nadie?
- ¿Mi tipo concreto de personalidad siente resistencia hacia el tipo Nueve?

#### «Active» su capacidad de escuchar multimodal

Es tremendamente importante que emplee todos los centros de la inteligencia (pensamiento, emoción, instinto) du-

rante cada sesión de coaching. Concéntrese en «escuchar» activamente con los tres centros.

***Escuche con su centro del pensamiento***

- Preste atención a la forma de hablar y al uso del lenguaje.
- Analice el lenguaje corporal y la postura.
- Analice los patrones y las posibilidades de interrumpirlos.

***Escuche con su centro de la emoción***

- Muestre empatía.
- Vea al cliente como un ser humano, no como un «tipo».
- Mire más allá de las apariencias.
- Conecte a pesar de la resistencia que pueda encontrar. Está aquí para ayudar al cliente a crecer.

***Escuche con su centro del instinto***

- ¿Qué tipo de energía aporta el cliente a la sesión?
- ¿Existe coherencia entre lo que dice el cliente y la energía con que lo dice?
- ¿Qué le dice su intuición sobre los últimos sucesos en el proceso de coaching?
- «Escuche lo que dice la gente, pero preste atención a lo que *hace*.» (Madanes, 1995)

**2. DEFINA EL RETO**

Determine sobre qué quiere trabajar el cliente y cuál es el propósito por el que ha recurrido al coaching.

Los desafíos típicos de los tipo Nueve son, entre otros:

- Hacerse cargo de su vida y empezar a dedicarse a sus propios planes.

- Conceder al conflicto un lugar sano en su vida, y aprender a abordarlo eficazmente.
- Ser claros y eficaces en el proceso de toma de decisiones y fijación de objetivos.
- Ser más conscientes de su vida, estar más presentes y participar más en ella.

### 3. ENTIENDA EL MODELO DEL MUNDO QUE TIENE EL CLIENTE Y SU ZONA DE ESTANCAMIENTO

Formúlese las preguntas siguientes: ¿Por qué actúa el cliente como lo hace? ¿Qué conforma su conducta? ¿Cuál es su historia interior? ¿Cuáles son los filtros por medio de los cuales mira y percibe el mundo? ¿Hasta qué punto están activas y operativas en este cliente las fijaciones propias de su tipo?

Cuando son menos conscientes o están sometidos a presión, la atención de los tipo Nueve se ve dominada/descarrilada por el deseo intenso de mantener una sensación interna y externa de paz, a veces al precio que sea. En este estado, su atención se centra exclusivamente más en las cosas que pueden alterar esa sensación de paz.

## 4. CONCIENCIE SOBRE LAS SEIS NECESIDADES HUMANAS

Según la psicología de las necesidades humanas, todos tenemos seis necesidades básicas (Madanes, 2009): certidumbre, variedad, amor/vinculación, importancia, crecimiento y contribución. Estas necesidades no son meros deseos, sino verdaderos impulsores de nuestra conducta.

**Ejercicio para el tipo Nueve: las seis necesidades humanas.** Analice la zona del estancamiento y, de entre la gama de conductas descritas en ella, quédese con las más frecuentes: «¿Qué necesidades humanas intenta satisfacer al participar en esas conductas?»

Por favor, puntúe del 0 al 10 cada necesidad.

**Certidumbre.** Si participa en esta conducta, ¿se siente afirmado? ¿Le ofrece una sensación de seguridad? Aparte de esta conducta, ¿sabe también cómo obtener certidumbre de una forma más positiva?

**Variedad.** ¿La participación en esta conducta le aporta una sensación de variedad? Aparte de esta conducta, ¿conoce alguna manera más positiva de obtener variedad?

**Amor/vinculación.** Si participa en esta conducta, ¿se siente vinculado a los otros? ¿Le permite experimentar amor? Dejando aparte esta conducta, ¿sabe cómo obtener amor/vinculación de una forma más positiva?

**Importancia.** Si participa en esta conducta, ¿se siente importante o especial? Aparte de recurrir a esta conducta, ¿sabe también cómo sentirse importante de un modo más positivo?

**Crecimiento.** ¿Participar en esta conducta le otorga una sensación de desarrollo, le permite sentir que crece? Aparte de esta conducta, ¿sabe también cómo crecer siguiendo una vía más positiva?

**Contribución.** ¿Recurrir a esta conducta le proporciona la sensación de que trasciende a sus propias necesidades, de que aporta algo a los otros? Aparte de esta conducta, ¿sabe también cómo alcanzar la contribución de una forma más positiva?

**Coaching al estudio de un caso.** Tomemos como ejemplo a Aileen, una de nuestras clientas del tipo Nueve. Recurrió al coaching porque sentía que abusaban de ella tanto su marido como su jefe. Durante las sesiones que compartimos, descubrió que tenía una gran necesidad de *vinculación* y *certidumbre*. El problema era que intentaba satisfacer esas necesidades por la vía negativa. Para mantener su sentido de vinculación, evitaba el conflicto, y la mayoría de las veces decía que sí cuando quería decir que no. Los demás, a su vez, interpretaban esta actitud como una invitación para pedirle lo que quisieran, con la esperanza de que «los problemas se arreglarán solos». El resultado hoy día es que se siente explotada. El punto de inflexión llegó cuando descubrió que adoptar una postura y afirmar sus necesidades contribuyen a la creación de relaciones saludables basadas en el respeto mutuo, y por tanto, a un sentido más profundo de *vinculación*. Trabajamos para desarrollar su asertividad. Por lo que respecta a su necesidad de *certidumbre*, la cumplió adaptándose a las agendas de otras personas sin confiar en su propio criterio. En este caso, el momento crucial llegó cuando empezó a escuchar su propia voz, a preguntarse qué quería *ella*. La animamos a usar su flecha al lado más alto de Seis: ser capaz de confiar en su propia guía interior.

Hay una cosa importante que se debe tener en cuenta: preste una atención especial a las necesidades de crecimiento y contribución. **¿El cliente satisface de forma saludable o destructiva estas necesidades?**

A medida que vamos integrando nuestra personalidad, las necesidades de crecimiento y contribución comienzan a recibir puntuaciones altas mientras se satisfacen positiva y saludablemente. El motivo es que, cuando salimos de nuestro estancamiento, actuamos partiendo de respuestas nuevas, conscientes y elegidas, lo que nos permite superar nuestros antiguos hábitos y crecer. Esta integración, a su vez, aportará más contribuciones a los demás. Por el contrario, si seguimos actuando sin ser conscientes, basándonos en nuestros antiguos patrones de respuesta, nos incapacitamos y permitimos que nuestro ego controle nuestra vida. Esto siempre nos provoca sufrimiento a nosotros mismos y a los demás.

## 5. APROVECHE LA COYUNTURA

El siguiente paso es aprovechar los costes y el sufrimiento que los patrones inútiles del tipo de personalidad le acarrean al cliente para concienciarle de ello.

**Ejercicio para el tipo Nueve: concienciarse del coste de los patrones**

- ¿Cuánto le cuesta, por lo que respecta a sus relaciones, complacer a los otros, evitar el conflicto a toda costa y ser pasivo-agresivo?
- ¿Cuánto le cuesta, por lo que respecta a su salud, recurrir a hábitos que le anestesian?
- ¿Cuánto le cuesta, por lo que respecta a su carrera profesional, aceptar automáticamente la agenda de otras personas, carecer de motivación y sustituir las prioridades importantes por cosas sin importancia?
- ¿Cuánto le cuesta, por lo que respecta a su realización personal y a su felicidad, vivir disociado de sus emociones, pensamientos y experiencias, y vivir por inercia?

## 6. LA INTERRUPCIÓN DE LOS PATRONES: FORTALECER NUESTROS MÚSCULOS DE LA ATENCIÓN

### Visualización para el tipo nueve

Las visualizaciones son un instrumento estupendo para el coaching en general y para el coaching centrado en los tipos de personalidad en particular. A continuación verá un guion completo de visualización/meditación para el tipo Nueve. Abarca el trabajo con los puntos fuertes y débiles del tipo, formando la capacidad de atención por medio del espectador imparcial, y enseñando la respiración consciente, la aceptación y la relajación. No tiene por qué usar todas estas técnicas en una sola sesión de coaching. Utilice estas visualizaciones como módulos, eligiendo una o más de las secciones siguientes:

***Guión para el tipo Nueve: visualización/meditación***

*Relajación*

Empiece sentándose cómodamente. La columna vertebral debe estar recta de forma natural. Relaje los brazos. Suavemente, con las palmas de las manos hacia arriba o hacia abajo, descanse las manos en el regazo. Respire hondo para empezar a relajar todo su cuerpo. Inspire... Espire... Puede cerrar los ojos y respirar hondo de nuevo para centrarse. Inspire... Espire...

*La formación del espectador imparcial*

Empecemos aportando consciencia al espectador imparcial. Piense en él como en un amigo que contempla objetivamente su conducta desde fuera. Le ayuda a tomar buenas decisiones y le permite regular su piloto automático.

El espectador imparcial lo logrará al formarle la mente para que sea sensible a la actividad de sus tres centros de inteligencia: el cuerpo (nuestras sensaciones físicas), la mente (pensamientos, planes, futuro, pasado, imágenes, ideas, imaginación), y el corazón (sentimientos). Nuestra respiración, que representa simbólicamente nuestro vínculo con el alma, nos permitirá estar concentrados y desplazar la atención de un centro al siguiente. También nos ayudará a permanecer acríticos y a aportar a este ejercicio las cualidades de la gratitud, la compasión y la aceptación. Cada vez que su mente se desconcentre, puede destinar ese momento para ejercer dichas cualidades de gratitud, compasión y aceptación, pues cada uno de esos instantes ofrece la oportunidad de aprender a reorientar nuestra atención.

Empiece fijando poco a poco su atención en el centro de inteligencia de su **cuerpo**. Respire hondo y siga el recorrido del aire al entrar y salir del cuerpo. Hágalo lentamente. Vuelva a inspirar..., y esta vez consiga que la espiración sea un poco más larga. Centre toda su atención en el recorrido que hace el aire al entrar y salir de su cuerpo, de principio a fin. Comience a percibir las sensaciones físicas. Sienta los puntos de contacto entre sus pies y el suelo. ¿Qué sensaciones corporales experimenta ahora? Concentre su atención en su espalda y sienta el apoyo que le presta la silla. Conserve unos instantes esa sensación. Desplace la atención a sus manos; céntrese en el punto de contacto entre las manos y su regazo.

Ponga las manos sobre el pecho, una encima de la otra, y dirija su atención al centro de inteligencia de su **corazón**. ¿Qué sentimientos tiene en este instante?

Ahora traslade su atención al centro de inteligencia de la **cabeza**. ¿Emite algún comentario sobre sus sentimientos? ¿Los juzga o los acepta? ¿Qué le dice su mente sobre sus sentimientos? ¿Qué dice sobre todo el ejercicio? Observe con serenidad su discurso mental a medida que vaya surgiendo. Inspire... Espire... Quédese en el centro de la cabeza, y ahora fije su atención en sus recuerdos. Imagine que está viendo un antiguo televisor en blanco y negro que emite su historia pasada. Se ve a sí mismo en la televisión; es la película de su vida. Cada escena de su vida, en la pantalla, a cámara lenta. Asienta cuando la vea. Inspire... Espire... Sin moverse de ese centro, ahora fije la atención en el futuro. Reflexione con serenidad sobre cada una de las siguientes preguntas, tomándose unos instantes de pausa entre una y otra: ¿Cómo quiere que sea su futuro? ¿Cómo se ve en el futuro? ¿Qué planes tiene?

*La visualización*

Permanezca en el centro de la cabeza, y ahora fije su atención en su imaginación. Imagínese en la playa, en la orilla del mar, sobre una arena ligeramente húmeda. Respire el aire de la playa. Inspire... Espire... Sienta el viento. Escuche las olas del mar. Sienta la arena bajo los pies. Imagínese trazando un número ocho horizontal, como el símbolo del infinito, en la arena levemente húmeda de la orilla. Dibújelo lentamente. Sienta el contacto entre las puntas de sus dedos y la arena.

*La visualización del estancamiento y su precio*

Ahora imagine que mete todos sus problemas y sus retos *dentro* de ese ocho en la arena. Uno a uno:

**Mi atención constante a los puntos de vista de los otros, ignorando el mío; mi incapacidad de plantarme con firmeza; mi miedo al conflicto, y el hecho de hacer lo que sea para evitarlo; mi sensación constante de que no cuento para nada, que mi opinión no importa; mi escasa energía y mi desmotivación para hacer nada, mi actitud de vivir por inercia; el precio que he pagado para ignorar mis problemas; mi ira reprimida y mi sufrimiento.**

Sienta la tensión y la ira. Siéntalas en su vientre mientras contempla todas esas cosas dentro del ocho en la arena. Sienta la tensión en todo su cuerpo y permanezca unos instantes ahí.

Ese ocho en la arena representa nuestro estancamiento. Es el lugar en que nos encallamos con una atención negativa y unos sentimientos que también lo son.

*La sección «es humano»*

Todo ser humano tiene facetas que hacen de él o de ella precisamente eso, un ser humano. Es un conjunto de retos personales y hechos a medida en esta vida. Observe sus retos personales sin emitir juicios. Si su mente hace un comentario, no pasa nada. No se preocupe por intentar hacer «bien» este ejercicio. Si emite un juicio, limítese a observarlo. Escuche su guion. Obsérvelo mientras tiene lugar fuera de usted.

Emitir juicios sobre nuestra experiencia es humano. No pasa nada. Centre su atención en el corazón. Ahora, tome los juicios que acaba de escuchar en su cabeza, ese monólogo mental, y métalos en su corazón. Use la energía de su corazón para suavizarlos, y sienta cómo todo su cuerpo se llena de compasión. Respire hondo y sienta la energía de su corazón recorriendo todo su cuerpo. Sienta la aceptación.

¿Por qué la vida le plantea retos? Lo hace para que pueda superarlos, permitiendo así que tenga acceso al siguiente nivel de plenitud y vitalidad. Son oportunidades preciosas para crecer, momentos estupendos para descubrir los puntos fuertes *que ya tiene*, y que solo debe reactivar. Son esas fortalezas que le ayudarán a superar sus retos, que le ayudarán a pasar del estancamiento al crecimiento.

Dentro de usted hay una parte que no quiere tirar la toalla, que quiere vivir la vida plenamente. Es la voz de su alma. Es esa voz que desea enfrentarse a las voces del ego y de la personalidad, y convertirse en el mejor usted posible. Usted ya ha pasado por eso, que le ha conducido hasta este momento, en que lucha por convertirse en la mejor persona que pueda ser, plantándose y sin ceder ante su personalidad, ante sus pensamientos automáticos. Es su esencia verdadera, la fortaleza de su alma.

Es posible que en este punto su atención pase automáticamente a generar pensamientos sobre sus pensamientos.

No pasa nada. Continúe respirando conscientemente, siguiendo la ruta del aire que entra y sale de su cuerpo, y deje que su espectador imparcial sea testigo de la actividad de su mente, sin emitir juicio alguno.

*La visualización de los puntos fuertes, el potencial y el poder personal*

Ahora le rogamos que centre su atención en esa parte de su persona que no quiere rendirse. Contemple el dibujo en la arena: exactamente en el centro hay un punto, que es la intersección entre el lado izquierdo y el derecho del ocho. Llamémoslo el *punto del valor*. Imagine que traza una flecha que parta de ese punto y vaya hacia arriba; es una salida del ocho, una salida del estancamiento.

Esta flecha apunta a lo que tiene disponible fuera del ocho. Señala hacia sus puntos fuertes y su potencial, hacia el futuro que tiene a su alcance en todo momento.

Veamos qué hay fuera del ocho.

Quiero que piense en cualquier momento del pasado en que realmente se sintió presente. Puede ser cualquier momento en que se sintió un participante pleno en su vida. Extráigalo de cualquier faceta de su vida: cuando estuvo a solas, con algún amigo, con un grupo de amigos o con su familia; de su vida personal o profesional. Regrese al pasado y capte ese momento, que pudo ser especial o sencillo. Siéntalo. Sienta la relajación que aporta ese instante a todo su cuerpo, sobre todo al cuello y a los hombros. Siéntala también en la zona abdominal.

Busque entre sus recuerdos un momento en que se mostrara sereno y dinámico al mismo tiempo, tolerante pero productivo, aceptador pero firme, sabiendo cómo mantenerse en su lugar. Sienta la relajación de aquel momento en que dejó de evitar el conflicto. Todo fluyó armoniosamente y acabó saliendo bien sin que usted tuviera que mantener la sensación de estar en paz. Respire hondo y sienta ese momento.

Veamos qué más hay fuera del ocho.

Ahora quiero que se imagine dentro de un futuro nuevo, un futuro en el que usted estará totalmente presente en su vida. Un futuro en el que nunca dejará de crecer y de inducir a los otros a hacer lo mismo; en el que no solo será asertivo, sino que podrá guiar a los demás; en el que se aceptará como ser humano, incluyendo algunos aspectos menos positivos; en el que estará en contacto con su corazón, y podrá perdonarse a sí mismo y a los otros por los errores que los seres humanos cometen por naturaleza.

Por favor, ponga las manos encima del corazón, una sobre la otra. Sienta su latido, su humanidad. Dado que es humano, tiene derecho a expresar su ira de vez en cuando, o de participar en un conflicto en ocasiones, en lugar de eludirlo automáticamente. Sienta cuánta energía se libera al hacerlo, cuánta tensión e ira se disuelven. Dado que no teme el conflicto, puede abordarlo animosamente e incluso ayudar a los demás a hacerlo. Esto le ayuda a cumplir uno de sus verdaderos sueños: crecer como mediador eficaz, como una persona que permite la paz entre las personas y aporta armonía al mundo.

Traiga ese momento al futuro y siéntalo en su cuerpo, en el momento presente. Siéntalo en su corazón y en su mente. Sienta el poder de su mente, su corazón y su cuerpo, que trabajan juntos, y fíjese en lo que puede conseguir; y, lo que es más importante, cómo todo eso está ya presente en su interior, y cómo *ya* es la buena persona que siempre quiso ser.

Concluyamos poco a poco la meditación, retrocediendo lentamente y contemplando el dibujo en la arena. Observe el ocho y el punto del valor, junto con todo el potencial que tiene usted disponible *en su interior*.

*El final de la visualización*

Le felicito por su coraje, por estar ahí e intentar crecer como persona, por intentar superarse, por los esfuerzos que hace, por no rendirse. El mero hecho de que haga este ejercicio es un testimonio de su fuerza interior, de su negativa a tirar la toalla. También quiero que *usted mismo* se felicite por su coraje, por no renunciar. Quiero que le dé gracias a la vida por los retos que le plantea, por las muchas oportunidades que le da cada día, de modo que a través de ellas pueda entrar en contacto con sus puntos fuertes, pueda crecer y contribuir así al mundo, dar al mundo que le rodea los dones de su verdadero yo.

## 7. LA REESTRUCTURACIÓN: EJERCICIOS PARA FLEXIBILIZAR LOS FILTROS Y PARA LA INTEGRACIÓN

***Desarrolle su asertividad***

Si los Nueve pasan demasiado tiempo en la zona del estancamiento, se acostumbran a evitar el conflicto y pierden mucha asertividad. Sus vinculaciones con los tipos Tres, Ocho y Uno pueden ayudarlos a ser más asertivos y a desarrollar su capacidad de liderazgo, que suele estar oculta.

**Ejercicio para el tipo Nueve: el desarrollo de la asertividad**

- Use su conexión con el lado elevado del tipo Tres. Pregúntese: ¿Cuáles son mis metas? ¿Cómo puedo convencer a mi interlocutor de mis ideas? ¿Qué necesito *hacer* para conseguirlo? ¿Cuál es el camino más rápido para llegar hasta ahí? ¿Somos eficaces? ¿Transmito mi mensaje con confianza? ¿Qué posibles distracciones o nimiedades pueden obstaculizar el camino hacia mis objetivos? ¿Cómo puedo guiar a los otros para alcanzar una meta importante?
- Una queja frecuente de los Nueve en el estancamiento es que sienten que casi todo el mundo «los pisa». Use su ala Ocho: ¿Gestiono bien mis límites personales en esta circunstancia? ¿Digo que sí cuando lo único que necesito es pronunciar un «no» bien claro? ¿Me callo las cosas y, luego, soy pasivo-agresivo en vez de limitarme a afirmar mis necesidades de una forma directa pero respetuosa, justo cuando tengo que hacerlo? ¿Veo la diferencia entre un conflicto positivo y uno malsano? ¿Permito que tengan lugar los desacuerdos profesionales, o prefiero eludirlos automáticamente? Qué sucede en mis relaciones personales: ¿Permito cierto grado de conflicto saludable que puede ayudarme a intercambiar puntos de vista y pensamientos, y ayudar a las personas a crecer juntas, también conmigo? ¿O entro automáticamente en el modo de «evitación de conflictos»?
- Use su ala Uno para aprender a *expresar* activamente sus opiniones e ideales, a defender sus puntos de vista. Esto también le ayudará a desarrollar un sentido de misión personal, y a tener la sensación de que su trabajo sirve de algo. También le ayudará a participar más apasiona-

damente en todos los aspectos de su vida, y a afirmar sus necesidades y su voluntad.

***Prestar atención a la forma de expresarse oralmente***

El lenguaje es poderoso: es el vehículo que transporta el significado. Cuando interpretamos la realidad por medio de nuestros filtros, le añadimos palabras. Por consiguiente, si somos capaces de alterar las palabras que fijamos a nuestras experiencias, podremos influir indirectamente en nuestros estados emocionales, dado que un porcentaje elevado de nuestras emociones procede de nuestro lenguaje. A las personas las hipnotizan sus propios patrones de comunicación oral, lo cual genera estancamientos que no les permiten ver correctamente la realidad (Robbins y Madanes, 2005). Al usar siempre las mismas expresiones y palabras para describir sus experiencias, cada tipo de personalidad acaba siendo incapaz de ver lo que tiene delante. Literalmente, la descripción de la realidad se convierte en la *auténtica* realidad. Esas expresiones y palabras no son más que una manifestación de las creencias limitadoras subyacentes que padece cada tipo. Por tanto, un cambio en el estilo de expresarse puede ayudarnos a ampliar nuestros marcos de referencia, permitiéndonos ver las circunstancias de nuestra vida cotidiana desde muchas más perspectivas.

Es importante que los clientes desarrollen la capacidad de ser conscientes de esos momentos en que los mecanismos de su personalidad toman el control de su lenguaje, y justo cuando suceda. Para los tipo Nueve atrapados en el estancamiento, esto se manifiesta mediante un estilo discursivo que refleja pasividad, y en su tendencia a seguir las agendas de los otros y de evitar conflictos. Muchas veces su lenguaje es impreciso y poco claro.

Es frecuente que los Nueve atrapados en el estancamiento tengan cara de estar medio dormidos, lo cual refleja su confusión interna. Usar su conexión con Tres puede ayudarlos a pasar de un estilo discursivo indefinido y poco claro a otro más congruente, claro y eficaz. También los ayuda a ser más elocuentes y expresivos, a captar la atención del otro y a participar plenamente en sus conversaciones. Comienzan a prestar atención a la elección de las palabras y al *modo* en que las expresan.

Una distinción muy importante que se debe tener en cuenta al trabajar con el patrón lingüístico de los Nueve es la idea de la PNL de «estar en la causa». Cuando uno está «en la causa», acepta la responsabilidad de su vida. Cuando está «en el efecto», atribuye a los otros la responsabilidad por su bienestar.

**Ejercicio para el tipo Nueve: flexionar el estilo discursivo**

- Compruebe la frecuencia con que usa expresiones que indican ambigüedad o confusión, como ese clásico y poco definido: «No sé». Preste una atención especial a su lenguaje corporal en ese momento, sobre todo a sus ojos.
- Preste atención a los temas y al formato de la conversación. ¿Qué porcentaje del tiempo hemos estado hablando de *mis* planes y deseos en relación con los de otras personas? ¿Formulo preguntas o solo respondo a las de los demás? En sus conversaciones, es muy importante que formule preguntas en vez de ser automáticamente quien las responde. ¿Espero a que la otra persona saque un tema, o propongo yo también alguno? ¿Hago sugeren-

cias y recomendaciones? ¿Demuestro mis competencias? ¿Sigo mi propia agenda?

- Sea consciente de lo siguiente: ¿Mi forma de hablar está plagada de excusas? ¿Tiendo a echar la culpa a factores externos? Practique el lenguaje de la *elección* y de la *responsabilidad*: ¿Qué pienso *yo* sobre esto? ¿Qué *creo* sobre este tema? ¿Qué elecciones *tengo*? ¿Cómo puedo responsabilizar*me* de este aspecto? ¿Qué puedo hacer *yo* personalmente para cumplir mis propósitos y lograr que pasen cosas?

***Trabaje con las preferencias jungianas: la integración de nuestras cualidades menos dominantes***

Cuando se aplica el coaching a un tipo Nueve, es muy importante prestar atención a sus preferencias jungianas. Si un cliente ha realizado un perfil MBTI, pregúntele cuál es su tipo de cuatro letras, y analice cómo pueden interactuar las preferencias jungianas con su eneatipo. Además, cuando los clientes se estancan en la zona inferior de su preferencia jungiana, podemos usar las mismas técnicas de interrupción de patrones descritas en este libro, para ayudarlos a transformarse y a crecer. Para leer una descripción de las preferencias jungianas, le invitamos a consultar la Primera parte de este libro.

Algunos ejemplos del uso de las preferencias jungianas en una sesión de coaching con un tipo Nueve:

- Aunque encontrará a muchos Nueve extrovertidos y gregarios, existe una gran correlación entre el tipo Nueve y la introversión. Tenga esto en cuenta, sobre todo si es usted un coach extrovertido. Aminore su ritmo para adaptarse al de ellos. Los Nueve tienden a ser callados y reservados. Son íntimos y reflexivos, y necesitan más espacio y tiempo para pensar en lo que se ha dicho en las sesiones. Con ellos, las sesiones avanzarán con mayor lentitud, de modo que no los agobie hablando demasiado o muy rápido. Adáptese a su ritmo, respirando hondo de vez en cuando, mientras reflexiona a fondo sobre lo que le dice y lo que siente el cliente Nueve, pero enfatice especialmente el mantenimiento de una buena estructura en sus sesiones para ayudarle a no perder de vista su misión.

- Algunos Nueve en el estancamiento pueden volverse muy poco prácticos y también soñadores. Ayúdeles a adoptar la lente jungiana de la percepción. Mencione la importancia de aprender a percibir el mundo desde esta perspectiva: ser realista y concreto; desarrollar la capacidad de ser práctico, de canalizar lo que sienten hacia aplicaciones prácticas; desarrollar la necesidad de claridad, pensando en ideas buenas y prácticas que, según ellos, tengan el potencial de provocar conflicto, en lugar de descartarlas automáticamente; ser concretos en sus comunicaciones: formular preguntas específicas, dar respuestas concretas y transmitir los hechos de una forma directa.
- Otra dimensión muy útil para los objetivos de desarrollo de los Nueve es la calificadora. También en esta faceta debe usted mencionar la importancia que tiene aprender a contemplar el mundo desde este punto de vista: desarrollar la capacidad de planificar e intentar concluir lo que empiece; acabar del todo un

proyecto antes de pasar al siguiente (sobre todo cuando se trate de nimiedades o de cualquier hábito anestésico); desarrollar la puntualidad y el respeto por el tiempo de los demás; la capacidad de comprometerse, mediante una pauta cronológica, para crear y mantener la estructuración, para organizarse y mantener despejado el entorno.

***Ejercicio entre sesiones para el tipo Nueve: la observación de uno mismo***

Durante la semana, participe activamente en observar un patrón especialmente inútil propio de su tipo. Cuando sea consciente de sus patrones en tiempo real, inicie una meditación espontánea, basada en la respiración de un ciclo. Siga la secuencia descrita en la Segunda parte para observar el patrón e ir decelerándolo. Comparta sus conclusiones con su coach en la siguiente sesión.

# Bibliografía


Allen, J. y Brock, A., *Health care communication using personality type,* Londres, Routledge, 2000.

Ashcraft, L., *Recovery coaching,* Phoenix, Recovery Innovations, 2005.

Bandler, R. y Grinder, J., *Patterns of the hypnotic techniques of Milton Erickson, vol. 1.,* Cupertino, CA, Meta Publications, 1975.

Baron, R., *What type am I? Discover who you really are,* Londres, Penguin Books, 1998.

Baron, R. y Wagele, E., *The Enneagram made easy: Discover the 9 types of people,* Nueva York, HarperOne, 1994.

Bartlett, C., *The Enneagram field guide,* Portland, OR, Enneagram Consortium, 2007.

Bast, M. y Thomson, C., *Out of the Box: Coaching with the Enneagram,* Louisburg, KS, Ninestar Publishing, 2005.

Bayne, R., *The Myers-Brigss type indicator: a critical review and practical guide,* Londres, Chapman and Hall, 1995.

Beck, A. T., Freeman, A. y Davis, D. D., *Cognitive Therapy of Personality Disorders,* Nueva York, The Guilford Press, 2003.

Bradberry, T., *Self-awareness,* Nueva York, Putnam, 2007.

Compton, M. T., Recovery: Patients, families, communities, *Conference Report, Medscape Psychiatry & Mental Health,* 11-14 de octubre de 2007.

Condon, T., *Enneagram movie and video guide*, Portland, OR, Metamorphous Press, 1999.

Covey, S. R., *The 7 habits of highly effective families*, Nueva York, St. Martin's Griffin, 1999.

Covey, S. R., *Los 7 hábitos de la gente altamente efectiva*, Paidós Ibérica, Barcelona, 1996.

Cullen, A., Entrevista con la profesora Nava Ashraf, *Adam Smith*, «Behavioral Economist?», extraído de la página web de la Harvard Business School, htpp://hbswk.hbs.edu/cgi-bin/print/5168.html.

Daniels, D. y Price, V., *Eneagrama Esencial*, Ediciones Urano, Barcelona, 2010.

Didonna, F., *Clinical handbook of mindfulness*, Nueva York, Springer, 2010.

Falikowski, A., *Mastering human relations* (3ª ed.), Londres, Pearson, 2001.

Forsyth. J. P. y Eifert, G., *The mindfulness and acceptance workbook for anxiety: A guide to breaking free from anxiety, phobias, and worry using Acceptance and Commitment Therapy*, Oakland, CA, New Harbinger, 2008.

Frankl, V. *El hombre en busca de sentido*, Herder, Barcelona,1969.

Freud, S., *Obras completas*, Buenos Aires, El Ateneo, 1990.

Goldberg, M., *The nine ways of working*, Cambridge, MA, Da Capo Press, 1999.

Goldin, P., *Cognitive Neuroscience of Mindful Meditation.* [Vídeo GoogleTechTalks] Extraído de http://www.youtube.com/watch?v=sf6Q0G1iHBI, 2008.

Goleman, D., *Vital lies, simple truths: The psychology of self-deception*, Nueva York, Simon and Schuster, 1985.

—, *Inteligencia emocional*, Kairós, Barcelona, 1992.

Grant, A. M. y Cavanagh, M. J., »Coaching psychology: How did we get here and where are we going?», *InPsych*, 6-9 de junio de 2007.

Gurdjieff, G. I., *La vida es real solo cuando yo soy*, Málaga, Editorial Sirio, 1999.

Howe-Murphy, R., *Deep Coaching: Using the Enneagram as a catalyst for profound change*, El Granada, CA, Enneagram Press, 2007.

Haley, J., *Advanced techniques of Hypnosis and Therapy – Selected Papers of Milton H. Erickson*, Nueva York, Grune & Stratton, 1967.

Jung, C., *Tipos psicológicos*, Edhasa, Barcelona, 1993.

Kahneman, D., A perspective on judgement and choice: Mapping bounded rationality, *American Psychologist, vol. 58* n.° 9, 679-720, 2003.

Keirsey, D., *Please understand me II: Temperament, character, intelligence*, Del Mar, CA, Prometheus Nemesis Company, 1998.

Keyes, M. F., *Emotions and the Enneagram: Working through your shadow life script*, Muir Beach, CA, Molysdatur, 1992.

Kise, J., *Differentiated Coaching*, Thousand Oaks, CA, Corwin Press, 2006.

Lapid-Bogda, G., *Bringing out the best in yourself at work: How to use the Enneagram system for success*, Nueva York, McGraw-Hill, 2004.

Lapid-Bogda, G., *What type of leader are you? Using the Enneagram system to identify and grow your leadership strengths and achieve maximum success*, Nueva York, MacGraw-Hill, 2007.

Lapid-Bogda, G., *Eneagrama y éxito personal-Aprenda a utilizar el Eneagrama en su trabajo*, Ediciones Urano, Barcelona, 2006.

Lawrence, G., *People types and tiger stripes*, Gainesville, FL, Center for Applications of Psychological Type, Inc., 2009.

Lencioni, P., *Las cinco disfunciones de un equipo*, Empresa Activa, Barcelona, 2003.

Levine, J., *The Enneagram intelligences: Understanding personality for effective teaching and learning*, Santa Barbara, CA, Praeger, 1999.

—, *Know your parenting personality: How to use the Enneagram to become the best parent you can be*, Hoboken, NJ, Wiley, 2003.

Lutz, A., Slagter, H. A., Dunne, J. y Davidson, R. J.,. Attention regulation and monitoring in meditation, *Trends in Cognitive Sciences*, vol. 12, n.º 4, págs. 163-169, 2008.

Madanes, C., Protection, Paradox and Pretending, *Family Process*, vol. 19, págs. 73-85, 1980.

—, *Strategic Family Therapy*, San Francisco, CA, Jossey Bass, 1981.

—, *Behind the one-way mirror*, Eugene, OR, Wipf & Stock Publishers, 1984.

—, *El significado oculto del dinero*, Granica, Barcelona, 1997.

—, Stories of Psychotherapy, en J. K. Zeig (comp.) *The Evolution of Psychotherapy: The Second Conference*, Nueva York, Brunner/Mazel, Inc., 1992, págs. 39-50.

—, *The therapist as humanist, social activist and systemic thinker*, Phoenix, Zeig, Tucker & Theisen, 2006.

—, *Relationship breakthrough: How to create outstanding relationships in every area of your life*, Nueva York, Zeig and Tucker, 2009.

—, Comunicación personal, 2011.

Madanes, C., Keim, J. y Smelser, D., *Violencia masculina*, Granica, Barcelona, 1997.

Madanes, Y. y Stelzer, Y., *Daber elai yafe*, Jerusalén, Idan Chadash, 2004.

Maslow, A., *Motivation and personality*, Nueva York, HarperCollins Publishers, 1954.

McKay, M., *Thoughts & feelings: Taking control of your moods and your life*, Oakland, CA, New Harbinger, 2007.

McKenna, J., Kyllegard, K. y Lynder, R., «Linking psychological type to financial decision-making», *Journal of Financial Counseling and Planning*, vol. 14, n.º 1, págs. 19-29, 2003.

Moncrieff, J., *The myth of the chemical cure*, Basingstoke, UK, Palgrave Macmillan, 2007.

Moore, C., *The mediation process*, San Francisco, Jossey-Bass, 2003.

Morris, J. y Stone, G., «Children and Psychotropic Medication: A Cautionary Note», *Journal of Marital and Family Therapy*, vol. 37, n.º 3, págs. 299-306, 2011.

Moynihan, R. y Cassels, A., *Selling sickness: How the world's biggest pharmaceutical companies are turning us all into patients*, Nueva York, Nation Books, 2005.

Nemade, R., Staats Reiss, N. y Dombeck, M., *Cognitive behavioral therapy for major depression.* Recuperado en mayo de 2011 de http://www.turningspirit.com/Articles/CBTDepression.htm.

O'Hanlon, W. H., *Taproots: Underlying principles of Milton Erickson's therapy and hypnosis,* Nueva York, Norton, 1987.

Oppenheimer, R. D, *Veshinantam lebaneja,* Buenos Aires, Ajdut, 2005.

Palmer, H., *The Enneagram: Understanding yourself and the others in your life,* San Francisco, HarperCollins Publishers, 1988.

—, *The Enneagram in love & work: Understanding your intimate & business relationships,* Nueva York, HarperOne, 1995.

—, *The inner observer. A guided meditation.* [Audio] www.Enneagramworldwide.com, 2009

Raphael, D., *The impartial spectator, Adam Smith's moral philosophy,* Oxford, Clarendon Press, 2009.

Riso, D. R., *Enneagram transformations: releases and affirmations for healing your personality type,* Boston, Mariner Books, 1993.

Riso, D. R. y Hudson, R., *Personality types: Using the Enneagram for self-discovery,* Boston, Mariner Books, 1996.

—, *La sabiduría del Eneagrama – Guía completa para el desarrollo psicológico y espiritual de los Nueve Tipos de Personalidad,* Ediciones Urano, Barcelona, 2000.

Robbins, A. y Madanes, C., *Breaking through – creating the life you deserve.* Una película del Robbins-Madanes Center for Strategic Interventions, La Jolla, CA., 2004.

—, *Conquering overwhelming loss.* Una película del Robbins-Madanes Center for Strategic Interventions, La Jolla, CA., 2004.

—, *Starting over: How to let go of the past and celebrate your life.* Una película del Robbins-Madanes Center for Strategic Interventions, La Jolla, CA., 2004.

—, *Back from the edge.* Una película del Robbins-Madanes Center for Strategic Interventions, La Jolla, CA., 2005.

Robbins, A., Madanes, C. y Peysha, M., *Love & passion: The ultimate relationship program action book,* La Jolla, CA, Robbins-Madanes Center for Strategic Interventions, 2005.

Rojas, E., *La conquista de la voluntad,* Barcelona, Planeta, 1994.

—, *El amor inteligente,* Madrid, Planeta, 1997.

—, *El hombre light,* Barcelona, Planeta, 2000.

Sarlo, B., *Escenas de la vida posmoderna,* Buenos Aires, Ariel, 1994.

Satir, V., *Self esteem,* Berkeley, CA, Celestial Arts, 1975.

Seward Barry, A. M., *Visual intelligence: Perception, image, and manipulation in visual communication,* Albany, State University of New York Press, 1997.

Seligman, M., *Aprenda optimismo,* Debolsillo, Barcelona, 2011.

Sharfstein, S., Big Pharma and American Psychiatry: The Good, the Bad, and the Ugly, *Psychiatric News,* vol. 40, n.° 16, 2005.

Stolzfus, T., *Coaching questions,* Virginia Beach, VA, Coach22, 2008.

Stone, D., Patton, B. y Heen, S., *Difficult conversations: How to discuss what matters most,* Londres, Penguin, 2010.

Tieger, P. y Barron-Tieger, B., *The art of speedreading people,* Nueva York, Brown and Company, 1998.

Wagele, E., *The Enneagram of parenting: The 9 types of children and how to raise them successfully,* Nueva York, HarperOne, 1997.

Weiss, A., «The wholesale sedation of America's youth», *Skeptical Inquirer,* vol. 32, n.º 6, págs. 31-36, 2008.

Wile, D., *After the fight,* Nueva York, Guilford Press, 1995.

Wyman, P., *Three keys to self-understanding: An innovative and effective combination of the Myers-Briggs Type Indicator assessment tool, the Enneagram, and inner-child healing,* Gainesville, FL, Center for Applications of Psychological Type, 2002.

# Recursos recomendados

## Coaching

Online Certificate in Enneagram Coaching, The Madanes School of Enneagram Coaching, www.madanesschool.com.

Madanes, C., *Relationship breakthrough: How to create outstanding relationships in every area of your life*, Nueva York, Zeig and Tucker, 2009.

Out of the Box Coaching, Mary Bast, Ph. D. http://www.breakoutofthebox.com/

## Tests eneagrámicos

Riso, D. R. y Hudson, R., The Enneagram Institute, test RHETI, www.enneagraminstitute.com.

Palmer, H. y Daniels, D., Enneagram Worldwide, test eneagrámico, www.enneagramworldwide.com.

Katherine Chernick Fauvre y David W. Fauvre, MA, Enneagram Explorations & Fauvre Research, www.enneagram.net.

## Introducción al Eneagrama

Riso, D. R. y Hudson, R., *Personality types: Using the Enneagram for self-discovery*, Boston, Mariner Books, 1996.

Riso, D. R. y Hudson, R., *La sabiduría del Eneagrama – Guía completa para el desarrollo psicológico y espiritual de los Nueve Tipos de Personalidad,* Ediciones Urano, Barcelona, 2000.

Daniels, D. y Price, V., *Eneagrama esencial,* Ediciones Urano, Barcelona, 2010.

Palmer, H., *The Enneagram: Understanding yourself and the others in your life,* San Francisco, HarperCollins Publishers, 2000.

**El Eneagrama en la empresa**

Goldberg, M., *The nine ways of working,* Cambridge, MA, Da Capo Press, 1999.

Lapid-Bogda, G., *Eneagrama y éxito personal-Aprenda a utilizar el Eneagrama en su trabajo,* Ediciones Urano, Barcelona, 2006.

—, *What type of leader are you? Using the Enneagram system to identify and grow your leadership strengths and achieve maximum success,* Nueva York, McGraw-Hill, 2007.

**El Eneagrama en la educación**

Levine, J., *The Enneagram intelligences: Understanding personality for effective teaching and learning,* Santa Barbara, CA, Praeger, 1999.

**El Eneagrama en la crianza de los hijos**

Levine, J., *Know you parenting personality: How to use the Enneagram to become the best parent you can be,* Hoboken, NJ, Wiley, 2003.

Wagele, E., *The Enneagram of parenting: The 9 types of children and how to raise them successfully,* Nueva York, HarperOne, 1997.

## El Eneagrama y la consciencia

Palmer, H., *The inner observer. A guided meditation.* [Audio] www.Enneagramworldwide.com, 2009.

## El Eneagrama en las relaciones personales

Palmer, H., *The Enneagram in love & work: Understanding your intimate & business relationships,* Nueva York, HarperOne, 1995.

Baron, R. y Wagele, E., *Are you my type, am I yours? Relationships made easy through the Enneagram,* Nueva York, HarperOne, 1995.

## Las preferencias jungianas

Jung, C., *Tipos psicológicos,* Edhasa, Barcelona, 1993.

Keirsey, D., *Please understand me II: Temperament, character, intelligence,* Del Mar, CA, Prometheus Nemesis Company, 1998.

Berens, L., *Dynamics of Personality Type: Understanding and Applying Jung's Cognitive Processes,* Huntington Beach, CA, Telos Publications, 1999.

Berens, L. y Nardi, D., The 16 Personality Types: Descriptions for Self-Discovery, Hungtington Beach, CA, Telos Publications, 1999.

Bayne, R., *The Myers-Briggs type indicator: a critical review and practical guide,* Londres, Chapman and Hall, 1995.

## Acerca de los autores

Ruth y Yechezkel Madanes, licenciados en Filosofía y Letras, son coaches profesionales titulados que llevan casi diez años usando el eneagrama como instrumento clave en su práctica profesional. Han estudiado las Intervenciones Estratégicas con Tony Robbins y Cloé Madanes en el programa de coaching que estos ofrecen. Yechezkel y Ruth son presidente y directora ejecutiva, respectivamente, de la Madanes School of Enneagram Coaching, donde han desarrollado una serie de libros de gran éxito de ventas, así como un programa de estudios *on-line* muy prestigioso, donde también ofrecen coaching y conferencias, y realizan terapias individuales. Han introducido su novedosa metodología en las empresas más importantes y la han hecho llegar hasta miles de estudiantes, profesores y padres de diversos países.

Para más información sobre el Enneagram Coaching Certificate Program on-line, por favor visite la página web de la Madanes School, www.madanesschool.com